Beck'sche Reihe
BsR 838
Aktuelle Länderkunden

Wußten Sie schon, daß im türkischen *kahvehane* fast nur Tee getrunken wird, daß der Istanbuler *tünel* eine der ältesten Untergrundbahnen der Welt ist und daß man am besten beim *bakkal* nach einer Adresse fragt? Bei *Etiler* denkt der Türke eher an den Istanbuler Stadtteil als an die Hethiter, *Sümerbank* ist kein Geldinstitut der Sumerer, sondern ein großes staatliches Textilunternehmen. Eine Moschee kann *cami* heißen oder *mescit*, was aber unterscheidet sie voneinander? Das KLEINE TÜRKEI-LEXIKON behandelt neben vielen Detailfragen des Türkei-Reisenden in umfassender Weise Staat, Recht, Kultur, Zeitgeschichte und Gesellschaft der gegenwärtigen Türkei.

Klaus Kreiser ist Professor für Türkische Sprache, Geschichte und Kultur am Institut für Orientalistik der Universität Bamberg. Er ist korrespondierendes Mitglied der „Gesellschaft für Türkische Geschichte" *(Türk Tarih Kurumu),* des Deutschen Archäologischen Instituts und Herausgeber der Reihen „Turkologie und Türkeikunde" und „Land and People of the Ottoman Empire" sowie Mitherausgeber der Zeitschrift *Turcica.* Für ein breites Lesepublikum bestimmt ist das von ihm mitherausgegebene *Lexikon der Islamischen Welt.* Seine wissenschaftlichen Veröffentlichungen haben einen Schwerpunkt in der osmanischen Kulturgeschichte und der Geistes- bzw. Bildungsgeschichte der modernen Türkei.

KLAUS KREISER

Kleines Türkei-Lexikon

Wissenswertes über
Land und Leute

VERLAG C.H.BECK MÜNCHEN

Mit 2 Karten

Die Deutsche Bibliothek – CIP-Einheitsaufnahme

Kreiser, Klaus:
Kleines Türkei-Lexikon : Wissenswertes über Land und
Leute / Klaus Kreiser. – Orig.-Ausg. –
München : Beck, 1991
  (Beck'sche Reihe ; 838 : Aktuelle Länderkunden)
  ISBN 3 406 33184 X

Originalausgabe
ISBN 3 406 33184 X

Einbandentwurf von Uwe Göbel, München
© C. H. Beck'sche Verlagsbuchhandlung (Oscar Beck), München 1992
Texterfassung durch den Autor
(WordPerfect 5.1, Printer Polyglott <Mikado>).
Gesamtherstellung: C. H. Beck'sche Buchdruckerei, Nördlingen
Printed in Germany

Inhalt

Vorwort

Vor über 200 Jahren erschien JOHANN TRAUGOTT PLANTs *Türkisches Staats=*
Lexicon oder vollständige und wahre Erklärungen aller türkischen Staats= und
Hofbedienungen im Militair, Civil= und geistlichen Stande (Hamburg: Hoffmann
1789). Seitdem wird eine zuverlässige und leicht zugängliche Informationsquelle
zur türkischen Landeskunde in deutscher Sprache vermißt.

Das vorliegende Lexikon möchte dem Besucher und Freund der modernen Türkei
wichtige Hilfen zum Verständnis des Landes bereitsstellen.

Der Verfasser hat sich bemüht, alle wesentlichen staatlichen und gesellschaftlichen Institutionen zu behandeln. Viele Artikel betreffen Kultur, Religion und
Wirtschaft der türkischen Gegenwart. Die von den Reiseführern (lebendigen und
gedruckten) vernachlässigte türkische Zeitgeschichte (ab dem Befreiungskrieg) wird
ausreichend berücksichtigt. Zum Alltagsleben finden sich ebenfalls zahlreiche
Angaben.

Die türkischen und deutschen Stichwörter werden durch zahlreiche Querverweise
erschlossen. Sprach- und Sachkenntnisse werden nicht vorausgesetzt.

Da es einen in allen Bereichen ausgewiesenen ‚Türkei-Experten‘ in Wirklichkeit
nicht geben kann, war ich auf die kritische Durchsicht von Kollegen, Freunden und
Doktoranden angewiesen. Namentlich möchte ich hervorheben, weil sie mich vor
peinlichen Fehlern und Lücken bewahrt haben: Wolf Hütteroth, Hilmar Krüger,
Sabine Prätor, Barbara Radt, Christian Rumpf, Harald Schüler und Semih Tezcan.

Jost Gippert hat seine ‚computerlinguistische‘ Kompetenz großzügig in den Dienst
des kleinen Lexikons gestellt.

Hinweise für den Benutzer

1. Abkürzungen

Das *Titelstichwort* ist innerhalb der einzelnen Artikel in der Regel abgekürzt (z.B. alaturka = a.).
Senkrechter Pfeil vor einem ↑Stichwort: bei Verweisen = siehe unter...; innerhalb eines Artikels = siehe auch...; vgl. ...

2. Zur Aussprache des Türkischen

Das ↑*Türkische* wurde bis 1928 in ↑*arabischer Schrift* aufgezeichnet. Seit der Umstellung auf das lateinische Alphabet (↑*Rechtschreibung*, ↑*Schriftreform*) bestehen für Türken wie Ausländer, insbesondere Deutsche, keine größeren Aussprachprobleme.
Die *Betonung* des Türkischen ruht in der Regel auf der letzten Silbe.
Silben in Wörtern türkischer Herkunft sind mittellang. In den zahlreichen Entlehnungen aus dem ↑*Arabischen* kommen lange und kurze Silben vor.
Die folgenden Zeichen fehlen im deutschen Alphabet und haben im vorliegenden Lexikon ein eigenes Stichwort erhalten:

$$c/C, \ ç/Ç, \ ğ/Ğ, ı/I, \ i/İ, \ ş/Ş.$$

Zur Funktion des Zirkumflex (^) vgl. man das Stichwort ↑*şapka*.
Obwohl streng zwischen ‚hellem' *i* (groß: *İ*) und ‚dunklem' *ı* (groß: *I*) zu scheiden ist, wurden Wörter mit *İ* und *I* in diesem Buch aus praktischen Gründen in einem Abschnitt zusammengefaßt. Auf die einheimische Schreibung von Istanbul (*İstanbul*) wurde verzichtet, dagegen steht *İzmir* mit Punkt.
Zur Aussprache ist weiter zu beachten, daß *z* stimmhaft (wie in Ro*s*e) artikuliert wird und *h* am Silbenende (z.B. in ↑*kahve*) einem deutschen *ch* nahekommt.
Nur in ↑*Fremdwörtern* wie ↑*Jandarma* erscheint *j* (vgl. das Stichwort ↑*j*).
Zur Aneignung des türkischen Grundwortschatzes kann empfohlen werden: NURAN TEZCAN: Elementarwortschatz Türkisch-Deutsch. Wiesbaden: Harrassowitz (1988).

3. Übersicht über wichtige Artikel mit deutschem Stichwort

Abtreibung
Albaner
Amnestie
Analphabetismus
Anatolische Bahn
Arabisch
Arabische Schrift
Archäologie
Armenier
Außenhandel
Autofolklore
Banken
Bevölkerungs-
austausch
Bibliotheken
Briefmarken
Brot
Dank
Denkmäler
Dialekte
Eheschließung
Emigranten
Erdbeben
Erdöl
Essen
Europa
Europäische Gemein-
schaft
Familiennamen
Fasten
Feiertage
Fernunterricht
Festlandsockel
Film
Finanzsystem und
Finanzverwaltung
Französisch
Frauen

Fremdwörter
Freund
Fußball
Gastarbeitertürkisch
Geburtenkontrolle
Gerichtswesen
Gesundheitswesen
Gewerkschaften
Grußformeln
Haus
Jahreszeiten
Juden
Kalenderreform
Kamele
Kinderarbeit
Kommunisten
Kopftuch
Korankurse
Koseformen
Kurden
Laizismus
Lasen
Lehrling
Menschenrechte
Militär
Ministerien
Mission
Monatsnamen
Musik
Musikinstrumente
Namen
Naturschutz
Neujahr
Oper
Parteien
Parteisymbole
Persisch
Pornographie

Presse
Ortsnamen
Recht
Rechtschreibung
Reformschutzgesetze
Religionsunterricht
Restaurant
Revolution
Schriftreform
Schulen
Schwägerschaft
Sonnensprachtheorie
Sprachenverbot
Strafvollzug
Strafrecht
Streik
Tanz
Telefon
Teppich
Theater
Toiletten
Tourismus
Tscherkessen
Türkisch
Umwelt
Universitäten
Vereine
Verfassung
Verwandtschafts-
bezeichnungen
Vogelbeobachtung
Wahlen
Wald
Wochentage
Zensur
Ziege
Ziffern
Zypern

A

AA ↑Anadolu Ajansı.

ABD, Amerika Birleşik Devletleri. Die Vereinigten Staaten von Amerika (↑USA).

abdest ↑aptes.

Abdi İpekçi Ödülleri. Kunstpreis (*ödül*) zum Gedächtnis an den 1979 ermordeten Publizisten Abdi İpekçi (Herausgeber der Tageszeitung *Milliyet* bzw. des Kulturmagazin *Milliyet Sanat Dergisi*).

Abdülhamit II. (1876-1909). Der von den ↑Jungtürken nach 30jähriger Alleinherrschaft 1908 entmachtete Sultan gilt den republikanischen Kräften als Verkörperung der orientalischen Despotie (*istibdât*), der die erste osmanische ↑Verfassung außer Kraft setzte und mit einer allgegenwärtigen Geheimpolizei sowie strengster Zensur der Presse regierte. National-religiöse Publizisten und Schriftsteller (Necip Fazıl Kısaküreks Buch und Stück *Ulu Hakan Sultan A. Han*) sehen in ihm den Inbegriff eines vorsichtigen und zugleich reformbewußten islamischen Herrschers (↑sentez). In jüngster Zeit bemüht man sich um eine „Historisierung" des umstrittenen Manns.

Abdülmecit. Letzter osmanischer Kalif; nach der Flucht von Sultan *Mehmet VI.*, wählte die Nationalversammlung in Ankara A. (1868-1944) zum Kalifen (↑halife). Am 24. 11. 1922 fand eine reguläre Huldigungsfeier mit der Übergabe der Schlüssel zu den Heiligen Reliquien (↑*Emanat-i mukaddese*) statt. Der Name des neuen Kalifen wurde in der auf türk. gehaltenen Predigt (↑*hutbe*) hervorgehoben. Die rechtliche Stellung A.s , der sein Amt am 3.3. 1924 verlor, war unklar. In den meisten Teilen der islam. Welt (mit Ausnahme Indiens) fehlte jedes Interesse an einem türk. Inhaber der Kalifenwürde.

abi ↑ağabey.

Abide-i Hürriyet. Das ‚Freiheitsdenkmal' in Istanbul-Şişli erinnert an die Märtyrer des Interventionsheers (*Hareket Ordusu*) vom 31.3.1909. Das Bauwerk auf dem ‚Hügel der ewigen Freiheit' (*Hürriyet-i Ebediye tepesi*) ist die einzige sichtbare Erinnerung an die Überwindung des hamidischen Regimes (↑*Abdülhamit II.*).

Abkürzungen sind überaus beliebt bei der Bezeichnung von Institutionen des Staates (z.B. ↑SSK), von Hochschulen und Fakultäten (wie ↑SBF oder ↑ODTÜ) sowie Firmen (↑*Anonim Şirket*, ↑*holding*, ↑*Sabancı*).

abla. Ältere Schwester; Verwendung entsprechend ↑*ağabey* auch für nichtverwandte Frauen.

Abtreibung (*çocuk aldırma, kürtaj*). Ein Schwangerschaftsabbruch ist seit dem Bevölkerungsplanungsgesetz von 1983 in Staatskrankenhäusern bis zu 10 Wochen nach der Empfängnis (‚Fristenregelung') auf Antrag und bei Zustimmung des Ehemanns möglich. Nach der 10. Schwangerschaftswoche ist eine A. nur aus bestimmten medizinischen Gründen möglich. Die Sterilisation bei

Männern und Frauen steht nicht mehr unter Strafe.

açıköğretim ↑Fernunterricht.

ada,Pl. *adalar*. ‚Insel(n)'. Adalar bez. im Istanbuler Sprachgebrauch die vier größeren „Prinzeninseln" im Marmara-Meer.

ada çayı. ‚Inseltee'; beliebter Salbei-Tee.

adak. Ein Votivgeschenk (Kerzen, Schlachtopfer), das bevorzugt an einem Heiligengrab abgelegt wird (↑*Eyüp*).

Adalet Partisi/AP. Die ‚Gerechtigkeitspartei' ist die Nachfolgerin der nach dem Sturz von ↑*Menderes* verbotenen Demokratischen Partei. Sie wurde ihrerseits am 12.9.1980 aufgehoben und am 16.10. 1981 durch Gesetz aufgelöst (↑*Parteien*). Ihr Vorsitzender Süleyman Demirel erlebte als Führer der *Doğru Yol Partisi* ein politisches Come-back.

Adana war der Ort der Gespräche, die auf dem Höhepunkt des 2.Weltkriegs (30.1.1943) zwischen der T. und den Alliierten (W. Churchill) stattfanden. ↑*İnönü* gelang es, den Wunsch der USA und Großbritanniens nach einer Unterstützung der Alliierten mit dem Hinweis auf den ungenügenden Ausrüstungszustand der Armee und mögliche sowjetische Ambitionen hinhaltend zu bescheiden.

Adliye. Justizverwaltung bzw. Gerichtsgebäude in einer Stadt.

AET, *Avrupa Ekonomik Topluluğu* ↑Europäische Gemeinschaft.

af ↑Amnestie.

afyon. Das Opium hat der westanatol. Stadt Afyon-Karahisar ihren Beinamen gegeben. ↑*haşhaş*

ağa. ‚Herr' (aus einem mongol. Wort für ‚älterer Bruder'). Heute überwiegend für größere Grundbesitzer in den östlichen Landesteilen verwendet. Bis Anfang des 19.Jh. v.a. militärischer Titel (z.B. ↑*yeniçeri ağası* ‚Janitscharen-Aga') und Anrede für jedermann, der nicht beanspruchen durfte, ein „Herr" (↑*bey* oder ↑*efendi*) zu sein.

ağabey. Einst respektvolle Anrede für Männer, heute, in der Aussprache *abi* für ‚älterer Bruder'; üblich auch ohne genaue Beachtung des Altersunterschieds. ↑*abla*, ↑*kardeş*.

ağıl. Altes gemeintürk. Wort für Viehhürde, in Anatolien Einzäunung für Schafe und Ziegen.

ağız ↑Dialekte.

ahbap ↑Freund.

AHF ↑Ankara Hukuk Fakültesi.

ahlak [-â]. ‚Ethik'; Schulfach, wird weitgehend im Zusammenhang mit dem islamischen Religionsunterricht vermittelt.

ajans (franz. *agence*). Neben der halbamtlichen ↑*Anadolu Ajansı* existieren weitere, z.T. von einzelnen Zeitungen begründete Nachrichtenagenturen. Einige sind zugleich die T.-Repräsentanten internationaler Agenturen: *Ankara Ajansı* (*Anka*), *Akdeniz Haber Ajansı* (*akajans*), *Hürriyet Haber Ajansı* (*hha*).

Akademie der Schönen Künste ↑Devlet Güzel Sanatlar Akademisi.

Akademische Grade ↑doktor, ↑do-
çent, ↑mühendis.

akağa hießen die „weißen", meist vom
Balkan stammenden Eunuchen des
Serails. ↑*ağa.*

Akbaba. ‚Weißes Väterchen'; der türk.
Name des Geiers bez. das erfolgreiche
Magazin für polit. Satire, das nach
seiner Gründung unter Yusuf Ziya
(Ortaç) 1922 bis in die 70er Jahre mit
mehreren Unterbrechungen erschien.

akça/akçe. ‚Weißling'; die schon Ende
des 17. Jh. durch den ↑*kuruş* ersetzte
kleine Silbermünze lebt sprichwörtlich
fort: *Ak akçe kara gün içindir* (Der
weiße a. ist [der Notpfennig] für
schwarze Tage).

Akdeniz. Das Mittelmeer heißt bei den
Türken „Weißes Meer", *Karadeniz* entspricht unserem „Schwarzen Meer".
Nach der Schlacht von ↑*Dumlupınar*
befahl Atatürk seinen Truppen: „Euer
erstes Ziel (*hedefiniz*) ist das a.!"

AKDTYK ↑Atatürk Kültür, Dil ve
Tarih Yüksek Kurumu.

akıncı. Etwa ‚Vorhut'. Ursprünglich
eine irreguläre Formation des osmanischen Heers. Jugendorganisation der
1980 verbotenen ↑*Millî Selamet Partisi.*

Akkuyu Nükleer Santralı. Das Atom-
kraftwerk von A. soll 1992 den Betrieb
aufnehmen. ↑*Atom Enerjisi Kurumu.*

Aktiengesellschaft ↑Anonim şirket.

Akzente ↑şapka.

Âl-i Osman, auch **Osmanlı hanedanı**
bzw. **Osmanoğulları.** Das Haus Os-

man, die osman. Dynastie; die letzten
Vertreter der sechshundertjährigen
Familie auf dem Sultansthron waren
↑*Abdülhamit II.,* ↑*Mehmet V. Reşât*
und ↑*Mehmet VI. Vahidettin.* ↑*Abdülmecit* (II.) führte nur noch den Titel
eines Kalifen (↑*hilafet*). Sämtliche
Mitglieder der Dynastie wurden 1924
ausgebürgert, erst ein Gesetz von 1949
ermächtigte den Ministerrat, die Ein-
reise von ehemaligen osman. Prinzessinnen, die fremde Staatsoberhäupter
oder Diplomaten geheiratet hatten, zu
gestatten. So erhielt die Witwe Mehmets VI. die türk. Staatsangehörigkeit
zurück. Sein Enkel, Prinz (*şehzade*)
Nazım, durfte sich erst 1974 auf Grund
eines Beschlusses der Nationalversammlung in Istanbul niederlassen. Er
wurde 1984 im Mausoleum (↑*türbe*)
des Großvaters in ↑*Eyüp* beigesetzt.
Die Mitglieder der Dynastie führen den
bürgerlichen Namen Osmanoğlu.

Alacahöyük (ca. 200 km nordöstlich
von Ankara). Erste bedeutende, von
türk. Archäologen geleitete Grabung,
die unter Hamit Zübeyr Koşay zur
Entdeckung von 13 sog. Königsgräbern
(2200-1900 v.Chr.) führte. Die gleich-
zeitige Aufarbeitung der materiellen
Kultur des modernen Dorfes A. war im
Sinne der These von der historischen
Kontinuität der Bevölkerung Anatoliens
von vorgeschichtlichen Perioden bis in
die Gegenwart. ↑*etnografya.*

alafranga, ‚auf fränkische, d.h. europäische Weise'. Z.B. für westliche
Musik: *a. müzik* oder ↑*Toiletten: a.
tuvalet.*

Alamancı. Ironische und volkstümliche
Bez. für ‚deutsche Türken'.

alaturka, teilweise iron. Verwendung
für „alttürk." Sitten und Stile. Die

Stundenzählung a. unterteilte Tag und Nacht unabhängig von der tatsächlichen Länge in 12 Einheiten (↑*Kalenderreform*). - Das Gegenteil von a. auch i.S.v. Nachäffen europ. Sitten wird mit ↑*alafranga* bezeichnet.

Albaner (türk. *Arnavut*). Die muslim. Bewohner Albaniens (*Arnavutluk*) bildeten bis zu den Balkankriegen eine der loyalsten Bevölkerungsgruppen des osman. Staats. Ihr Anteil in der Armee war überproportional. Heute leben noch einige 10 000 A. in Istanbul und Städten des westl. und zentral. Anatoliens.

Alevi, eigentl. ‚Ali-Verehrer'. Bezeichnung der großen esoterischen Glaubensgemeinschaft in Anatolien, seit dem 19.Jh. an die Stelle des pejorativen *Kızılbaş* (‚Rotkopf') getreten. Die A. gehörten zu den Anhängern des iranischen Schahs Ismail Safawi im frühen 16.Jh. und wurden in osmanischer Zeit z.T. blutig verfolgt. Obwohl sie sich zur sog. zwölferschiitischen Richtung des Islam bekennen, ist ihnen die theologisierende Hoch-Schia des Iran fremd. Ihre Lehre kennt kein verbindliches Dogma und ist nicht schriftlich fixiert. Jedoch gibt es veröffentlichte „heilige Texte" (*buyruk*) und eine bedeutende religiöse Hymnik (*nefes*). Im Mittelpunkt steht Ali, der vertraute Schwiegersohn des Propheten Muhammad, als „Schah der Gläubigen". Die A. lehnen die fünf Säulen des sunnitischen Islam ab (Glaubensbekenntnis ↑*şehadet*, Ritualgebet ↑*namaz*, ↑*Fasten*, Almosen [*zekât*] und Wallfahrt ↑*hac*) In ihren Dörfern und Stadtvierteln fehlt meist eine Moschee. Dagegen hat eine *âyin-i cem* genannte „Kommunion", an der auch Frauen teilnehmen und Alkohol (↑*şarap*, ↑*rakı*) getrunken wird, stets den Verdacht der Orthodo-

xie erweckt. A. wird man durch Geburt, im Gegensatz zu den ihnen nahestehenden ↑*Bektaşi* handelt es sich nicht um eine freiwillige Beitrittsgemeinschaft. Entscheidend für den sozialen Zusammenhalt waren Gruppenendogamie sowie die Institution der Wahlbruderschaft (*musahiplik)*, die ein stärkeres Band als Blutsverwandtschaft bedeutete. Auch wenn vielleicht ein Fünftel der Bevölkerung der T. (v.a. in Malatya, Erzincan, Maraş, Sivas, Tokat, Çorum) einen A.-Hintergrund hat, sind die komplexen Institutionen und Rituale, die in einer Zeit der Unterdrückung das Überleben der Gemeinschaft sicherten, im Verfall begriffen. Neben türk. A. gibt es Gruppen mit anderen Muttersprachen (↑*Kurden*, ↑*Zaza*, ↑*Arabisch*). In den 70er Jahren artikulierten sich A. politisch im Rahmen der *Türkiye Birlik Partisi*.

Alkohol ↑*bira*, ↑*rakı*, ↑*şarap*, ↑*Tekel*, ↑*Yeşilay*.

Alman. ‚Deutsch' (als Herkunftsbezeichnung).

Alman Hastanesi. Die Vorgeschichte des „Deutschen Krankenhauses" in Istanbul-Taksim reicht bis 1844 zurück, als das „Evangelische Asyl zu Constantinopel" für die medizinische Versorgung der Deutschen in der osman. Hauptstadt gegründet wurde. Der heutige Bau wurde 1875 mit Mitteln des Deutschen Reichs begonnen. Nach seiner Beschlagnahmung 1944 wurde er 1954 unter Eigentumsvorbehalt zurückgegeben, steht aber nicht mehr unter deutscher Leitung.

Alman Lisesi. Das Deutsche Gymnasium Istanbul ist eine Auslandsschule unter deutscher Leitung mit einem türk.

stellvertretenden Direktor. Sie untersteht der Aufsicht des Erziehungsministeriums. Zur österreich.
Schule ↑*Sankt-Georgs-Werk.* ↑*İstanbul
Erkek Lisesi.*

Almanca. ‚Deutsch' (als Sprache). Die
deutsche Sprache hat bis zum Beginn
des 20.Jh. in der T. eine geringe Rolle
gespielt. Die Intelligenz las, schrieb
und sprach ↑*Französisch.* Das erste
Deutsch-Türk. Wörterbuch mit einem
osman. Verfasser erschien 1898 (Ömer
Faik), ein Türk.-Deutsches Wörterbuch
1907 (Hakkı Tevfik). Das umfangreich-
ste in der T. entstandene Deutsch-Türk.
Wörterbuch (1945) war eine Übers.
eines Deutsch-Französischen Werks.
Trotz massiver deutscher Präsenz in der
T. wurde Deutsch vor dem Weltkrieg
nur an wenigen Schulen unterrichtet.
Die deutschen Professoren am ↑*Darülfünun* und ihre Nachfolger an den
neuen Hochschulen (↑*Universitäten*)
hatten sich nach einer kurzen Einarbei-
tungszeit des Türkischen zu bedienen.
Schon 1916 wurde ein „Gesetz über
den ausschließlichen Gebrauch der
türk. Sprache im Betrieb der Handels-
gesellschaften erlassen". Obwohl das
Englische seit ca. 1950 die wichtigste
Schulsprache im Lande ist, hat Deutsch
seit einigen Jahrzehnten im Gefolge der
Arbeitsmigration und des Tourismus
die größte Verbreitung in allen Schichten der Bevölkerung und allen Landesteilen.

Almanya. Die korrekte Bez. für Bundesrepublik Deutschland ist *Almanya
Federal Cumhuriyeti,* häufiger ist *Federal A.* bzw. *Batı* (West-) *A.* Für Deutsche Demokratische Republik verwandte die Presse *Demokratik A.*
   Diplomatische Beziehungen mit Preu-
ßen bestehen seit der Gesandtschaft des

Ahmed Resmî Efendi nach Berlin
(1763/4). Ein wichtiges Kapitel der
preuß.-türk. Beziehungen schrieb Hel-
mut von Moltke in den Jahren 1835-
1839. 1882 traf eine Militärmission des
Reichs in Istanbul ein. Die Reorganisa-
tion der osman. Armee ist v.a. mit dem
Namen von der Goltz (1886-1895 in
osman. Diensten) verbunden. Waffen-
lieferungen und Bahnbauten (↑*Anatolische Bahn*) bestimmten das Verhältnis
bis zum Ausbruch des Weltkriegs. Die
Verbindungen mit Deutschland wurden
nach Art.23 des Waffenstillstands von
↑*Mudros* bis zum deutsch-türk. Vertrag
(1924) unterbrochen. 1928 war
Deutschland wieder der wichtigste
Lieferant der T. Gegen die Konvention
von ↑*Montreux* erhob das Dritte Reich
als Nicht-Beteiligter Einspruch. Am
Vorabend des 2. Weltkriegs versuchte
der am 18.4.1939 zum Botschafter in
Ankara ernannte Papen, die Neutralität
des Landes zugunsten der Achsenmäch-
te zu verändern. Der „Freundschafts-
und Nichtangriffspakt" vom 18.4.1941
entstand unter dem Eindruck der deutschen Siege. Der Einmarsch in der
Sowjetunion nährte in der T. panturanische Vorstellungen (↑*Turancılık*).
Am 2.8.1944 brach die T. die politischen und wirtschaftlichen Beziehungen einseitig ab und erklärte am 23.2.
1945 den Kriegszustand (Vorbedingung
für den Eintritt in die ↑*Vereinten Nationen*). Die Regierung der Schweiz
wurde mit der Wahrung der Interessen
beider Staaten bis zur Wiederaufnahme
der Beziehungen am 6.3.1950 beauftragt. Im Frühjahr 1951 wurde das
deutsche Vermögen freigeben. Die
deutsche Schule (↑*Alman Lisesi),* das
Archäologische Institut (↑*Archäologie*),
das Krankenhaus (↑*Alman Hastanesi*)
und andere Einrichtungen folgten. Der
erste hochrangige Nachkriegsbesucher

war Bundeswirtschaftsminister Erhard (1951). Bundeskanzler Adenauer reiste 1954 in die T. (Gegenbesuch von Menderes im gleichen Jahr), Bundespräsident Heuß 1957 (Gegenbesuch von Celal Bayar 1958). Die Bundesrepublik bezog zunächst v.a. Tabak, Trockenfrüchte und Baumwolle und setzte die in den 20er Jahren begonnene Unterstützung industrieller und landwirtschaftlicher (↑*Devlet Üretme Çiftlikleri*) Investitionen fort. Der 1955 formulierte Alleinvertretungsanspruch der Bundesrepublik (Hallstein-Doktrin) wurde von der T. lange respektiert (Aufnahme von diplomat. Beziehungen mit der DDR am 1.6.1974).

Alphabet ↑Schriftreform.

Altı Ok. Die ‚Sechs-Pfeile' wurden 1931 von der Republikanischen Volkspartei (↑*Cumhuriyet Halk Partisi*) als Sinnbild der kemalistischen Prinzipien (↑*Atatürkçülük*) übernommen und waren Ausdruck der - letztlich erfolglosen - Versuche, zu einer systematisierten Staatsdoktrin zu finden. Die sechs Pfeile sind jetzt Bestandteil des Emblems der SHP (↑*Parteien*). ↑*Verfassung*.

Altı-Yedi Eylül olayları. Zu den ‚Vorgängen vom 6./7.September' 1955 kam es im Gefolge der sich zuspitzenden Krise um ↑*Zypern*. Nach der Nachricht von einem Anschlag auf das Geburtshaus Atatürks in Saloniki (↑*Atatürk evi*) und einer Kundgebung (*miting*) auf dem Istanbuler Taksim-Platz kam es zu Ausschreitungen, insbesondere zu Plünderungen griech. Ladengeschäfte an der ↑*İstiklâl Caddesi* und zur Verwüstung von Schulen, Kirchen und Friedhöfen. Der noch am selben Abend beschlossene Ausnahmezustand wurde von der Nationalversammlung bestätigt.

Altın Lale ↑lale.

Altın Portakal ↑Antalya Ulusal Altın Portakal Film Festivali.

Amerikan Kız Koleji ↑kolej.

Amnestie (*af*). Zu den Kompetenzen der ↑*Türkiye Büyük Millet Meclisi* gehört die Verkündigung einer allgemeinen (*genel*) oder besonderen A. (*özel af*) gemäß Art. 87 der Verfassung (nicht gültig für nach Art.14 über Mißbrauch der Grundrechte und Grundfreiheiten Verurteilte). Der Präsident der Republik (↑*Cumhurbaşkanı*) kann Strafen aus Gründen der Krankheit, der Behinderung und des Alters mindern oder erlassen (Begnadigung) Eine Besonderheit des türk. Verfassungsrechts ist, daß „Straftaten, die mit dem Ziel der Verbrennung von Wäldern begangen werden" (Art.169) nicht amnestiert werden dürfen. Weitere Regelungen enthält das Strafgesetzbuch. Seit der allgemeinen A. nach der Ausrufung der Republik (26.12.1923) wurden 15 Mal allgemeine und besondere A. verkündet. 1966 wurde der frühere DP-Vorsitzende (↑*Parteien*) und Präsident der Republik Bayar von Sunay begnadigt. Die letzten großen A. für politische Straftäter fanden 1974 und 1991 statt. A. werden auch solche Gesetze genannt, durch die illegal errichtete Bauten (↑*gecekondu*) nachträglich legalisiert werden. Ebenfalls mit A. werden umgangssprachlich die nach der Zivilrechtsreform 1926 mehrfach erlassenen Gesetze bezeichnet, die es den auf traditionelle Weise verheirateten Paaren (↑*Eheschließung*) erleichtern sollten, den Übergang zur Zivilehe zu finden und dadurch vor allem auch den aus solchen ‚Ehen' hervorgegangenen Kindern den Status der Ehelichkeit zu verschaffen.

Amtstracht ↑cüppe.

Amulett ↑muska, ↑nazar.

ana. Auch *anna, anne.* Lallwort für
‚Mutter‘ (↑*ata*). Als Vorsilbe in der
Bedeutung von ‚Haupt-, Grund-, eigentlich‘ (z.B. ↑*anakent*, ↑*Anavatan
Partis*i ↑*Anayasa*). Die größte Oppo-
sitionspartei heißt jeweils *a. muhalefet
partisi.*

Anadol. Der erste, seit 1966 in der T.
montierte Personenkraftwagen. Für den
Namen A. entschied sich eine Jury
nach einem Wettbewerb, zu dem mehr
als 100 000 Antworten eingingen.
↑*Koç.*

Anadolu. Anatolien ist heute beinahe
gleichbedeutend mit ‚Türkei‘ geworden,
da ca. 97% der Staatsfläche in Asien
liegen. Der in byzant. und osman. Zeit
auf das westl. Kleinasien beschränkte
Begriff A. dehnte sich nach dem Zusammenbruch des Reichs bis zur historischen Grenze mit Iran aus, da Land-
schaftsnamen wie Armenien oder Kurdistan nicht mehr opportun waren.
Zahlreiche Institutionen und Firmen
führen die Bez. A. im Namen (die
Verwendung der Wörter *Türk* bzw.
Türkiye ist dagegen an einen Ministerratsbeschluß gebunden).

Anadolu Ajansı. 1920 gegründete
halbamtliche Presseagentur. Ihre Privatisierung wird angestrebt. ↑*Basın Yayın
ve Enformasyon Genel Müdürlüğü,*
↑*ajans.*

Anadolu Kulübü. ‚Anatolischer Klub‘;
luxuriöser Klub mit Sitz in Ankara.
Seine Zweigstelle auf der Großen
„Prinzeninsel" (Büyük Ada) im Mar-
mara-Meer ist auch Schauplatz offi-
zieller Essen von Staatsgästen. Der
A.K. führt die Tradition des *Büyükada
Yat* [Yacht] *kulübü / Prinkipo Yacht-
Club* fort.

Anadolu Lisesi. Lyzeen mit Englisch,
Französisch, Deutsch oder Italienisch
als Unterrichtssprache. Man unterscheidet staatliche (*Resmi A.L.*) und
private türk. (*Özel Türk A.L.*) bzw.
ausländische Schulen (*Yabancı Okullar*). Fast überall besteht Koedukation
(*karma eğitim*). Eine Vorbereitungs-
klasse (*hazırlık*) dient dem ersten Spra-
cherwerb, es folgen die Klassen Orta I-
III und Lise I-III. Der Oberbegriff A.L.
gilt heute auch für die alten Auslands-
schulen in Istanbul (Deutsches Gymna-
sium/↑*Alman Lisesi*, das österreichische
↑*Sankt-Georgs-Werk*, Nôtre-Dame-de-
Sion, Saint-Benoît usw.). Absolventen
der A.L. haben ungleich höhere Chan-
cen, die Hochschuleingangsprüfung zu
bestehen.

Anadolu Medeniyetleri Müzesi. Das
Museum für ‚Anatolische Zivilisationen‘ im ehemaligen ↑*bedesten* von
Ankara möchte die Kontinuität der
Kultur von prähistorischer Zeit bis an
die Schwelle der klassischen Antike
sichtbar machen, wobei das anatolische
Neolithikum, die Bronzezeit (↑*Alacahöyük*) und die hethitische Periode
(↑*Eti*) besonders herausgestellt sind.
Insofern bildet es ein bewußtes Gegengewicht zu den archäologischen Sammlungen in Istanbul und am Rande zahlreicher hellenistisch-römischer Aus-
grabungsorte des Westens.

**Anadolu ve Rumeli Müdafaa-i Hu-
kuk Cemiyeti.** ‚Vereinigung zur Verteidigung der Rechte Anatoliens und
Rumeliens‘; Name der großen, von den

Kemalisten zusammengefaßten Widerstandsorganisation, am Beginn des Befreiungskrieges (↑*Kurtuluş savaşı,* ↑*Cumhuriyet Halk Partisi*).

anakent. ‚Großstadt‘; städtische Agglomerationen mit mehreren Millionen Einwohnern werden a. oder *büyük şehir* (‚*große Stadt*‘) genannt. Sie schließen eine wechselnde Zahl von Bezirken (↑*ilçe belediyeleri*) ein (Istanbul 15, Ankara 5, İzmir 3). Ihr Bürgermeister führt den Titel *Büyük Şehir Belediye Başkanı*. Entsprechendes gilt für die kommunalen Organe *ilçe meclisi* und *ilçe encümeni* (↑*belediye*).

Analphabetismus. Die Statistik trennt zwischen Lese- und Schreibkenntnissen (*okur-yazarlık*) bei Frauen und Kindern und erfaßt alle Einwohner über 6 Jahren. 1927 konnten 17,4% der männlichen und 4,7% der weiblichen Bevölkerung lesen und schreiben. Eine bedeutende Kampagne gegen den A. ist mit den sog. ‚Nationalschulen‘ (↑*Millet Mektepleri*) verbunden. 1985 lagen die Werte bei 86,35 und 68,02% (Durchschnitt 77,29%). Heute ist die Analphabetismusrate auf 22,51%. gesunken. Unter Frauen nimmt sie langsamer ab als unter Männern. Untersuchungen zum Leseverhalten zeigen, daß nur eine verschwindend kleine Zahl regelmäßig Bücher erwirbt bzw. liest.

anaokul, ana okulu. Kindergarten (wörtl. ‚Mutterschule‘, an franz. *école maternelle* angelehnt). Ein a. ist in der Regel privat (*özel*), kann jedoch auch vom Ministerium für Nationale Erziehung (↑*Milli Eğitim, Gençlik ve Spor Bakanlığı*) unterhalten werden.

ANAP ↑Parteien.

Anatolien ↑Anadolu.

Anatolische Bahn. Das erste große deutsche Bahnbauprojekt war mit der Gründung der *Société du Chemin de fer Ottoman d'Anatolie* (1888) verbunden. Die A.B. erhielt die Streckenkonzession von Haydarpaşa (am asiatischen Ufer von Istanbul) nach Ankara, das 1892 erreicht wurde. 1903 konstituierte sich, ebenfalls unter deutscher Führung, die *Société Impériale Ottomane du Chemin de fer de Bagdad*. Beide Bahngesellschaften werden oft verwechselt, u.a. weil die A.B. die Betriebsführung der Bagdad-Bahn übernommen hatte. Die Bagdad-Bahn war Ende des Weltkriegs von Konya bis Nusaybin an der neuen türk.-syr. Grenze auf 1100 km befahrbar. ↑*TCDD*.

Anavatan Partisi ↑Parteien.

Anayasa dili. Durch Runderlaß des Ministerpräsidiums wurde die ‚Sprache der Verfassung‘ von 1982 als Vorbild für das Amtstürkische empfohlen. Ein entsprechendes Glossar hatte ↑*Türk Dil Kurumu* im folgenden Jahr herauszugeben. ↑*Verfassung*.

Anayasa Mahkemesi. Das ‚Verfassungsgericht‘ besteht seit 1961 und hat seine Autorität auch nach 1982 bewahren können. In seiner Konstruktion ähnelt es weitgehend italienischen und deutschen Vorbildern. Es überprüft die Verfassungsmäßigkeit der Gesetze und der Rechtsverordnungen mit Gesetzeskraft in formeller und materieller Hinsicht. Die Überprüfung der Verfassungsmäßigkeit ist auf die Frage der Einhaltung bestimmter Regeln des Gesetzgebungsverfahrens beschränkt.

Anıtkabir. Das Mausoleum für Atatürk (↑*Mustafa Kemal Paşa*), 1944-1953 in beherrschender Lage über Ankara errichtet (Sieger eines internationalen Architektenwettbewerbs war Emin Onat). Staatsgäste, Teilnehmer an wichtigen Kongressen, Politiker und Militärs nach ihrem Amtsantritt u. an staatlichen Feiertagen suchen das A. auf. Hohe Würdenträger schreiben, indem sie sich unmittelbar an den Staatsgründer Atatürk wenden, Verpflichtungserklärungen in das „Ehrenbuch" (*şeref defteri*). Außer Atatürk hat nur sein Nachfolger ↑*İnönü* (am Rande des Ehrenhofs) einen Platz im Bereich des A. eingeräumt bekommen. Funktionäre islamistischer Parteien meiden diese Anlässe. Aufsehen erregte der iran. Minsiterpräsident, der es 1991 vorzog an Stelle des A. das Grabmal Celâleddîn Rûmîs in Konya zu besuchen. ↑*Etnografya Müzesi.*

Ankara war stets (nach Bursa) eine bedeutende Handels- und Gewerbestadt im osman. Anatolien. Ihre Wahl zum Sitz der Nationalversammlung 1920 hängt mit der günstigen Bahnanbindung und ihrer zentralen Stellung im Telegrafennetz zusammen. Noch vor Ausrufung der Republik (↑*Cumhuriyet*) wurde die Verlegung der Hauptstadt nach A. beschlossen (13.1O.1923). İsmet Paşa (↑*İnönü*) hatte zuvor in einer Sitzung der Volkspartei eine entsprechende Änderung des Verfassungsgesetzes vorgeschlagen, indem er auf den Untergang des Sultanats hinwies. Das alte türk. Istanbul mit seinen Gebetsstätten und Serails bzw. das kosmopolitische Handelsviertel von Beyoğlu könnten nicht die neue, von Mustafa Kemal gewollte T. repräsentieren. In A. wurden zwei wichtige Verträge unterzeichnet: am 22.11.1921 das Friedensabkommen mit Frankreich, das zur Festlegung der türk.-syrisch. Grenze führte (↑*Hatay*), und am 5.6.1926 der Vertrag mit Großbritannien über die in Lausanne ungelöste ↑*Mosul-Frage.*

Ankara Hukuk Fakültesi (AHF) Angesehene juristische Fakultät, hervorgegangen aus der 1925 gegründeten *Ankara Adliye Hukuk Mektebi*, der ersten Hochschulgründung der jungen Republik. ↑*Universitäten.*

Ankara Üniversitesi Dil ve Tarih-Coğrafya Fakültesi. An der 1935 als selbständige Hochschule gegründeten „Fakultät für Sprache, Geschichte und Geographie" wurden in großzügiger Weise die Humanwissenschaften eingerichtet, deren Pflege im nationalen Sinn Atatürk den Professoren der alten und neuen Istanbuler Universität (↑*Darülfünun*) nicht überlassen wollte. Das 1937 von Bruno Taut geplante Gebäude am ↑*Atatürk Bulvarı* erfüllt noch heute seinen Zweck.

Ankaufspreise ↑taban fiatı.

Anonim Şirket (A.Ş., Aş.). Viele Aktiengesellschaften führen die Bezeichnung A.Ş. („anonyme Gesellschaft') innerhalb einer zusammenhängenden Kurzform wie Tofaş (*Türk Otomobil Fabrikaları A.Ş.*) oder Çimsetaş (*Çukurova İnşaat Makineleri Sanayi ve Ticaret Anonim Şirketi*).

Anreden. Eine Anrede mit dem bloßen Namen ist selten und gilt im traditionellen Milieu als unangemessen: „Mustafa ↑*ağabey*" statt „Mustafa!", „Fatma ↑*abla*" usw. (vgl. auch ↑*ağa*, ↑*ata*, ↑*baba*, ↑*bacı*, ↑*bay*, ↑*bayan*, ↑*bey*, ↑*beyefendi*, ↑*efendi*, ↑*sayın*, ↑*paşa*). Ausländer werden von Gebildeten je nach Herkunft mit „Herr, Monsieur *(mösyö)*, Mister" bzw. „Madame" angesprochen.

Anschrift. Briefempfänger werden auch auf dem Umschlag mit ↑*Sayın* tituliert. Die Hausnummer wird oft durch die Nummer der Wohnung ergänzt: *Sayın Doğan Örnek / Atatürk Bulvarı No.158/13 / Kavaklıdere / 06680 Ankara.* Gelegentlich wird der Name des ↑*apartman* hinzugefügt.

ansiklopedi. ‚Enzyklopädie, Nachschlagewerk'. Nach einer Umfrage besitzen 53.7% aller Türken ein Lexikon, von der Ein-Band-Enzyklopädie bis zu den sehr beliebten türk. Versionen des franz. Meydan-Larousse bzw. der Britannica. Das 1941 begründete *Türk Ansiklopedisi Bürosu* wurde mit der Herausgabe der offiziösen *Türk Ansiklopedisi (TA)* beauftragt, deren erste Bände 1943-1951 unter den Namen *İnönü Ansiklopedisi* erschienen. Das erst 1984 mit Bd.33 abgeschlossene Werk spiegelt alle politische Wandlungen der letzten vierzig Jahre, so fehlt ein Stichwort „Hasan-Âli Yücel" (Begründer der TA). Bedeutsam ist die *İslâm Ansiklopedisi,* eine türk. Bearbeitung der in Leiden und London herausgegebenen *Encyclopædia of Islam.* Über alle Regierungsbezirke (↑*il*) des Landes informiert ausführlich die elfbändige *Yurt Ansiklopedisi.* Viele Enzyklopädien werden faszikelweise an Zeitungsständen verkauft.

Antalya Ulusal Altın Portakal Film Festivali. Seit 1964 bildet beim ‚Nationalen Filmfestival von Antalya' die neunfache Verleihung der „Goldenen Orange" (*Altın Portakal*) den Höhepunkt.

Antep fıstığı. Pistazien (*fıstık*) heißen nach dem Hauptanbaugebiet um (Ga-

zi)Antep (↑*Ortsnamen*). Erdnüsse sind dagegen *yer fıstığı.*

Antikenverwaltung ↑Eski Eserler ve Müzeler Genel Müdürlüğü.

Antiquar ↑sahhaf.

Antisemitismus ↑Juden.

ANZAC (*Australian and New Zealand Army Corps*). An die Landung austral. und neuseeländ. Truppen auf der Halbinsel von Gelibolu am 25.4.1915 wird von den ehemaligen Kriegsgegnern regelmäßig feierlich erinnert (*Anzac günü*).

AP ↑Adalet Partisi.

apartman. In den 60er Jahren wurde der Erwerb von Eigentumswohnungen in a. genannten Mehrfamilienhäusern üblich. Häufig wird ein ganzes oder halbes Stockwerk (*kat*) erworben (Eigentumsform: *kat mülkiyeti*). Kennzeichnend sind die von den Eigentümern gewählten Namen, die häufig als Anschrift eingesetzt werden. Sehr verbreitet ist der Name des Bauherrn oder seines Herkunftsortes, es kommen aber auch frei erfundene a.-Namen vor. ↑*kapıcı.*

Aphrodisiacum ↑macun.

Apotheke ↑eczane.

aptes (aus pers. *âb* ‚Wasser' und *dast* ‚Hand'); die rituelle Waschung. In umschreibender Verwendung für den Gang zur ↑*Toilette. aptessiz* (‚ohne die vorgeschriebene Waschung vorzunehmen') ist auch ein Schimpfwort für einen moralisch verworfenen Menschen.

arabesk bez. seit den 70er Jahren Formen von orientalisierend-sentimentaler Unterhaltungsmusik vertreten durch Sänger wie Küçük Emrah, İbrahim (‚İbo‘) Tatlıses, Ferdi Tayfur und Müslüm Gürses.

Arabisch wird nur von einigen 100 000 türk. Staatsbürgern im Raum Adana, Hatay und in Gebieten entlang der Grenze zu Syrien und Irak gesprochen. Ihre Dialekte entsprechen denen ihrer jeweiligen Nachbarn im Süden. Als Schulsprache war A. - wie ↑*Persisch* - nur bis 1929 zugelassen. Heute ist A. nur am ↑*İmam-Hatip-Lisesi* vertreten. Als Sprache des islamischen Kultus wird es an den theologischen Fakultäten gelehrt (↑*İlahiyat Fakültesi*). A. sind der Gebetsruf (↑*ezan)*, das Glaubensbekenntnis (↑*şehadet)*, Bestandteile des Pflichtgebets (↑*namaz)* und der Freitagspredigt (↑*hutbe)*. Der Anteil von Arabismen im Elementarwortschatz des Türkischen liegt bei 20-30%, in der Schriftsprache (↑*Öztürkçe)* nimmt er deutlich ab.

Arabisch-türkische Bank (*Arap-Türk Bankası*), 1972 gegründetes Institut zur Förderung der gegenseitigen Wirtschaftsbeziehungen.

Arabische Schrift. Bis zur Schriftreform des Jahres 1928 war die A. Sch. das fast ausschließliche Darstellungsmittel des Osmanisch-Türkischen (↑ *Osmanlıca)* und anderer Turksprachen (vgl. aber ↑*Aserbaidschan)*. Vor ihrer Islamisierung im 9./10.Jh. benutzten die Türken Mittelasiens zahlreiche andere Schriftsysteme, u.a. das uigurische. Die A. Sch. eignet sich für das vokalreiche Türkische nur bedingt, ein weiteres Lernhindernis bildete die Notwendigkeit, Teile der arab. und pers. Formen- und Satzlehre zu erarbeiten.

arap bez. neben den Arabern im engeren Sinn auch Sudan-Neger, von denen einige Tausend als Nachkommen afrikanischer Sklaven in küstennahen Städten und Dörfern des Südens und Südwestens leben.

arasta. Eine einheitlich gestaltete Basar-Straße im Rahmen eines Stiftungskomplexes (↑*külliye)*.

araştırma görevlisi. Forschungsassistent an einer Universität mit befristetem Dienstvertrag.

Arbeitsamt ↑*İş ve İşçi Bulma Kurumu.*

Arbeitsministerium ↑Çalışma ve Sosyal Güvenlik Bakanlığı.

Archäologie (*arkeoloji*) wurde in den letzten Jahrzehnten des Sultanats fast ausschließlich von Ausländern unter der Aufsicht der Antikendirektion (heute: ↑*Eski Eserler ve Müzeler Genel Müdürlüğü)* betrieben. Im Mittelpunkt standen die hellenistische und die römische Periode (z.B. in Pergamon). Die junge türk. Archäologie (Remzi Oğuz Arık, Hamit Zübeyr Koşay) hat das Interesse auf zwei Bereiche konzentriert: Vor- und Frühgeschichte Anatoliens (*prehistorya*) und islamisches Mittelalter, ohne die klassischen Stätten zu vernachlässigen. Die Notgrabungen im Bereich des Keban-Staudamm-Projekts (*Keban Baraj Gölü*) in den Jahren 1966-1975 sowie des Atatürk-Staudamms (*Aşağı Fırat Projesi*) ab 1974 bildeten eine der größten internationalen archäol. Unternehmungen dieser Art. Seit den 90er Jahren soll die Erforschung islam. Ruinenstätten stärker gefördert werden (Harran, Hasankeyf, Kubadabad).

Archäologische Institute des Auslands existieren in Istanbul und Ankara. Die beiden ältesten Einrichtungen wurden von Rußland (1895-1914) und Ungarn gegründet. Heute sind das „DAI" (Abteilung Istanbul des Deutschen Archäologischen Instituts/*Alman Arkeoloji Enstitüsü* 1928, Wiedereröffnung 1953), das französische *Institut des Études Anatoliennes* und das britische Institut (mit Sitz in Ankara) hervorzuheben.

Archive. Die großen Archive mit der Dokumentation der osman. Vergangenheit sind das ↑*Başbakanlık Arşivi* und das Archiv im ↑*Topkapı Sarayı*. Andere unterstehen der Stiftungsverwaltung (↑*Vakıflar Genel Müdürlüğü*) und einzelnen Ministerien. Sie sind grundsätzlich für die Forschung offen. Dagegen ist der Zugang zu den staatlichen Archiven aus republikanischer Zeit bisher türk. Hochschullehrern bzw. Mitgliedern der Historischen Gesellschaft (↑*Türk Tarih Kurumu*) vorbehalten.

arife (ursprünglich *arefe*) **günü**. Der Tag vor einem religiösen oder staatlichen Feiertag, der Vorabend eines größeren Ereignisses überhaupt. Der a.g. wird weitgehend für Einkäufe und andere Festvorbereitungen genutzt.

argo (franz. *argot*). Die Istanbuler Halb- und Unterwelt hat einen reichen Argot in der Fortsetzung der Sprache der ‚Clochards' der alten T. (*külhanbeyi*) entwickelt. Der a. schöpft aus dem Sprachschatz der griech., armen. und jüd. Minderheiten (↑*azınlık*). Das ↑*Italienische* hat häufig Pate gestanden: *vardakosta* (eigentlich *guardacosta* ‚Küstenwachschiff' für ‚ansehnliches Frauenzimmer'). Viele a.-Ausdrücke

sind über die Schüler- und Soldatensprache allgemein bekannt (z.B. zahlreiche Äquivalente für Geld: *arpa, asker, papel, patpat* oder Gefängnis: *dam, delik, kafes, kodes, mektep*). ↑*yankesicilik*.

Armenier (türk. *Ermeni*). A. waren bis zum 1.Weltkrieg die größte nicht-muslimische Gruppe im mittleren und östlichen Anatolien. Einzelne A. spielten in Wirtschaft, Verwaltung und Kultur des Osmanenstaats eine herausragende Rolle. Ab der 2. Hälfte des 19.Jh. entstand in den östl. Landesteilen eine Unabhängigkeitsbewegung, die wiederholt die Großmächte auf den Plan rief (↑*Berliner Kongreß*). Die Kriege zwischen 1912 und 1922 kosteten nach zuverlässigen Statistiken ca. 600 000 A. das Leben, auch wenn wesentlich höhere Zahlen genannt werden (↑*Malta*, ↑*Talât - Paşa - Telegramme*, ↑*tehcir*). Von etwa 50 000 A. mit türk. Staatsangehörigkeit leben in Istanbul als größte nichtmuslim. Gruppe 40 000. Wie die Griechen verfügen sie über Schulen aller Stufen, Krankenhäuser und eine eigene Presse (*Jamanak* gegr. 1908). Das armen. Patriarchat im Viertel Kumkapı registriert Taufen, Eheschließungen und Todesfälle. Neben den ‚gregorianischen' A. (nach Gregor d. Erleuchteten, der um 300 König Tiridates III. für das Christentum gewann), die dem Katholikos von Edschmiatsin/Republik Armenien unterstehen, gibt es unierte (7-10 000) und protestantische (1000) A. Die Anschläge der terroristischen *Asala*-Organisation auf türk. Diplomaten haben die Öffentlichkeit stark beschäftigt.

arşın. Längenmaß (ca.68 cm). Im Sprichwort: *Haleb orada ise a. burada.* bedeutet es soviel wie unser *Hic Rho-*

dus, hic salta (‚Aleppo mag dort liegen, hier ist das Maß/die Elle!‘). ↑*Maße und Gewichte.*

aruz. Das quantifizierende Metrum der klass.-islam. Dichtung im Gegensatz zum schlichten ↑*hece.*

Arzt ↑dahiliye, ↑doktor, ↑oda.

arzuhalci ↑Bittschrift.

Aserbaidschan war zwischen 1919 und 1921 unabhängig und damit die erste turkophone Republik der Geschichte. Die T. hatte sich im Freundschafts- und Bruderschaftsvertrag vom 16.3.1921 verpflichtet, keine Organisationen zu dulden, die gegen das andere Land, einschließlich der Sowjetrepubliken im Kaukasus, kämpfen. Ab 1927 wurden aserbaidschanische Exilzeitschriften zunehmend unterdrückt. Die Sowjetrepublik A. (ca. 5 Mill. Sprecher) unterhielt bis zum Besuch ihres Ministerpräsidenten im Januar 1990 nur sehr lockere Beziehungen zum NATO-Mitglied T. In Iran leben etwa 7 Mill. Aserbaidschaner. Das A.-Türkische (*Azerbaycan Türkçesi*) ist der nächste Verwandte des T.-Türkischen (↑*Türkçe*) innerhalb der oghusischen Gruppe. In der Sowjetunion wurde es zunächst (ab 1922/24) mit lateinischen, später mit kyrillischen Buchstaben geschrieben und hat zahlreiche Russismen aufgenommen. Im Gefolge von Umsiedlungen gelangten schiitische Aserbaidschaner (*Azeri*) aus Karabağ und Şirvan in die grenznahen Provinzen der Türkei.

asgari ücret ↑Mindestlohn.

Ashâb-ı kehf. Die ‚Gefährten der Höhle‘; die schon im Koran genannten Siebenschläfer werden in einem Heiligtum bei Afşin (K.Maraş) besonders verehrt. Ihr Hündchen Kıtmır gilt als besonderes Symbol für die Treue Gottes.

âsitâne [â-â]. ‚Schwelle‘; Palast, die Stadt Istanbul (als Residenz des Sultans und Kalifens). Bei den ↑*Mevlevi* ein großer Konvent (↑*tekke*), in dem sich die Derwische zu Exerzitien (↑*çile*) zurückzogen.

asker (über arab. ʿ*askar* aus lat. *exercitus*), allgemeinste Bezeichnung für Soldat; der gemeine Soldat bzw. ‚Gefreite‘ heißt heute *er* ‚Mann‘ und *onbaşı, das* Wort *erbaş* ist ein Kollektivum und umfaßt *onbaşı* und *çavuş.* Volkstümlich für Soldat steht ↑*Mehmetçik*).

askerlik ↑Wehrdienst.

Askerî Yargıtay. Der ‚Militärkassationshof‘ ist die letzte Prüfungsinstanz für Entscheidungen der Militärgerichte. Daneben besteht ein ‚Hoher Militärverwaltungsgerichtshof‘ (*Askeri Yüksek İdare Mahkemesi*).

Asliye Mahkemeleri ↑Gerichtswesen.

astsubay. ‚Unteroffizier‘; mit dem (nichtproduktiven) Präfix *ast* ‚niedrig‘ aus ↑*suba*y (Offizier) gebildet. Ein a. kann bis zum Feldwebel ‚*başçavuş*‘ aufsteigen; seine Laufbahn dauert dann 27 Jahre.

A.Ş. ↑Anonim Şirket.

aşar. ‚Der Zehnte‘; die wichtigste Agrarsteuer in der alten T., mit der Abschaffung des *aşar vergisi*, die schon vom ↑*İzmir İktisat Kongresi*

1923 gefordert wurde, durch Gesetz vom 17.2.1925 entfiel eine Haupteinnahmequelle des türk. Staatshaushalts (im Budget von 1924 noch 28,6%).

âşık. Der traditionelle Volkssänger hat seinen Namen vom arab. Wort für ‚Verliebter‘. Eine türk. Bez. für den a. ist *ozan*.

Aşık Veysel (1894-1973) war der letzte große Vertreter des zentralanatolischen Bardentums. Die Lieder des seit dem 7.Lebensjahr erblindeten A. wurden noch zu Lebzeiten über Rundfunk und Tonkassetten weit verbreitet.

aşiret. Das arab. Wort für ‚Stamm‘ bezeichnet in der modernen T. nur noch kurdische Gruppen, die z.T. noch Wanderweidewirtschaft betreiben. ↑*Kurden.*

Aşiyân [â-â]. pers. ‚Nest‘; Name des Wohnsitzes von Tevfik Fikret (1867-1915) in Istanbul-Rumelihisar, unterhalb des ↑*Robert Koleji*, an dem der Dichter lehrte. Heute Gedenkstätte ‚Museum für neue Literatur‘ (*Edebiyat-ı Cedide Müzesi*) der Stadt Istanbul.

aşure. 1. Der 10. Muharrem (↑*Monatsnamen*) im Jahre 61 der Hidschra (↑*hicre*)=10.Oktober 680. Trauertag für die Märtyrer von Kerbela. 2. Name einer Süßspeise auf Weizenschrotgrundlage.

AT, *Avrupa Topluluğu* ↑Europäische Gemeinschaft.

ata. ‚Vorfahren‘. Wie *baba* in vielen Turksprachen sowohl Anrede des leiblichen Vaters als auch ehrender Titel.

Ataköy. Anstelle einer alten Pulvermühle (*baruthane*) vor den Mauern Istanbuls wurde A. (‚Dorf des ↑*Ata*‘) die erste moderne Trabantenstadt (*toplu konut*) der T. Unter der Federführung der Emlak Kredi Bankası entstanden seit 1958 12 000 Wohnungen für 60 000 Menschen.

atasözü. Sprichwort (‚Väterwort‘). Der große Sprichwortschatz der türk. Sprache wird seit hochosman. Zeit in Sammlungen zusammengefaßt. Das verbreitete *Atasözleri Sözlüğü* (Wörterbuch der Sprichwörter) von Ömer Asım Aksoy enthält eine Auswahl von 2110 Beispielen.

Atatürk. Am 24.11.1934 beschloß die Nationalversammlung (↑*Türkiye Büyük Millet Meclisi*) dem Präsidenten der Republik „Kemal" (↑*Mustafa Kemal Paşa*) den Familiennamen Atatürk (etwa ‚Vater der Türken‘) zu verleihen. Andere Namensvorschläge wie Arız, Emen oder Tokuş waren zuvor ausgeschieden worden. Kurz darauf wurde ein weiteres Gesetz verabschiedet, das allen anderen Personen die Führung dieses Namens untersagt.

Atatürk Araştırma Merkezi. Das ‚Atatürk-Forschungszentrum‘ dient der wissenschaftlichen Erforschung des Atatürkschen Denkens, seiner Grundprinzipien und seiner Revolutionen und ist Bestandteil der ↑*Atatürk Kültür, Dil ve Tarih Yüksek Kurumu* in Ankara.

Atatürk Bulvarı heißen die Hauptstraßen fast aller türk. Städte. In Ankara bildet der A.B. die große Nord-Südachse zwischen Ulus und Çankaya (auf die der Gazi Mustafa Kemal Bulvarı führt), in Istanbul eine riesige in das Altstadt-Dreieck zwischen Marmara-Meer und Goldenem Horn (↑*Haliç*) geschlagene Schneise.

Atatürk Evi. Atatürk-Häuser existieren in türk. Städten, die der Staatsgründer mit seinem Besuch beehrte. Oft hat sich ältere Bausubstanz auf Grund dieser Übung erhalten. Das A. in Istanbul/Şişli ist der Ort, an dem Mustafa Kemal den Plan faßte, das Vaterland von Anatolien aus zu retten (↑*Samsun*). Das angebliche Geburtshaus in ↑*Saloniki* befindet sich als Nachbildung in Ankara.

Atatürk-Friedenspreis. Verliehen von der ↑*Atatürk Kültür, Dil ve Tarih Yüksek Kurumu* für Verdienste um den Weltfrieden im Sinne von Atatürks Maxime „Frieden im Land, Frieden in der Welt", wurde er bisher dreimal vergeben (1986 an den NATO-Generalsekretär Luns, 1987 an Richard von Weizsäcker, 1989 an Tahahito Mikasa). Eine jährliche Vergabe der 1989 mit 25 Mill. TL dotierten Auszeichnung ist nicht zwingend.

Atatürk-Gesetz. Ein Gesetz „über strafbare Handlungen gegen Atatürk" wurde nach einem Vorschlag des deutsch-türk. Juristen Ernst E. Hirsch 1951 so formuliert, daß das im Volk fortlebende Pietätsgefühl als Rechtsgut geschützt wurde: „Wer öffentlich das Andenken Atatürks beschimpft oder verleumdet, wer Standbilder, Büsten und Denkmäler, die Atatürk darstellen, oder das Grabmal Atatürks verwüstet, zertrümmert, beschädigt oder verschmutzt, wird...bestraft." Dieses Gesetz wurde u.a. herangezogen, um das Buch von Kâzım Karabekir über den Unabhängigkeitskrieg aus dem Jahr 1960 zu ächten. ↑*Anıtkabir*.

Atatürk Kitaplığı heißt die von der Firma ↑*Koç* zum 100.Geburtstag Atatürks gestiftete Zentralbibliothek der Stadt Istanbul.

Atatürk Koşusu. ‚Atatürk-[Gedächtnis-]Lauf'; zur Erinnerung an den ersten Besuch ↑*Mustafa Kemals* in Ankara zu Beginn des Befreiungskriegs (1919) findet seit 1936 am 27.12. ein Langstreckenwettbewerb zwischen den Hügeln von Dikmen und dem Vilayet Konağı (‚Bezirksamt') über 10 800 m statt.

Atatürk Kültür, Dil ve Tarih Yüksek Kurumu (AKDTYK). Die ‚Hohe Atatürk-Gesellschaft für Kultur, Sprache und Geschichte' wurde gegründet, um „das kemalistische Denken, die Prinzipien und Reformen Atatürks, die türk. Geschichte und die türk. Sprache auf wissenschaftlichem Wege zu erforschen, bekannt zu machen und zu verbreiten sowie Veröffentlichungen herauszugeben" (nach Art. 134 Verfassung). Die AKDTYK stützt sich in erster Linie auf die bis 1980 vom Staat unabhängigen Gesellschaften für türk. Geschichte (↑*Türk Tarih Kurumu*) und türk. Sprache (↑*Türk Dil Kurumu*), die mit einem Atatürk-Forschungszentrum (↑*Atatürk Araştırma Merkezi*) und einem Atatürk-Kulturzentrum (*Atatürk Kültür Merkezi*) zu einer juristischen Person des öffentlichen Rechts zusammengefaßt wurden. Sie wird vom Präsidenten der Republik beaufsichtigt und ist dem Ministerpräsidium unterstellt.

Atatürk Orman Çiftliği. Als Mustergut zur Verbesserung von Saatgut und Nutzvieh zwischen Ankara und Etimesgut gegründeter 2000 ha-Staatsbetrieb (1925). Mit der Einrichtung des ↑*çiftlik* wollte Atatürk beweisen, daß Landwirtschaft auch in der mittel-anatolischen Steppe ertragreich sein kann, und zugleich wollte er eine grüne Lunge für die Stadt schaffen.

Atatürk Üniversitesi ↑Universitäten.

Atatürkçülük. Die Gesamtheit der Prinzipien Atatürks, der Kemalismus. Unmittelbar nach Atatürks Tod (1938) setzten Versuche ein, aus seiner staatsmännischen Praxis und seinen programmatischen Äußerungen Handlungsanweisungen für die Gegenwart und Visionen für die Zukunft abzuleiten. Das erforderte die Sammlung seiner Aussprüche, Gedanken, Erinnerungen, Briefe und vor allem der Reden. Seit den 40er Jahren erscheinen Bücher der Gattung „Also sprach Atatürk..." (*A. dedi ki, A. demişti ki.., A. diyor ki...*). Offiziösen Charakter erhielt die Sammlung von Reden und Grußadressen des ‚Instituts für Revolutionsgeschichte' (*Türk İnkilâp Tarihi Enstitüsü*), die zuerst 1945 u.d.T. ‚Atatürks Reden und Ansprachen' (*Atatürk'ün söylev ve demeçleri*) erschien. Kanonischen Rang für die Geschichtsschreibung des Befreiungskriegs beansprucht die Ausgabe seiner Marathon-Rede (↑*Nutuk*) aus dem Jahr 1927 (dagegen fehlen bis heute eine wissenschaftliche Gesamtausgabe und eine amtliche umfangreichere Biographie). Während des ↑*Menderes*-Jahrzehnts wurde der A. stets beschworen, um der im Mehrparteien-System entstandenen Polarisierung der Kräfte entgegenzuwirken. Ein Höhepunkt der Anstrengungen, Atatürk zur über dem politischen Alltag stehenden Figur zu machen, bildeten die Reden anläßlich seiner endgültigen Beisetzung in ↑*Anıtkabir*. Später begegnet man auf „links-kemalistischer" Seite Versuchen der Systematisierung des A. auf der Grundlage der 6-Pfeile-Doktrin (↑*Altı Ok*). In den letzten Jahrzehnten werden auch verschiedene Äußerungen Atatürks für extrem nationalistische Positionen in Anspruch genommen, und es wird geringeres Gewicht auf die Kulturrevolution der 20er Jahre gelegt.

Nach 1980 hat sich der Abstand zwischen einer sich legitimierenden Verwendung des A. und seinen Inhalten weiter vergrößert. Äußerer Ausdruck sind etwa Atatürk-Bilder auf den Vorsatzblättern islamischer Fibeln für den Schulunterricht. Der abnehmende Grad an Konkretheit bei der Bestimmung dessen, was A. ist, wird in den jüngsten Auflagen des Wörterbuchs der Sprachgesellschaft (↑*Türk Dil Kurumu*) deutlich. So gibt das Wörterbuch (↑*Türkçe Sözlük*) von 1974 folgende Definition: „Von Atatürk verfochtene und bei der Verwirklichung seiner Revolutionen angewandte Grundsätze, um die T. auf das Niveau der zeitgenössischen Zivilisation in gesellschaftlicher, politischer, wirtschaftlicher und kultureller Hinsicht zu führen." Die nach der „Wende" des Jahres 1980 erschienene Neuauflage des Wörterbuchs von 1989 formuliert unter Verzicht auf das Wort Revolution: „Gesamtheit der miteinander in Einklang stehenden Zielsetzungen, Verwirklichungen und Grundsätze, welche auf Realitäten beruhen, universelles Gewicht haben und der Zukunft zugewandt sind. Es ist ein Denk-System innerhalb dieser Begriffsbestimmung, das sich den Neuerungen öffnet, in sich dynamisch und ganzheitlich ist und dessen Bestandteile einander ergänzen. Es hat einen unabhängigen nationalen Staat, die nationale Souveränität, die Freiheit der Person und die Zeitgenossenschaft mit dem jeweiligen Zeitalter zum Ziel und beruht auf Rationalität und Wissenschaft." In dieser Beschreibung verschwindet das historische Werk Atatürks vollkommen hinter nebulösen Allgemeinheiten.

Atatürks Vermächtnis. Kurz vor seinem Tod machte A. sein Testament (5.9.1938). Die Volkspartei (↑*Cumhu-*

riyet Halk Partisi) wurde zum Haupterben bestimmt. Aus den Zinserträgen seines Kapitalvermögens sollten die Adoptivtöchter eine Leibrente erhalten. Auch sollte für das Hochschulstudium der Kinder ↑*İnönüs* gesorgt werden. Die wichtigste Bestimmung betraf die Gesellschaften für türk. Geschichte (↑*Türk Tarih Kurumu*) und für türk. Sprache (↑*Türk Dil Kurumu*). Beiden wurde je die Hälfte der aus dem Vermögen verbleibenden Zinsen zugesprochen.

Atilla-Linie . Die von der türk. Armee bis zum 16.8 1974 erreichte, bis heute gültige Waffenstillstandsgrenze auf ↑*Zypern*.

Atom Enerjisi Kurumu (AEK bzw. TAEK). ,Atomenergie Behörde' beim Ministerpräsidium. Die AEK wurde 1982 als Kontrollorgan für die Betriebssicherheit der Atomanlagen gegründet (↑*Akkuyu Nükleer Santralı*).

Aufenthaltsgenehmigung ↑ikametgâh tezkeresi.

Aufforstung ↑Orman Genel Müdürlüğü.

Ausgangsverbot ↑nüfus, ↑Sokağa çıkma yasağı.

Ausnahmezustand ↑sıkıyönetim.

Aussteuer. Traditionelle Mitgift der Braut' ist der *çeyiz.* Er wird auf dem Land vor der Hochzeit beim Haus des Bräutigams (↑*damat*) ausgestellt. Wertvolle Bestandteile werden in einer bunten Holztruhe (*ç. sandığı*) gehütet. Auslandstürken genießen Zollfreiheit bei der Einfuhr von Aussteuergut (*ç. hakkı*).Bei den christl. und jüd. Gruppen heißt die A. (griech.) *drahoma.*

Australien (*Avustralya*) hat seit 1968 kleine Kontingente türk. Einwanderer aufgenommen. ↑*ANZAC.*

Außenhandel (*dış ticaret*). Der A. der T. ist durch ein chronisches Defizit gekennzeichnet. Jedoch hat sich in der zweiten Hälfte der 80er Jahre der Abstand zwischen Importen (*ithalat*) und Exporten (*ihracat*) deutlich verringert (Exportwert 1989: 11,625, Importwert 15,764 Mill. US-\$). Die Leistungsbilanz ist durch Überweisungen von Gastarbeitern und Einnahmen aus dem Tourismus an der Wende zu den 90er Jahren ausgeglichen. Die wichtigsten Handelspartner sind die OECD-Länder, insbesondere die Europäische Gemeinschaft. Die Golfstaaten und Libyen sind heute nicht mehr allein als Erdöl-Lieferanten, sondern auch als Abnehmer türk. Agrar- und Industrieprodukte wichtig. Insgesamt ist der Wert von türk. Industrieprodukten (Textilien an erster Stelle) weit höher als der von klassischen Agrarexportgütern wie Trockenfrüchten (v.a. Haselnüssen) oder gar Tabak.

Außenministerium ↑Dışişleri Bakanlığı, ↑elçi ↑konsolos.

Autofolklore (*taşıt edebiyatı*). Die ,Fahrzeugliteratur' gehört zu den auffälligsten Erscheinungen im gegenwärtigen Straßenbild. Zahlreiche Privatautos und so gut wie alle Nutzfahrzeuge vom Kleinlastwagen (*kamyonet*) bis zum Taxi (↑*taksi*) tragen Texte hinter der Windschutzscheibe, im Rückfenster oder auf der Stoßstange. An bevorzugter Stelle sind religiöse Formeln wie das arab. ↑*maşallah* oder *Allah korusun* (,Gott behüte [diese Fahrzeug]'). Sehr häufig ist *Allahın dediği olur* (,Was Gott befiehlt, soll geschehen!') und das *bismillah* (,Im Namen Gottes'), mit dem ein gläubiger Fahrer die Reise antritt. Hinzu kommen kurze lebensphilosophische Aussagen von zwei oder drei Wörtern. Hier überwiegt ein sentimental-pessimistischer Ton. Angesprochen werden die Geliebte des Fahrers, Schicksalsgenossen, andere Verkehrsteilnehmer oder ein diffuses Schicksal. Häufige Themen sind: die Trennung von der Freundin: ,Man hat uns auseinandergerissen' (*bizi ayırdılar*) oder ,Man kann auch ohne dich leben' (*sensiz de yaşanır*); allgemeine Trübsal (↑*çile*): ,Die Sorgen des Armen enden mit seinem Tod' (*fakirin çilesi ölünce biter*), ,Als ich zur Welt kam, bin ich gestorben' (*ben doğarken ölmüşüm*). Verbale Abwehr des bösen, neidvollen Blicks (↑*nazar*) wird etwa so ausgedrückt: ,Einen Spieß in gehässige Augen' (*kem gözlere şiş*). Es gibt witzige Bezüge zu dem benutzten Fahrzeug: ,Die Berge gehören dem Wolf, die Straßen dem Ford' (*dağlar kurdun/ yollar Fordun*). Auch der Namen des Lenkers, in der Form wie ihn seine Freunde nennen, kommt vor.

Automobilkennzeichen ↑plaka.

Automobilwirtschaft (*otomotiv sanayi*). Die Automobilindustrie gehört zu den modernsten Branchen der türk. Industrielandschaft (Jahresproduktion ca. 100 000 PKW, 10 000 LKW und - bei stark schwankenden Ziffern ca. 15-30 000 Traktoren). Der Anteil einheimischer Teile hat die 90%-Grenze des Werts überschritten. Die Zahl der Zulieferer-Betriebe (ca. 1000 Firmen) ist nach 1970 stark angewachsen und hat die vertikale Integration der neuen Industrie ermöglicht. Nach dem *Anadol* wurden der *Murat* (ein FIAT-Lizenzsprodukt) und der von *OYAK*-Holding

produzierte *Renault* die bekanntesten Fahrzeuge. Die Fahrzeugdichte ist noch gering: 1988 besaß jeder 42. Einwohner ein Auto (in Griechenland jeder 9.)

AÜDTCF ↑Ankara Üniversitesi Dil ve Tarih-Coğrafya Fakültesi.

Avrupa ↑Europa.

Avrupa Konseyi ↑Europarat.

Avrupa Milli Görüş Teşkilatı ↑Millî Görüş.

Avrupa Topluluğu ↑Europäische Gemeinschaft.

Avrupa Türkiyesi ↑Trakya.

avukat ↑Rechtsanwalt.

Avustralya ↑Australien.

ay. Das Wort für Mond bzw. Halbmond (↑*hilâl*) bez. auch den Monat (↑*Monatsnamen*). Die türk. Flagge enthält den aufgehenden Halbmond und Stern (*ayyıldız*). ↑*Kızılay*, ↑*Yeşilay*.

aya. Von griech. *[h]aghia* für ,heilig' in Namen von Kirchen und Siedlungen. Vgl. Aya Soluk bei Ephesus <gr. Agios Theologos und ↑*Ayos Stefanos*.

Ayasofya. Die von Mehmet II. 1453 in eine Moschee-Stiftung überführte Hagia Sophia hat ihren griech. Namen über die osman. Zeit behalten (vgl. auch die Hauptmoschee von Trabzon). Sie wurde durch einen Ministerratsbeschluß vom 24.11.1934 aus der Stiftungsverwaltung herausgenommen und in ein Museum umgewandelt. Die Regierung begründete dies mit ihrem Rang als Kunstwerk und der Unmöglichkeit, sie aus Stiftungsmitteln (↑*vakıf*) zu unterhalten. Heute untersteht sie dem Ministerium für Kultur und Tourismus. Religiöse Kreise haben die Rechtmäßigkeit dieser Operation stets bestritten. Ende der 70er Jahre und erneut 1989/90 war die Wiedereröffnung als Moschee Gegenstand militanter Demonstrationen „Die Ketten sollen brechen, die A. soll sich öffnen!" (*Zincirler kırılsın/Ayasofya açılsın*). Die Forderung nach Rückwidmung in eine Moschee wurde aber auch von ↑ANAP-Ministern Anfang 1990 ausgesprochen. Die Planstelle eines Vorbeters (*kadrolu imam*) hatte - auf dem Papier - immer bestanden.

ayazma. Heilige Quelle, häufig von Christen und Muslimen verehrter Platz.

ayçiçeǧi. Wörtl. ‚Mondblume'; nach Fläche und Ertrag gehört die T. zu den bedeutendsten Sonnenblumen-Erzeugern der Welt. Das Sonnenblumenöl (*çicekyaǧı*) ist das wichtigste Speiseöl.

Aydemir ihtilâli. Zweimaliger vergeblicher Putsch (↑*darbe*) einer kleinen Gruppe von Offizieren gegen das Kabinett ↑*İnönü* (22.Februar und 21. Mai 1962).

aydın. Die Bez. für ‚Gebildeter,Intellektueller' bedeutet wörtl. „hell, erleuchtet" und hat das ebenfalls an das franz. *illuminé* angelehnte *münevver* abgelöst.

Aydınlar Ocaǧı. ‚Intellektuellen-Vereinigung'; einflußreicher Zusammenschluß konservativer Professoren und Publizisten (1970). In seinem Umfeld wurde die sog. türk.-islam. These formuliert (↑*sentez*).

ayıp ‚Schande'. Der geläufigste Tadel für alle ungehörigen Äußerungen und Handlungen.

ayna. ‚Spiegel'; bez. u.a. große, gerahmte Felder bei osman. ↑*Brunnen* (*çeşme*) sowie den Vorhang im Schattentheater (↑*Karagöz*).

aynasız. Wörtl. ‚ohne Spiegel': ‚häßlich'; das verbreitetste ↑*argo*-Wort für Polizist (‚Bulle').

Ayos Stefanos. Villenvorort von Istanbul. Ort des russ.-osman. Vorfriedens nach dem Krieg von 1878 (↑*Berliner Kongreß*) mit schon 1914 gesprengtem russ. Siegesmonument. Nach 1920 in Yeşilköy umbenannt. Größter Zivilflughafen der T. (*Atatürk Havalimanı*).

ayran. Das sehr beliebte Erfrischungsgetränk auf ↑*yoǧurt*-Grundlage kannten alle türk. und mongol. Wanderhirten. Es bezeichnete die gegorene Milch von Rindern, Schafen und Kamelen. Heute wird es in allen Lokalen angeboten und z.T. in Plastikbechern gehandelt. ↑*kımız*.

azınlık. ‚Minderheit'; das Wort bezieht sich in seinem technischen Sinn nicht auf alle ethnisch-religiösen Gruppen des Landes, sondern auf die im Vertrag von ↑*Lausanne* (Art.37-45) als ‚nichtmuslimische Minoritäten' zusammengefaßten, aber nicht einzeln genannten Armenier, Griechen und Juden. Der türk.-bulgar. Freundschaftsvertrag von 1925 übernimmt den Minderheitenstatus von Lausanne für „christliche Türken mit bulgarischer Muttersprache". In diesem am alten ↑*millet*-System orientierten Verständnis fehlen andere Minderheitenbestimmungen, die auch muslimische Gruppen wie

↑*Tscherkessen,* ↑*Kurden* oder ↑*Lasen* einbeziehen.

azınlıklar okulu. ‚Minderheitenschule‘; für Armenier, Griechen und Juden existieren in Istanbul *a. okulları* auf allen Stufen.

Aziz Nesin vakfı. Stiftung aus den Erträgen der Veröffentlichungen des bekanntesten türk. Satyrikers (geb. 1915), dessen 86 Bücher (Stand 1989) in viele Sprachen übersetzt wurden. Das ↑*vakıf* hat vor allem die Ausbildung elternloser Jugendlicher als Ziel.

B

bab [â]. Das arab. Wort für ‚Tor/Tür‘ wird bei osman. Institutionen für türk. *kapı/kapu* eingesetzt. Die Eingänge zum ↑*Topkapı Sarayı* heißen *Bab-i Hümaⁱ n* (‚kaiserliches Tor‘) und *Bab-i Saadet* (‚Tor der Glückseligkeit).↑*Babiali.*

baba. ‚Vater, Väterchen‘. Eigentl. ein Lallwort (wie ↑*ata*), das nicht nur in Turksprachen vorkommt. Auch Titel für ↑*Bektaşi.*

Babiali [â-i-â-î]. Die ‚Hohe Pforte‘ (franz. *Sublime Porte);* von dem Namen des Großwesir-Palastes abgeleitete Bezeichnung für die osman. Regierung. Das Areal wird heute von Gebäuden des Istanbuler *valilik/vilâyet* (↑*il*) eingenommen. Wegen seiner Nähe zum Zeitungs- und Buchhändlerviertel hat sich der Name auf diese türk. „Fleet Street“ übertragen.

bacı. ‚Schwester‘. Volkstümliche und familiäre Anrede, Frau eines Ordens-

scheichs, weibliche Anhängerin eines „Ordens“ (↑*tarikat)*

Bad. Moderne Etagenbäder heißen *banyo,* Strandbäder *plaj.* Für traditionelle Badehäuser vgl. ↑*hamam.* ↑*ılıca,* ↑*kaplıca.*

bağ. Weinberg (die ältere Bedeutung ‚Garten‘ wird durch *bahçe* belegt).

Bağ-Kur. Abk. für *Esnaf ve Sanatkârlar ve Diğer Bağımsız Çalışanlar Sosyal Sigortalar Kurumu.* Die ‚Sozialversicherungsanstalt für Gewerbetreibende, Handwerker und andere Freiberufliche‘ ist für alle Selbständigen (mit Ausnahme der Landwirte) zuständig. Die 1971 gegründete Organisation hatte 1989 2 029 600 Mitglieder, von denen (1988) 271 650 Personen Altersrente (*Yaşlılık aylığı*) bezogen. B. zahlt Renten bei Frauen ab 50, bei Männern ab 55 Jahren und bei Invalidität. B. unterhält eigene Krankenhäuser (↑*hastane*).

Bagdad-Bahn ↑Anatolische Bahn.

Bahar bayramı ↑Feiertage.

Bahçelievler. ‚Gartenhäuser‘ sind geplante Siedlungen von Einfamilienwohnungen am Rande der Großstädte (in Istanbul: Birinci Levent-Viertel von Aru und Gorbon 1947-1951).

Bahnhof ↑gar, ↑Sirkeci.

bakan. Die heute übliche Bezeichnung für Minister ist eine sinngemäße Übertragung des arab. Worts *nâzır,* etwa ‚Aufseher‘. Nicht mehr im amtlichen Gebrauch ist die Form *vekil* (‚Vertreter‘). Der Premierminister bzw. Ministerpräsident ist der ↑*başbakan.*

Bakanlar Kurulu. ‚Ministerrat'. Zum inneren Kabinett gehören acht Minister. Beschlüsse des Kabinetts heißen *b.k. kararı.* Bestimmte Rechtsverordnungen (↑*Kanun hükmünde kararname*) haben als Besonderheit des politischen Systems der T. Rechtskraft.

bakkal. Der Gemischtwarenhändler versorgt die Viertelbewohner (↑*mahalle*) mit allen wichtigen Lebensmitteln, meist auch mit Brot (↑*fırın*) und Obst bzw. Gemüse (↑*manav*). Wohnungen werden oft durch jugendliche Helfer des b. beliefert; traditionell ist der Krämer auch Auskunfts- und Vertrauensperson. Heute ist der Einfluß des b. bei steigender Konkurrenz der Supermärkte im Sinken. Früher war der Istanbuler b. oft ein ↑*Karamanlı.* Aus dem Korea-Krieg zurückkehrende Soldaten (↑*Korea*) ließen sich mit ihrem Sold als *Koreli b.* nieder.

Balıkesir-Kongreß. In der nordwestanatolischen Stadt fanden im Sommer 1919 drei Nationalkongresse statt, die sich, z.T. in Konkurrenz zu den kemalistischen Kräften (↑*Sivas-Kongreß*) um den Aufbau einer Front gegen die griech. Invasionstruppen bemühten.

Balkan Antantı. Die ‚Balkan-Entente' mit Jugoslawien, Griechenland und Rumänien vom 9.2.1934 stellte das wichtigste Regionalbündnis der neuen T. dar. Obwohl sie für Albanien und Bulgarien offengehalten wurde, traten beide Staaten nicht bei. Der Ständige Rat der B. tagte zuletzt am 25.-27.2. 1938 in Ankara. Wiederbelebungsversuche nach 1945 waren erfolglos.

Balkankriege. Die Auseinandersetzungen mit den jungen Balkanstaaten in den Jahren 1912/3 bewiesen schon vor dem Weltkrieg die militärische Schwäche des Osmanli Staats und führten zum Verlust der letzten europäischen Provinzen westlich der Meriç-Linie. Zahlreiche Flüchtlinge (↑*göçmen*) strömten nach Thrakien und Anatolien.

Ballett *(bale).* Nach Eröffnung einer staatl. Ballettschule in Istanbul/Yeşilköy (1948) präsentierten sich die ersten Absolventen der 1950 nach Ankara verlegten Schule 1957 als ‚Staatsballett' *(Devlet Balesi).* Das D.B. ist im Rahmen der Generalopern und -ballettdirektion an den Bühnen von Ankara, Istanbul und İzmir ständig vertreten (↑*Oper*).

Bandung-Konferenz. Die T. bemühte sich auf der großen Konferenz neutraler Staaten (18.-24.4.1955), der anti-westlichen Politik Nehrus die Spitze zu nehmen.

Banken. Die Form *bank* ist in einigen Verbindungen wie ↑*Etibank,* ↑*Sümerbank,* Şekerbank üblich, sonst *banka.* Türk. B. fallen durch ihr überaus dichtes Zweigstellensystem *(şube)* auf. Auf dem Lande spielt die ↑*Ziraat Bankası* die wichtigste Rolle. Die Zentralbank als Nachfolgerin der *Osmanlı Bankası,* mit dem vollen Namen *Türkiye Cumhuriyeti Merkez Bankası (TCMB)* besteht seit 1931 und hat u.a. die Aufgabe, Banknoten auszugeben und mit der Regierung über die Stabilität der Währung zu wachen. Den Gebietskörperschaften steht die *İller Bankası* (↑*il,* früher *Belediyeler Bankası*) zur Verfügung. Bei weiteren großen Banken gab und gibt es staatliche Beteiligungen. Staatliche Wirtschaftsbetriebe haben oft die äußere Form einer Bank, so ist die ↑*Denizcilik Bankası* eine

Reederei. Größere B. unterhalten Kulturabteilungen, die Schriftenreihen herausgeben (v.a *Türkiye İş Bankası*), Ausstellungen in Galerien veranstalten (*Yapı ve Kredi Bankası* in Istanbul-Beyoğlu) oder Festivals fördern. Änderungen im Bankenrecht erleichtern die Gründung von ↑*holdings*. Das zinslose „islamische banking" ist in der T. meist durch Beteiligung arabischer Finanzierungsinstitute ermöglicht worden.

banker (franz. *banquier*) ist ein privater Finanzmann. Nach dem Zusammenbruch des Bankhauses Kastelli sprach man von *bankerzedeler* ,Bankopfern' (↑-*zede).*

banliyö aus franz. *banlieue. Banliyö trenleri* sind die Vorortszüge in den Ballungsgebieten Istanbul (Sirkeci-Halkalı, Haydarpaşa-Gebze) und Ankara (Sincan-A.-Kayaş). Der elektrische Vorortverkehr der ↑*TCDD* gehört zu den Pionieren des Wechselstrombetriebs mit Industriefrequenz.

baraj. 1. ,Staudamm, Sperre' (↑*Güneydoğu Anadolu Projesi*, ↑*Keban*). Der mehrfache Ministerpräsident Süleyman Demirel ließ sich als *barajlar kıralı* (,König der Staudämme') feiern. 2. *b. notu* ist die *numerus clausus-Note* für bestimmte Studienfächer 3. b. ist auch die 10%-Hürde bei den Wahlen zur Nationalversammlung (Art.33 des Gesetzes Nr.2839 von 1983: *Genel Baraj).*

barem (nach dem franz. Mathematiker Barrème). Gehaltstabelle für Staatsbedienstete.

baro (franz. *barreau)* berufständische Vereinigung der ↑*Rechtsanwälte* eines Bezirks. Die b. in den größeren Städten geben eigene Zeitschriften heraus, z.B. *İstanbul B. Dergisi, Ankara B. D.* Vgl. ↑*oda.*

Bart. Für traditionelle Muslime notwendiges Attribut (meist in Form eines kurzgeschnittenen *çember sakal,* der von den Ohren über das Kinn reicht). Anhänger großtürk. Gruppen lassen den Schnurrbart (*bıyık*) gern über die Mundwinkel nach unten wachsen. Nach 1980 wurde versucht, Staatsdienern und Studenten eine möglichst neutrale Barttracht vorzuschreiben.

Basar ↑*pazar.*

basın ↑*Presse.*

Basın Yayın ve Enformasyon Genel Müdürlüğü. ,Generaldirektion für Presse und Information'; das Presseamt untersteht dem Ministerpräsidium. ↑*Anadolu Ajansı,* ↑ *Newspot.*

Bastonade ↑*falaka.*

baş. ,Kopf'. Im Sinn der Vorsilbe ,Ober-, Haupt-' usw. bei der Bezeichnung zahlreicher Titel und Ämter verwendet. Z. B. *başkomiser* ,Hauptkommissar' oder *başsavcı* ,Generalstaatsanwalt'.

başbakan. Ministerpräsident; der Chef der Regierung wird vom Präsidenten der Republik (↑*Cumhurbaşkanı*) „aus der Reihe der Mitglieder der Großen Nationalversammlung" ernannt. Seine Regierung muß durch eine Vertrauensabstimmung im Parlament, dem er auch verantwortlich ist, bestätigt werden. ↑*bakan.*

Başbakanlık Arşivi. Das ,Archiv des Ministerpräsidiums' in Istanbul birgt die bedeutendste Dokumentation der osmanischen Epoche. Auf einer Regallänge von ca. 100 km lagern rund 100-150 Millionen Urkunden bzw. Urkundeneinträge in Registern (↑*defter*). Das Material bildet die wichtigste Grundlage für die Geschichte der T. und ca. 20 anderer aus dem Osmanenreich hervorgegangener Staaten. Die Bestände werden seit Mitte der 30er Jahre systematisch erschlossen und stehen, so weit klassifiziert, Forschern zur Verfügung.

Başbakanlık dairesi (BAŞBD). ‚Ministerpräsidialamt'. Die Behörde des Ministerpräsidenten ist zwar grundsätzlich wie ein Ministerium organisiert, sie zeichnet sich jedoch durch die Anbindung wichtiger Sonderbehörden der Zentralverwaltung aus: ↑*Basın Yayın ve Enformasyon Genel Müdürlüğü*, ↑*Devlet Planlama Teşkilatı*, ↑*Diyanet İşleri Başkanlığı*, ↑*Vakıflar Genel Müdürlüğü*, ↑*TÜBİTAK*. Auch Minister ohne Portefeuille (↑*devlet bakanı*) sind dem BAŞBD zugeordnet.

başkan. Heute gebräuchliche Bez. für das ältere *re'is* ‚Präsident, Vorsitzender'. Beispiele: ↑*belediye b.ı*, ↑*Cumhurbaşkanı*. Das Amt bzw. die Behörde eines b. ist ein *başkanlık* wie bei ↑*Diyanet İşleri Başkanlığı*.

başkent ↑*kent*.

başlık. 1. Allgemeines Wort für ‚Kopfbedeckung' bzw. ↑*Kopftuch*. ↑*fes*, ↑*kalpak*, ↑*sarık*, ↑*şapka*, ↑*türban*. 2. Brautpreis.

Başöğretmen. ‚Oberlehrer', ein ehrender Beiname Atatürks im Zusammenhang mit der ↑*Schriftreform*.

Bauchtanz ↑*göbek dansı*.

Baugenehmigung ↑*ruhsat*.

bay. ‚Herr'. Die Neuprägung b. sollte wie franz. „Monsieur" oder deutsch „Herr" vor den Familiennamen gestellt werden und ↑*bey* überflüssig machen: *Bay Bülent Ecevit* statt *Bülent Bey*. Tatsächlich wird in Verbindung mit Nachnamen ↑*sayın* vorgezogen: *Sayın Ecevit*. b. hat außerhalb von Kreisen puristischer Vertreter der Sprachreform (↑*Öztürkçe*) eine bewußt Distanz herstellende Nebenbedeutung. ↑*Anreden*.

bayan. Neuschöpfung für ‚Frau, Dame', um ↑*hanım* zu ersetzen. Insgesamt häufiger zu hören als das männliche Äquivalent ↑*bay*.

bayrak. Staatsflagge mit Halbmond und Stern; sie wird von 8 Uhr morgens bis Sonnenuntergang an öffentlichen Gebäuden gezeigt. Geschäfts- und Privathäuser dürfen sie nur an Feiertagen aushängen. Für die Hissung der Flagge ist ein festes Zeremoniell (*tören*) vorgeschrieben. Zivile Beamte müssen den Kopf entblößen, in Schulen wird die Nationalhymne (↑*İstiklâl Marşı*) gesungen. Eine profane Verwendung der Flagge ist verboten. Mit besonderer Genehmigung kann die Flagge den Sarg von Bürgern, die sich um das Land verdient gemacht haben, bedecken. ↑*sancak*.

bayram ↑*Feiertage*.

Bayram gazetesi ↑*Presse*.

bayram ziyareti. Der ‚feiertägliche Besuch' bei Verwandten wird von der großen Mehrheit aller Türken gepflegt und ist mit dem Austausch von Süßigkeiten verbunden.

bedel. ‚Preis, Gegenleistung‘; wer die Wallfahrt nach Mekka (↑*hac*) als Stellvertreter ausführt ist ein b. Das alte Wort für ‚Wehrersatzsteuer‘ (*bedel-i askerî*) ist durch die Auslandstürken eingeräumte Möglichkeit, durch eine hohe Summe den ↑*Wehrdienst* (↑*askerlik*) stark abzukürzen, wieder aktuell.

Beden Terbiyesi Genel Müdürlüğü ↑Gençlik ve Spor Bakanlığı.

bedesten. Typisches Basargebäude für Luxuswaren in osman. Städten (wörtl. etwa ‚Tuchhalle‘). In Istanbul bilden zwei b. den Kern des großen überdachten Markts (*Kapalı Çarşı*). Heute sind viele b. restauriert und werden touristisch genutzt (z.B. in Edirne). Ein b. aus dem 15.Jh. ist auch das Gebäude des ↑*Anadolu Medeniyetleri Müzesi* in Ankara.

Beerdigung ↑cenaze.

Befreiungskrieg ↑ Kurtuluş savaşı.

Begnadigung ↑Amnestie.

bekâr. ‚Junggeselle‘. Das vom selben arab. Stamm wie *bâkire* ‚Jungfrau‘ gebildete Wort steht auch für ‚Strohwitwer‘. In Personenstandsurkunden ein *terminus technicus* für ‚ledig, unverheiratet‘.

bekçi. ‚Wärter‘, ‚Wächter‘, ‚Feldhüter‘. In den Städten haben b. den Status einer Hilfspolizei für die Gewerbeaufsicht, den Wirtschaftskontrolldienst und die Sicherheit und Ordnung in städtischen Angelegenheiten (*belediye zabıtası*) und sind als Nachtwächter (*mahalle bekçisi*). in blauer bzw. brauner Uniform tätig. Die ländlichen Dorfwächter (*köy korucusu*) gelten ebenfalls als b. (↑*Jandarma Genel Komutanlığı*).

Bektaşi. Angehöriger der im vorosmanischen Anatolien entstandenen heterodoxen Derwisch-Bruderschaft mit dem Zentrum in Hacı Bektaş bei Kırşehir. Die Bruderschaft ist in einen zölibatären (*mücerred*) Zweig (Babagân) und einen sog. Çelebi- oder Sofiyân-Zweig aufgespalten. Das Oberhaupt der zölibatär lebenden *babas* ist der *Dede Baba*. Die B. teilen viele Glaubenselemente mit den ↑*Alevi*, wie die Überzeugung, daß der Imam Ali eine göttliche Manifestation auf Erden darstellt. Des Martyriums Hüseyins in der Schlacht von Kerbela wird auch von den B. in einer 12tägigen Trauer- und Fastenperiode gedacht.

bektaşi fıkraları. ‚Bektaşi-Scherze‘. Verbreitete Witz-Gattung, die sich aus der Gleichgültigkeit ihrer Helden gegenüber der islamischen Pflichtenlehre nährt. Eine Hauptfigur ist der Säufer (*ayyaş*) Bekrî Mustafa.

belediye. Das im 19. Jh. gebildete Wort bezeichnet jede Art von Kommunalverwaltung vom größeren Dorf (↑*köy*) bis zur Millionenagglomeration (↑*anakent*) und ist damit die wichtigste Einheit der lokalen Selbstverwaltung. Der Istanbuler Stadtteil Beyoğlu war nach der Gründung der Stadtverwaltung (*şehiremaneti*) 1854 die erste moderne b. des Landes (als *Altıncı Daire-i Belediye*, d.i. ‚6. Arrondissement‘ - von 14). Voraussetzung für den b.-Status ist eine Bevölkerung von mindestens 2000 Einwohnern. Nach dem Gesetz von 1930 hat jede b. einen Bebauungsplan (*imar plânı*) aufzustellen und bestimmte Aufsichten im Gesundheitswesen zu übernehmen. Andere gesetzliche Aufgaben hängen von der Finanzkraft der b. ab (Unterhalt eines Schlachthofs [*mezbaha*], einer Großmarkthalle [*top-*

tancı hali] oder von Sportstätten). Der ‚Bürgermeister' (*belediye başkanı*) wurde bis 1963 von der ‚Stadtversammlung' (*belediye meclisi),* danach unmittelbar nach dem Mehrheitssystem gewählt (vor 1984 für 4, danach für 5 Jahre). Die *meclis* hat 9-55 Mitglieder. Der engere ‚Stadtrat' (*belediye encümeni*) besteht aus den höchsten Beamten (Referatsleitern) und einer Anzahl von *meclis*-Mitgliedern.

Das zentrale Problem der Städte ist die zu geringe Ausstattung mit eigenen Einnahmequellen, woran auch das *B. Gelirleri Kanunu* (Gesetz über kommunale Einnahmen) von 1981 nur wenig zu ändern vermochte: die b. werden überwiegend aus dem allgemeinen Staatshaushalt (*genel bütçe*) finanziert (Höhe der Gesamtumlage 9.25%). Hier entscheidet ein Schlüssel entsprechend der Einwohnerzahl (↑*nüfus).* Freilich werden die Zuweisungen auch politisch gesteuert, v.a. wenn Regierung und b. von verschiedenen politischen Parteien beherrscht werden. Eigene Finanzquellen sind Steuern (insbesondere die Grundsteuer *emlak vergisi),* Abgaben und Gebühren.

belediye zabıtası ↑bekçi.

belleten. Angelehnt an franz. *bulletin;* Bez. für wissenschaftl. Zeitschriften (↑*dergi).* Die angesehenste und älteste Zs. (gegr. 1937) der republikanischen T. ist „das" *Belleten* der ↑*Türk Tarih Kurumu.*

bende (pers. ‚Sklave'). Altmodische Höflichkeitsform für ‚ich' (in der 3.Person gebraucht: *bendeniz* ‚Euer Diener').

‚Bergtürken'. Diese Bildung wurde amtlich nie, in der Publizistik nur gelegentlich in den 40er Jahren für ↑*Kurden* verwendet.

Berlin. B.-West mit seinen 120 000 türk. Bewohnern ist seit 1988 Partnerstadt von Istanbul.

Berliner Kongreß. Nach dem russ.-türk. Krieg von 1877/8 (↑*Ayos Stefanos,* ↑*Doksanüçharbi*) wurde in Berlin unter Bismarcks Vorsitz („Der ehrliche Makler") über das weitere Schicksal des Osman. Reichs beraten. Im Vertrag von Berlin (13.7.1878) entschieden Deutschland, Österreich-Ungarn, Frankreich, Großbritannien, Italien und Rußland „im Geist einer europäischen Ordnung" über die orientalische Frage. Der B.K. besiegelte das Schicksal der T. als Großmacht. Seine territorialen Folgen waren ebenso einschneidend wie die vereinbarten Mitspracheregelungen für die Mächte. Wichtigste Bestimmungen waren: Schaffung eines bulgarischen Fürstentums (↑*Bulgarien*) sowie einer autonomen Provinz ‚Ost-Rumelien' (↑*Rumeli*), Kriegsentschädigung an Rußland, Reformen auf Kreta (Girit), „Okkupation und Administration" von Bosnien-Herzegowina (↑*Bosna*) durch Österreich-Ungarn, Anerkennung der Unabhängigkeit von Montenegro, Serbien und Rumänien, Abtretung der drei nordostanatol. Provinzen Ardahan, ↑*Kars* und Batum an Rußland. (Um einem weiteren Vorstoß Rußlands Einhalt zu gebieten, schloß die Pforte mit England am 4.6. 1879 ein Abkommen, zur Errichtung eines britischen Protektorats über ↑*Zypern*). An Persien fiel die Grenzstadt Kotur. Auf die inneren Verhältnisse des Reichs bezog sich Art. 61: Die Pforte verpflichtet sich „sans plus de rétard" zu Reformen in den von ↑*Armeniern* bewohnten Provinzen und garantierte die Sicherheit der Armenier gegenüber ↑*Tscherkessen* und ↑*Kurden.* Die europ. Staaten wurden ermächtigt, die Einhaltung dieser Garantien zu überwachen.

Beschluß ↑hüküm.

Beschneidung ↑sünnet.

Besuchstags ↑kabul günü.

Beş Yıllık Kalkınma Planları (BYKP) ↑Fünf-Jahres-Plan.

Beş Yıllık Sanayi Planı. ‚Fünfjahres-Industrieplan'. Der erste große Wirtschaftsplan für ein Land außerhalb der Sowjetunion wurde nicht ohne Beteiligung sowjet. Spezialisten (Orlov-Delegation August 1932) zwischen 1933 und 1938 realisiert. Eine Schlüsselrolle spielte die Textilindustrie und damit die ↑*Sümerbank* mit 50% der Investitionen. Die Sowjetunion trug etwa ein Viertel durch Lieferungen und Kredite bei. Im Gegensatz zu den anschließenden Industrieplänen blieb dieser erste B.Y.S.P. nicht auf dem Papier.

Beşiktaş Jimnastik Külübü (BJK). ‚Gymnastikverein von Beşiktaş'; traditionsreicher türk. Sportverein (↑*Fußball*), dessen Name mit dem großen Bosporus-Vorort Istanbuls verbunden ist.

Beşyüz Elli Beş K. Die 555 „K". Die Parole „Wir versammeln uns am 5. 5. um 5 Uhr (1960) am Kızılay meydanı!" leitete eine große Studentendemonstration in Ankara ein. ↑*Menderes* gelang es nicht, die seinen Rücktritt fordernde Menge zu beschwichtigen.

Bestseller. Eine systematische Statistik fehlt, doch lassen sich wirkliche B. an der Zahl der Auflagen erkennen. Einen ungewöhnlichen Erfolg hatte die re-

spektlose Biographie von Ministerpräsident Özal von E. Çölaşan (*Turgut nereden koşuyor*) kurz vor dessen Wahl zum Präsidenten der Republik im Jahr 1989.

Bevölkerungsaustausch (*ahali mübadelesi*). Nach dem Befreiungskrieg (↑*Kurtuluş savaşı*) im Jahre 1922 einigten sich die T. und Griechenland am 30.1.1923 in ↑*Lausanne* über den Austausch ihrer jeweiligen christlichen und muslimischen Minderheiten. Der Vorschlag ging auf Fr. Nansen zurück. Die Überwachung wurde einer Völkerbundskommission von im Weltkrieg neutralen Staaten übertragen. Ausgenommen blieben die Türken und ↑*Pomaken* in Westthrakien, die muslimische Bevölkerung des Dodekanes (‚Oniki Adaları') und die schon vor 1918 in Istanbul ansässigen Griechen. Betroffen waren ca. 434 000 muslim. Türken aus Makedonien, Epirus und Kreta (↑*Giritli*) sowie insgesamt 1,35 Mill. Griechen (v.a. 650 000 aus Westanatolien und 250-300 000 aus Ostthrakien und dem Pontosraum).

bey. Der alte Fürstentitel (*beg, atabeg, derebeg*) bedeutet nur noch ‚Herr'. Dabei wird er stets dem Geburtsnamen nachgestellt: Ahmet Bey. Das in den 30er Jahren als Äquivalent für ‚Herr, i.S. von ‚Monsieur+Familiennamen' vorgeschlagene Wort lautet ↑*bay*.

Beyazıt. Fehlbildung aus Bayezit (Name von zwei osman. Sultanen). Der Platz bei der Moschee Bayezits II. im Herzen der Altstadt von Istanbul wurde nach der Militärintervention vom 27.5. 1960 in *Hürriyet Meydanı* ‚Freiheitsplatz' umbenannt. Damit sollte an das „Bündnis zwischen Soldaten und Studenten" erinnert werden. Nach 1980 wurde der alte Name wieder allein gültig.

beyefendi. Höfliche Anrede (↑ *efendi).* Die Verwendung in der 3.Pers. Plural signalisiert höchsten Respekt.

Beyoğlu ↑belediye, ↑İstiklâl Caddesi.

Bezirk ↑il, ↑ilçe.

Bibliotheken. Die bedeutendste Büchersammlung wird von der Nationalbibliothek (↑*Milli Kütüphane*) verwaltet. Unter den Universitätsbibliotheken ist die der İstanbul Üniversitesi die größte. Öffentliche Bibliotheken werden von Kommunen (↑*belediye,* ↑*Atatürk Kitaplığı*) und dem Kultur-Ministerium unterhalten (ca. 800 *İl Halk Kütüphaneleri*). Die erste EDV-verwaltete Provinzbibliothek wurde 1990 im thrakischen Kırklareli eingerichtet. Zahlreiche Bibliotheken verfügen über Handschriftenbestände in arab., pers. und türk. Sprache (Süleymaniye Kütüphanesi mit zentralen Einrichtungen, ↑*Topkapı Sarayı*).

Bier ↑bira.

bilgisayar. ‚Wissenzähler'. Erfolgreicher Neologismus für ‚Computer'. Größter einheimischer Computer-Hersteller ist Koç-Unisys (↑ *Koç*).

Bilkent ↑Universitäten.

Bindörtyüzikilikler, 1402likler. (‚Eintausendvierhundertundzweier'); nach Art. 2 des Gesetzes Nr.1402 über den militärisch verwalteten Ausnahmezustand (↑*sıkıyönetim*) haben die Kommandanten der unter Ausnahmezustand stehenden Regionen die Möglichkeit „verdächtige" Personen aus dem öffentlichen Dienst entfernen zu lassen. Von dieser nach dem 12.9.1980 eingeführten Regelung wurde vielfach Gebrauch gemacht. Nach Aufhebung des Ausnahmezustands erreichten zahlreiche Betroffene, vor allem im Universitätsbereich, nach langwierigen Prozessen vor den Verwaltungsgerichten (↑*Danıştay*) ihre Wiedereinstellung.

bira. Nach Freigabe des Bier-Monopols (↑*Tekel*) rasche Verbreitung von Konzessionsmarken (Tuborg) und des populären *Efes Pilsen.* In Großstädten gibt es Bierschänken *(birahane),* die allerdings in keiner Kontinuität mit der ersten Periode (deutscher) Bierkultur aus der Jahrhundertwende stehen. ↑*Bomonti.*

birader [â]. Von den pers. Verwandtschaftsbezeichnungen hat sich neben *peder* (Vater) und *damat* (Schwiegersohn) das Wort für ‚Bruder' als vertrauliche Anrede unter Männern erhalten.

bismillah. Mit der arab. Formel ‚Im Namen Gottes' wird eine Tätigkeit begonnen bzw. eine Reise angetreten. Die niedergeschriebene Form des koranischen „Im Namen Gottes des Allmächtigen, des Allerbarmers" heißt *besmele.*

Bittschrift *(dilekçe).* Alle amtlichen Äußerungen müssen durch formlose oder förmliche B. (mit Gebührenmarken [*pul*] versehen) eingeleitet werden. Beim Verfassen hilft der vor Amtsstuben sitzende, meist mit einer Schreibmaschine ausgestattete *arzuhalci.* Eine Petition an die Nationalversammlung wird von der *dilekçe komisyonu* behandelt. Das verfassungsmäßige Petitionsrecht ist in Art.74 der Verfassung geregelt.

bıyık ↑Bart.

BJK ↑Beşiktas Jimnastik Külübü.

Blutrache ↑kan davası.

boğaz. Wörtl. ‚Hals‘, ist der ‚Schlund‘, eine Engstelle überhaupt. Davon wurde das Wort für ‚Meerengen‘ gebildet, so daß Boğazlar sowohl Bosporus (Boğaziçi) als auch Dardanellen (Çanakkale Boğazı) bezeichnet. ↑Montreux.

Boğaziçi köprüsü. Die erste Landverbindung zwischen Europa und Asien wurde 1973 eröffnet. Die Baukosten der Brücke wurden rasch durch die Mautgebühren gedeckt. Ihre Privatisierung war eine der spektakulärsten Maßnahmen, mit denen Turgut Özal 1982 eine neue Wirtschaftspolitik einleitete. Die zweite Brücke (Fatih köprüsü) wurde 1987 übergeben.

Boğaziçi Üniversitesi/Bosporus University. Eine angesehene staatliche Universität ist die Nachfolgerin des ↑Robert Kolej in Istanbul - Rumelihisarı.

Boğazkale, früher Boğazköy. Name des Dorfs bei der Hauptstadt des großhethitischen Reichs Hattusa im Halys-Bogen (Kızılırmak).

Bomonti. Einer der ältesten Industriestandorte Istanbuls (im Stadtteil Şişli) mit bekannter Brauerei von 1892 (heute *B. Tekel Bira Fabrikası*)

boncuk. Blaue Glasperle (↑nazarlık).

Bosna. Nach der Besetzung von Bosnien und Herzegowina durch Österreich-Ungarn 1878 (↑Berliner Kongreß) verließen zahlreiche Muslime (*Boşnak*) das Land (↑göçmen), obwohl die förmliche Annektion der Provinzen erst 1908 erfolgte. Die damit ausgelöste Krise beeinflußte den Nationalismus der ↑Jungtürken wesentlich.

BOT (*Build, operate, transfer*; türk. *Yap, işlet, devret*). Im ↑Özalismus verbreitete Formel für die Beauftragung ausländischer Unternehmen mit dem Bau und der Betreibung von Infrastruktureinrichtungen und ihrer späteren Übergabe an den Staat.

Botschafter ↑elçi.

boyacı. Der Schuhputzer (wörtl. ‚Färber‘) mit seinem auffälligen Kasten arbeitet nach von der Stadtverwaltung festgelegten Tarifen. Touristen gegenüber gestaltet er seine Preise freier.

boza. Traditionelles türk. Erfrischungsgetränk aus vergorener Hirse, mit Zimt und Ingwer bestreut wird es in große Gläser abgefüllt. Der b.-Verbrauch geht ständig zurück, doch gibt es auch in den Großstädten noch einige gelobte Wirte (*bozacıs*).

Bozcaada ↑İmroz und Bozcaada.

Bozkurt. In chines. Quellen festgehaltene Erzählungen von der Herkunft der Türken kennen einen Herrscher, dessen Mutter eine graue (*boz*) Wölfin (*kurt*) war bzw. von einer solchen nach seiner Aussetzung als Kind errettet wurde. Das Symbol des ‚Grauen Wolfes‘ wurde durch Ziya Gökalp (1876-1924), den wichtigsten Theoretiker des türk. Nationalismus, weit bekannt. Es steht seit den 30er Jahren für den rassistisch ausgerichteten extremen Turanismus (↑Turancılık). Die gleichnamige Zeitschrift

wurde im Mai 1939 gegründet und
wiederholt verboten. Ihr Leitspruch war
„Über jeder Rasse (steht) die türk.
Rasse". Die *bozkurtçular* verlangten
den Nachweis von mindestens drei
türk. Großeltern. Ein jüngerer Vertreter
dieser Richtung war H. Nihal Atsız
(1905-1975) ↑*Ergenekon.*

bölge. ‚Region'; die Großgliederung
der T. in 7 b. ist jedem Schulkind
geläufig: Man unterscheidet: Marmara
(Europ. T. und anat. Randlandschaften
des Marmara Denizi), Ege (Ägäische T.
bis Afyonkarahisar im Osten), Akdeniz
(Mittelmeer-Anlieger), İç Anadolu
(‚Inner-Anatolien' unter Einschluß von
Eskişehir, Ankara, Konya und Sıvas),
Karadeniz (Schwarzmeer-Anlieger),
Doğu Anadolu (‚Ostanatolien' mit
Malatya, Erzincan, Erzurum, Kars,
Van, Hakkâri, Bitlis) und Güneydoğu
Anadolu (‚Südost-Anatolien' mit Gazi-
antep, Urfa, Diyarbakır und Mardin).
Diese Einteilung wird z.B. bei der
Wetterkarte des Fernsehens benutzt.
Ihre Grenzen fallen *nicht* mit Verwal-
tungsgrenzen zusammen.
  Im engeren Sinn ist b. ein mehrere
↑*il* umfassender Verwaltungsbezirk.
Zahlreiche Ministerien und Behörden
unterhalten Regionaldirektionen (*bölge
müdürlükleri):*↑*Devlet İstatistik Enstitüsü,* ↑*Devlet Malzeme Ofisi,* ↑*Devlet Su İşleri* und ↑*Sosyal Sigortalar
Kurumu.* Das Wort *bölge* wurde wegen
seiner Herkunft vom Stamm *böl-* ‚teilen' (↑*bölücülük*) in allen Papieren der
Staatlichen Planungsbehörde (↑*Devlet
Planlama Teşkilatı*) durch das gleich-
bedeutende *yöre* ersetzt. Die Einführung von Verwaltungsprovinzen nach
franz. Vorbild ist 1982 geplant, später
aber als schädlich für die nationale
Zentralverwaltung aufgegeben worden.

**Bölgesel Kalkınma İçin İşbirliği
Teşkilatı** ↑RCD.

bölücülük bedeutet allgemein ‚Separatismus', wird aber fast nur in Bezug
auf Unabhängigkeitsbestrebungen von
↑*Kurden* gebraucht. Dagegen wird die
„untrennbare Einheit von Staatsgebiet
und Staatsvolk" (*devletin...ülkesi ve
milletiyle bölünmez bütünlüğü*) in mehreren Verfassungsartikeln und Gesetzen
beschworen (z.B. Art. 3, 14, 26, 33, 68,
118). Zu unterscheiden ist *bölgecilik*
‚Regionalismus', der als politische
Kraft kaum wirksam ist.

börek. ‚Pasteten' in Blätterteig zählen
zu den festen Bestandteilen auch ein-
facherer Speisefolgen.

Böser Blick ↑nazar.

Bräutigam ↑damat.

Brautpreis. Für die Zahlung eines B.
an den Schwiegervater ist ↑*başlık* die
allgemeinste Bezeichnung. Der B. ist
im Osten und Süden verbreiteter als in
den übrigen Landesteilen. Er deckt in
der Regel die Kosten für die Hoch-
zeitsfeier (↑*düğün*) und die ↑*Aussteuer*
(*çeyiz*).

Brautraub ↑kız kaçırma.

Briefmarken (*posta pulu*). Die frühesten B. der T. von 1863 zeigen die
Insignien (↑*tuğra*) des Herrschers.
1865 erschien eine Serie mit Halbmond
und Stern (*ayyıldız*). ↑*Mehmet V.* läßt
als erster Sultan sein Porträt zu (1914).
Die Unabhängigkeit der Kemalisten in
Ankara wird 1920 durch Überdrucken
der osman. Werte sichtbar. ↑*Mustafa
Kemal* erscheint zum ersten Mal 1924
auf einer Marke der Republik, ab den
30er Jahren sind ihm viele Dauerserien
gewidmet. Zur Unterstützung des Roten

Halbmonds (↑*Kızılay*) und des Kinder-schutzbundes (↑*Çocuk Esirgeme Kurumu*) werden B. ohne den Staatsnamen (*Türkiye Cumhuriyeti*) herausgegeben.

Brot ↑ekmek.

Bruder ↑ağabey, ↑birader, ↑kardeş.

Brunnen werden allgemein als *çeşme* bezeichnet. Große freistehende oder in Stiftungskomplexe (↑*külliye*) integrierte B. heißen *sebil*. Das Stiften von B. war in osman. Zeit überaus verbreitet. Beim Ausfall der zentralen Wasserversorgung sind B. im Stadtviertel noch heute von großer Bedeutung.

Bruttosozialprodukt (*Gayri safi milli hasıla / Gayri safi yurtiçi hasıla: GSMH / GSYIH*). Die Höhe und die Anteile der einzelnen Sektoren (Industrie 1987: 28,2%, Landwirtschaft 16,9% - EG-Durchschnitt 3,5%) am *BSP* sind wichtige Indikatoren, um die Wirtschaft der T. mit der anderer Staaten zu vergleichen. ↑*devletçilik*.

bucak. Unterbezirk, Gemeindeverband, Teil eines Bezirks/Landkreises (↑*ilçe*), früher *nahiye* genannt. Diese kleinste territoriale Verwaltungseinheit besteht in der Regel aus wenigen Dörfern. Ihr Leiter ist der *bucak müdürü*, der in ähnlicher Weise vom Landrat (*kaymakam*) abhängt wie dieser vom ↑*vali*. Angesichts fehlender eigener Finanzierungsquellen ist das b. ohne große Bedeutung im öffentlichen Leben. Nicht alle Bezirke sind in b. gegliedert.

Bulgarien. Das Nachbarland B. gehörte neben Bosnien (↑*Bosna*) und Albanien zu den am tiefsten turkisierten bzw. islamisierten Räumen Südosteuropas. Im russ.-türk. Krieg von 1877/8 (↑*Dok-*

sanüçharbi) verließen zahlreiche Flüchtlinge (↑*göçmen*) das Land. Nach der Gründung der Republik (1923) folgte eine zweite Auswanderungswelle (ca. 230 000 Menschen bis 1938). Die Zahl türk. Schulen in B. (1936 noch 605) ging drastisch zurück. Schon 1930 wurden muslim. Gerichtshöfe aufgelöst. 1950 stellte ca. 250 000 Personen den Ausreiseantrag, tatsächlich verließen 154 000 Türken B.

Die schwerste Krise im Verhältnis zu B. wurde durch die Zwangsbulgarisierung türk.-muslim. Namen 1988 ausgelöst. Noch kurz vor seinem Sturz machte Parteichef Živkov den Vorschlag, die gesamte muslim. Bevölkerung „zu entlassen". Die Wiederzulassung des Schulunterrichts in türk. Sprache stößt auch unter den demokratischen Regime 1991 auf Widerstände. Viele B.-Türken leben im Raum Bursa. Bulgar. Muslime mit bulg. Muttersprache nennt man ↑*Pomaken*.

bulgur. ‚Weizengrütze'; neben dem Brot (↑*ekmek*) das wichtigste, oft anstelle von Reis verwendete Grundnahrungsmittel. Die Körner werden nach sorgfältigem Waschen und Spülen gekocht und in einer speziellen Mühle (*seten*) enthülst. Das Produkt wird auf Tüchern auf dem Dach oder im Hof getrocknet. Die gereinigte Grütze wird in einer Handmühle gemahlen und mit Linsen, Gemüse oder Hackfleisch zubereitet (*bulgur pilavı*).

bulvar ↑Atatürk Bulvarı, ↑Straßen.

büyü. ‚Zauber' i.S.v. magischer Praxis, ausgeübt durch ↑*hocas*. In der ländlichen T. wird seine Wirkung insbesondere mit Liebe und Sexualität verbunden. So kann er Ehen stiften und zerstören und die Potenz des Mannes in der Hochzeitsnacht beeinflussen.

Byzanz ↑Istanbul.

C

c. Der Buchstabe gibt - unabhängig von seiner Stellung im Wort - den Laut *dsch* wieder (stimmhaft wie ital. *giorno,* die stimmlose Variante ist ↑*ç* ,tsch'). *c* erscheint nicht am Beginn rein türk. Wörter.

cadde ↑Straßen.

cami. Aus dem arab. Begriff für ,Versammeln' wurde im Türk. das Wort für ,Freitagsmoschee' im Gegensatz zu ↑*mescit* (aus arab. *masğid* ,Ort, an dem man sich zum Gebet niederwirft'). Mittelpunkt des Freitagsgebets (*cuma namazı*) ist die Predigt (↑*hutbe*) durch den *hatip.* Insgesamt stehen (1989/90) 62 947 Moscheen aller Typen für das tägliche Gebet offen, jährlich kommen 1 500, sehr häufig von Moscheebauvereinen (*Cami Yaptırma Dernekleri*) in Angriff genommene Bauten hinzu. Noch knapp 4000 Siedlungen bzw. Stadtviertel (↑*mahalle*) sind ohne Moschee. Das Moscheepersonal steht überwiegend im Dienst des Präsidiums für Religiöse Angelegenheiten (↑*Diyanet İşleri Başkanlığı*). Für den baulichen Unterhalt der Moscheen ist die ↑*Vakıflar Genel Müdürlüğü* zuständig. Die großen Freitagsmoscheen aus osman. Zeit tragen meist den Namen der Stifterin oder des Stifters (z.B. Mihrimah, Rüstem Paşa). Berühmte Ausnahmen sind ↑*Ayasofya* und die ,Neue Moschee' in Istanbul-Eminönü (*Yeni cami,* auch *Y. Valide* c., ,N. M. der Sultansmutter'). Moscheenamen wie *Süleymaniye* und *Selimiye* sind aus der weiblichen Form des arab. Adjektivs

hervorgegangen. Neben der korrekten Bildung *Fatih camii* liest man auch *Fatih camisi.* Touristennamen wie „Blaue Moschee" (für *Sultan Ahmet camii*) sind ohne türk. Entsprechung. ↑*cuma,* ↑*cüz,* ↑*külliye,* ↑*imâret,* ↑*mihrap.*

cemaat. Die Moscheegemeinde, an die sich der Prediger wendet (↑*son cemaat yeri*).

cemiyet. ,Gesellschaft' i.S.v. ↑*Verein.*

cemre. Die Zeit des Vorfrühlings im Februar, in dem sich nach traditioneller Vorstellung erst die Luft, dann das Wasser und schließlich die Erde erwärmen.

cenaze. ,Leichnam'; im übertragenen Sinn ein ,Leichenbegängnis'. Der muslim. Tote wird nach der Waschung (*gasil,* in Krankenhäusern gibt es besondere Räume dafür: *gasilhane*) zur Moschee (↑*cami*) gebracht. Wird ein Teil des Wegs oder die ganze Strecke zu Fuß zurückgelegt, lösen sich zahlreiche Mitglieder der Trauergemeinde beim Tragen des Sargs (*tabut*) ab. Während des Totengebets ruht der Sarg auf dem *tabutluk* genannten tischartigen Gestell (*musalla*) im Moscheehof. Die Teilnehmer des schlichten Zeremoniells (*c. töreni*) heften häufig ein Blatt mit dem Bild des Toten an ihr Revers. Die eigentliche Beerdigung spielt sich unter wesentlich geringerer Beteiligung ab, weil die Friedhöfe (*mezarlık*) oft in großer Entfernung *extra muros* liegen. - Todesanzeigen in den Zeitungen sind verbreitet, aber nicht die Regel. Angehörige bitten in ihnen gelegentlich, einen Kranz (*çelenk*) durch die Spende an eine Stiftung zu ersetzen. In allen

Städten gibt es private und kommunale Beerdigungsunternehmen. Da im Islam eine Brandbestattung ganz ausgeschlossen ist, nimmt der Flächenbedarf der Gräberfelder enorm zu. Gedenkandachten (↑*mevlit*) erfolgen 40 Tage nach dem Ableben.

Central Treaty Organisation (CENTO). Die T. war bis zu seiner Auflösung (1979) Mitglied der 1959 als Nachfolger des Bagdad-Pakts von Großbritannien, Iran und Pakistan gegründeten Organisation für militärische und wirtschaftliche Zusammenarbeit im Mittleren Osten. ↑*RCD*.

Cerrahpaşa. Stadtteil von Istanbul mit einer der beiden großen medizinischen Fakultäten der İstanbul Üniversitesi.

Ceza Kanunu (Abk. **TCK**). ‚(Türk.) Strafgesetz'; während der ↑*Tanzimat*-Zeit beginnt die Rezeption des franz. Strafrechts (1858 weitgehende Übernahme des *Code pénal*). Seit 1926 gilt der mit 43 wesentlichen Änderungen eingeführte italien. ‚Codice Zanardelli', (1899) dessen umfassende Novellierung seit 1985 in Vorbereitung ist. Der 1987 veröffentlichte Entwurf für ein neues Strafgesetzbuch im Umfang von 444 Artikeln orientiert sich nicht mehr an dem Vorbild eines bestimmten Landes. Ein Änderungsgesetz vom 21.1.1983 führte zur drastischen Verschärfung der Strafen auf Gesinnungsdelikte wie die Bildung kommunistischer bzw. sozialistischer, separatistischer bzw. „antinationalistischer" Organisationen und die entsprechende Propaganda. Das sog. ‚Anti-Terror-Gesetz' Nr.3717 vom 12.4.1991 entfernte die politischen Paragraphen 141, 142 und 163 aus dem TCK. Im Strafprozeßrecht lehnt sich das türk. Recht seit 1929 an die deutsche Strafprozeßordnung an, jedoch bestehen wesentliche Abweichungen. Z.B. sind Schöffen oder Geschworene nicht beteiligt. ↑*Gerichtswesen*, ↑*işkence*, ↑*savcı*, ↑*Strafvollzug*, ↑*Umwelt*.

CHF, *Cumhuriyet Halk Fırkası* ↑Cumhuriyet Halk Partisi.

CHP ↑Cumhuriyet Halk Partisi.

Christen (*Hristiyanlar*) ↑Armenier, ↑ Griechen, ↑ Keldani, ↑ Süryani, ↑Vakıflar Genel Müdürlüğü.

Chrom (*krom*). Die Einstellung der türk. Chromlieferung an Deutschland im April 1944 kündigte den Abbruch der diplomat. Beziehungen Anfang August an (↑*Almanya*). Heute ist der Anteil an Chromerzen im Außenhandel nur noch gering.

Cicero. Mit dem Namen C. verbindet sich eine der größten Aktionen des deutschen Geheimdienstes in der T. Am 23.10.1943 bot der Kammerdiener des britischen Botschafters in Ankara dem SD-Beauftragten an der deutschen Vertretung Material über die Anti-Hitler-Koalition an. Auch über die alliierte Konferenz von Teheran wurde die deutsche Führung durch C. informiert.

cihat. Der „Heilige Krieg" i.S.v. ‚Gerechter Krieg'. Wer an ihm teilnimmt ist ein ‚Glaubenskämpfer' (*mücâhit*). Beim Eintritt des Osman. Staates an der Seite der Mittelmächte in den Weltkrieg erklärte der ↑*şeyhülislam* durch ↑*fetva* die Beteiligung als rechtmäßigen Krieg im Sinn des islam. c. Viele Kämpfer des Befreiungskriegs (↑*Kurtuluş savaşı*) zwischen 1919 und 1922 sahen in ihm einen c., sich selbst als *mücâhit*. Die religiösen Momente der Bewegung wurden später von der kemalistischen Historiographie ausgeblendet.

cirit oyunu. Das altasiatische Reiterspiel mit stumpfen Wurfspeeren (*cirit*) wird an Feiertagen oder bei Hochzeiten im bäuerlichen Bereich noch gepflegt.

Computer ↑bilgisayar.

cuma. ‚Freitag‘; das Wort ist vom selben arab. Stamm ‚Versammeln‘ wie ↑*cami* abgeleitet. Der Freitag als staatlich geschützter Wochenfeiertag hat in der T. ein spätes und kurzes Schicksal. 1920 wurde er erstmals von Eisenbahn-Arbeitern durchgesetzt, ab 1924 galt er im ganzen Land, mit dem Gesetz vom 25.5.1935 über staatliche Feiertage wurde der Sonntag zum Ruhetag erklärt. ↑*Wochentage.*

cumba. Erker eines Wohnhauses, im traditionellen Bauen oft mit einem Holzgitter (*kafes*) verschlossen.

Cumhurbaşkanı. Der ‚Präsident der Republik‘ wird von der Großen Nationalversammlung (↑*Türkiye Büyük Millet Meclisi*) „aus der Reihe ihrer Mitglieder“ für die Dauer von sieben Jahren für nur eine Amtszeit gewählt. Wird in den ersten beiden Wahlgängen keine Zweidrittelmehrheit erreicht, genügt in der dritten Abstimmung einfache Mehrheit (Turgut Özal wurde als zweiter ziviler und insgesamt 8. C. am 31.10.1989 mit 283 Stimmen gewählt). Bei einer erfolglosen Stichwahl im letzten Wahlgang müssen Neuwahlen ausgeschrieben werden. Die Position des C. der 3.Republik ist stärker als vor 1980. Er verfügt im Gesetzgebungsverfahren über ein materielles und ein formelles Prüfungsrecht. Er darf Gesetze im abstrakten Normenkontrollverfahren

vor das Verfassungsgericht (↑*Anayasa Mahkemesi*) bringen. Er ernennt den Ministerpräsidenten, der sich dann mit seinem Kabinett (↑*Bakanlar kurulu*) der Vertrauensabstimmung durch die Große Nationalversammlung stellen muß. Der C. kann den Ministerrat auch einberufen und seinen Vorsitz übernehmen. Im Not- und Ausnahmezustand ist er kraft Anordnung der Verfassung Vorsitzender des Ministerrats. Außerdem hat er den Vorsitz im Nationalen Sicherheitsrat (↑*Milli Güvenlik Kurulu*). Seine zahlreichen Ernennungsbefugnisse (↑*Anayasa Mahkemesi*, ↑*Danıştay*, ↑*Genelkurmay Başkanı*, ↑*Yüksek Öğretim Kurulu* u.a.) können als repräsentative Befugnisse angesehen werden, da die Kandidaten jeweils von anderen Institutionen bestimmt werden. Der C. ist parteilos und unparteiisch. Durch Versuche, seine Kompetenz faktisch auszudehnen und die erklärte Aufgabe seiner Unparteilichkeit hat C. Özal eine schwere Verfassungskrise heraufbeschworen. ↑*Atatürk*, ↑*Çankaya*, ↑*İnönü.*

Cumhurbaşkanlığı Senfoni Orkestrası. Das Symphonie-Orchester des Präsidenten der Republik in Ankara führte vor 1955 verschiedene Namen. Es hat einen osman. Vorgänger in der Istanbuler *Makam-ı Hilâfet Mızıkası*. Unter Praetorius (1936-1946) und Lessing (1964-1971) entwickelte es sich zu einem bedeutenden Klangkörper. Der Staat unterhält in Istanbul und İzmir zwei weitere symphonische Orchester (*Devlet Senfoni Orkestrası*).

cumhuriyet. Ein im 18.Jh. aus dem arab. *ğumhûr* gebildetes Wort, mit dem man ‚Volk, Volksmassen‘ (etwa in Berichten von der Französischen Revolution) bezeichnete. Der Bedeutungswandel zu ‚Republik' vollzog sich im frühen 19.Jh. Die erste muslim. (und türk.) Republik existierte zwischen Mai 1918 und April 1920 (↑*Aserbaidschan*). Mit der Ausrufung der Republik T. am 29.10.1923 entstand das erste muslim. Staatswesen mit republikanischer Verfassung von Dauer. Bezeichnungen wie 1. (1923-1960), 2. (1960-1980) und 3. (1982-) Republik haben sich eingebürgert. Die Form *Türkiye Cumhuriyeti* (*TC* oder *T.C.*) ist im Namen sehr vieler Institutionen enthalten. Die ernsthafteste Zeitung des Landes führt den Namen C. (↑*Presse*).

Cumhuriyet Abidesi. Das wichtigste unter den Denkmälern Istanbuls am Taksim-Platz, eingeweiht 1928, fünf Jahre nach Ausrufung der Republik. Es zeigt ↑*Atatürk* deshalb an der Hauptfront in ziviler Kleidung. Entsprechend dem Zeremoniell am ↑*Anutkabir* werden hier an allen staatlichen Feiertagen Kränze (*çelenk*) niedergelegt. Für Eintragungen steht ein *şeref defteri* („Ehrenbuch') zur Verfügung.

Cumhuriyet bayramı (früher **Ulusal bayram**). Das ‚Republikfest' am 29. Oktober ist der höchste nationale Feiertag, an dem der Präsident die Glückwünsche der staatlichen Repräsentanten und des Diplomatischen Korps entgegennimmt.

Cumhuriyet Halk Fırkası ↑Cumhuriyet Halk Partisi.

Cumhuriyet Halk Partisi (CHP). Die ‚Republikanische Volkspartei' (ursprünglich ‚Volkspartei' - *Halk fırkası* -, seit 10.11.1924 *C. H. fırkası*, ab 1935 C.H.P.) ging aus der ‚Vereinigung für die Verteidigung der Rechte Anatoliens und Rumeliens' (↑*Anadolu ve Rumeli Müdafaa-i Hukuk cemiyeti*) hervor. Atatürk war bis zu seinem Tod (1938) ihr Vorsitzender, danach erklärte man ihn zum „in die Ewigkeit aufgenommen Leiter" (*Edebi Şef*). In den Jahren 1923-1946 herrschte (mit zwei kurzlebigen Ausnahmen, ↑*Parteien*) ein Ein-Parteien-Regime. Die Prinzipien der Volkspartei wurden unter dem Sechs-Pfeil-Symbol (↑*Altı Ok*) zusammengefaßt: Republikanismus (↑*cumhuriyetçilik*), Nationalismus (↑*milliyetçilik*), ↑ Laizismus (*lâiklik*), Populismus (↑*halkçılık*), Etatismus (↑*devletçilik*) und ‚revolutionärer Reformismus' (↑*inkilâpçılık*). Nach dem Machtverlust in den Menderes-Jahren (1950-1960, ↑*Menderes*) konnte die CHP unter İsmet ↑ İnönü (1961-1963) und Bülent Ecevit (1974, 1977, 1978) Kabinette bilden. Nach dem 12.9.1980 wurde sie, ungeachtet ihrer historischen Sonderrolle, mit allen anderen Parteien aufgelöst. Ihr ideologisches Erbe wird heute von sozialdemokratischen Richtungen beansprucht (↑*Parteien*).

cumhuriyetçilik. ‚Republikanismus'; schon während der ↑*Tanzimat*-Zeit postulierten türk. Intellektuelle, wie Namık Kemal (1840-1888) in seinem in London geschriebenen Artikel *Hürriyet* (‚Freiheit') von 1868, daß der ursprüngliche Islam eine Art republikanische Staatsform bildete. In der frühen Republik wurde im Zusammenhang mit der Abschaffung des Kalifats betont, daß die islamischen Staaten und Völker immer Formen der gemeinsamen Beratung (*şura*) kannten. Heute legt Art.1 der ↑*Verfassung* die Staatsform fest: die T. ist eine Republik. ↑ *meşrutiyet*.

cümhuriyet. Bis 1941 verwendete Form von ↑*cumhuriyet*.

cüppe (aus arab. *ğubba*). Talar bzw. Robe für Geistliche, Professoren, Richter. Der ↑*imam* darf nach dem Gesetz vom 3.12.1934 (↑*Reform-Schutzgesetze*) seine Amtstracht nur im Dienst, d.h. innerhalb der Moschee oder auf dem Weg zu einer Beisetzung (↑*cenaze*) tragen.

cüz, ‚Teil, Portion'(↑*eczane*); ein Dreißigstel des Korantextes, in Moscheen lagen früher einzeln gebundene Exemplare bereit.

Ç

ç. Das Zeichen wird in jeder Position wie *tsch* ausgesprochen: Die Opposition zum stimmhaften ↑*c* ist zu beachten (z.B. *çocuk* ‚Kind': „tschodschuk"). Der entsprechende Laut erscheint in vielen türk. Wörtern, nie in Entlehnungen aus dem ↑*Arabischen*.

Çakmak, Fevzi (1876-1950). Der nach dem Waffenstillstand von ↑*Mudros* zum Generalstabschef ernannte F. Paşa trat wegen der Untätigkeit der osman. Regierung angesichts der Besetzung von İzmir zurück. Als Kriegsminister verließ er am 8.4.1920 Istanbul, um sich dem anatol. Widerstand anzuschließen. Nach der Schlacht am ↑*Sakarya* erhielt er den Titel ↑*mareşal*. Zwischen 1925 und 1944 diente er als Generalstabschef der Republik. Ç. gründete am 19.7.1948 die ‚National-Partei' (*Millet Partisi*), starb aber noch vor den ersten Mehrparteien-Wahlen.

Çalışma ve Sosyal Güvenlik Bakanlığı, Ministerium für Arbeit und Soziale Sicherheit. Das bereits 1945 geschaffene Arbeitsministerium war wesentlich an der Schaffung eines Arbeitsgesetzbuches (*İş Kanunu*) beteiligt. 1984 wurde sein Aufgabenbereich um soziale Sicherheit erweitert. Das ÇSGB ist auch für Fragen türk. Arbeiter im Ausland zuständig, wo Botschaften und Konsulaten Räte (*müşavir*) und Attachés (*ataşe*) für Arbeit beigeordnet sind. Es beaufsichtigt die Arbeitsämter (↑*İş ve İşçi Bulma Kurumu*). ↑*Sosyal Sigortalar Kurumu*.

Çanakkale boğazı ↑*boğaz*.

Çankaya. Stadtteil im S. von ↑*Ankara* mit Staatspräsidentenpalais (↑*köşk*), Sitz des Generalstabschefs (↑*Genelkurmay başkanı*), Residenz des Ministerpräsidenten (↑*başbakan*) und zahlreichen Botschaften. - Titel eines viel gelesenen, auch in einer engl. Teilübersetzung vorliegenden Atatürk-Buchs von Falih Rıfkı Atay.

çardak bez. u.a. eine provisorische Strandhütte für die Sommerferien.

çarşaf 1. Bettuch 2. Umhang für Frauen.

çarşı. ‚Markt' i.S.v. ‚Einkaufsviertel, Geschäftszentrum'. Auch moderne Ladenpassagen nennen sich ç. Der überdachte ‚Basar' von Istanbul heißt ‚Bedeckter Markt' (*Kapalı Ç*.). ↑*arasta*, ↑*bedesten*, ↑*pazar*.

çavuş. Im Osman. Reich Gerichtsdiener bzw. Janitscharen-Unteroffizier, heute einfacher Unteroffizier.

çay. 1. Fluß. 2. Die nordchin. Form für Tee (*tsch'a*) hat im Pers., Türk. und den slaw. Sprachen zu dieser Lautung geführt. Tee ist das bei allen Gelegenheiten genossene Nationalgetränk. Man nimmt ihn zum Frühstück (↑*kahvaltı*) und am Arbeitsplatz, wo der *çaycı* mit seinem Tablett regelmäßig erscheint. Entsprechend haben Geschäftshäuser, Behörden usw. eine Teeküche (*ç. ocağı*). In Teegärten bestellt man abends auch einen Samowar (*semaver*). Der Anbau in den nordöstl. Schwarzmeerprovinzen (v.a. Rize) findet in kleinen bäuerlichen Betrieben und einigen staatl. Kooperativen statt. Seit den 70er Jahren führt die Überproduktion zu einem Verfall der Qualität. Trotz Aufgabe des Monopols der staatlichen *Çay Kurumu* 1983 kontrolliert diese Vermarktungsorganisation 3/4 der Ernte. Die Ankaufpreise (↑*taban fiatı*) liegen über denen des Weltmarkts.

çelebi. Titel für gelehrte Osmanen. Ein wichtiger, weithin bekannter Vertreter der osman. Kulturgeschichte ist ↑*Evliya Ç*. Der „Großmeister" der ↑*Mevlevi* war „der" Ç. Heute bedeutet ç. nur *centilmen* („Gentleman" im adjektivischen Gebrauch: *Çok ç. adamdır*: Er ist ein feiner, bescheidener Mann).

Çerkez ↑ Tscherkessen.

çerkez tavuğu. ‚Huhn auf tscherkessische Art'; als steifer Brei gereichte Speise auf der Grundlage von Hühnerfleisch und Walnüssen. ↑*Tscherkessen*.

çeşme ↑Brunnen.

Çevik Kuvvet ↑Toplum Polisi.

çevre ↑Umwelt.

çevre yolu. Die Ringautobahn um Istanbul (↑*otoyol*) und ähnliche Umgehungsstraßen in Großstädten.

çeyiz ↑Aussteuer.

çıkmaz sokak. ‚Sackgasse'. In der traditionellen türk. Stadt bestanden zahlreiche Sack- und Suchgassen zur Erschließung der Wohngebiete. Moderne Straßendurchbrüche haben die Zahl der ç. s. drastisch vermindert.

Çırağan sarayı. Das Uferpalais in Istanbul-Beşiktaş diente dem ersten Parlament (↑*meşrutiyet*) als Versammlungsort. 1910 abgebrannt, war es bis zu seinem Umbau in ein Hotel Ende der 80er Jahre Ruine.

çırak ↑Lehrling.

çiftlik. Ursprünglich ein von einem Paar (*çift*) Ochsen bewirtschaftbares Landgut, später auch auf größere Einheiten übertragen. Staatl. Mustergüter heißen ↑*Devlet Üretme Çiftlikleri*.

çile. Vom pers. Wort für ‚vierzig', die Quadragesima des Derwischs, auch arab. *erbain* genannt. Die ç. genannte Übung bestand aus Fasten und Nachtwachen. Bei den ↑*Mevlevi* war sie ein Dienst von 1001 Tagen in einem der großen ↑*âsitânes*. Im übertragenen Sinne für Strapazen, Leiden aller Art.

Çingene ↑Zigeuner.

çoban armağanı. ‚Schäfergabe' nennt man ein bescheidenes, aber gut gemeintes Geschenk, weil der Schäfer nicht mehr als Kiefernharz (*çamsakızı*) zu überreichen vermag: *çamsakızı ç.a.*

Çocuk bayramı. ‚Kinderfest'. Der staatliche ‚Feiertag der Nationalen Unabhängigkeit und der Kinder' (*Milli Hâkimiyet/Ulusal Egemenlik ve Ç. b.*) erinnert an die Einberufung der Großen Türk. Nationalversammlung (↑*Türkiye Büyük Millet Meclisi*) in Ankara am

23.4.1920, mit der die Befreiung von
Sultanat und Kalifat eingeleitet wurde.
Am Ç.b. nehmen Kindervertreter sym-
bolisch Bürgermeistersessel ein, um auf
die Verantwortung der Politiker für die
kommenden Generationen hinzuweisen.

Çocuk Esirgeme Kurumu (TÇEK).
Der ‚Kinderschutzbund der T.‘ ist eine
1921 gegründete, gemeinnützige Organisation, die im ganzen Land Kinder-
horte (*yuva*), Tagesstätten (*gündüz
bakımevi*), Ambulatorien (*poliklinik*)
und Entbindungsheime (*doğumevi*)
unterhält.

çorap. ‚Strumpf‘; handgestrickte
Strümpfe aus Wolle oder Ziegenhaar
(*tiftik*) gehören mit ihren reichen Moti-
ven zu den lebendigen Zeugnissen
anatol. Volkskunst.

çorba. ‚Suppe‘; der Laden (*dükkan*) des
‚Suppenkochs‘ (*çorbacı*) wird auch
zum Einnehmen eines Frühstücks (↑
kahvaltı) aufgesucht. Besonders beliebt
sind ↑*işkembe* und ↑*yayla ç.sı.*

çöp. ‚Müll‘; der Müllmann (*çöpçü*)
steht im Dienst der Stadtverwaltung
(↑*belediye*).

çubuk. 1. Die lange türk. Pfeife
(deutsch Tschibuk) ist nicht mehr im
Gebrauch, seit man die westl. Form
(*pipo*) bevorzugt. 2. Name des bekannten Stausees und Ausflugsorts bei Ankara.

Çukurova. Wörtl. ‚tiefliegende Ebene‘.
Das Mündungsdelta von Seyhan und
Ceyhan, ursprünglich ein Monokultur-
gebiet für Baumwolle, in dem heute
u.a. Agrumen angebaut werden. Zugleich eine prosperierende Industrielandschaft mit Adana als Zentrum.
↑*Sabancı.*

D

dahiliye. 1. ältere abkürzende Bezeichnung für das Innenministerium
(↑*İçişleri Bakanlığı*). 2. Innere Medizin
(der Internist: *dahiliyeci*).

daire. Bez. für ‚Behörde, Amt, Abteilung‘, z.B. Finanzamt (*vergi dairesi*)
oder Katasteramt (*tapu dairesi*); d. wird
auch für die Senate der obersten Gerichtshöfe verwendet. Eine andere
Bedeutung ist ‚Wohnung‘ (↑*Haus*).

damat (pers. *dâmât*). Das gewähltere
Wort für Schwiegersohn (vgl. ‚Bräutigam‘ türk. *güvey*, ↑*iç güvey*) erscheint
auch im Beinamen osman. Staatsmänner, die eine Tochter des Sultans ge-
ehelicht hatten (z.B. D. İbrahim Paşa).

Dampflokomotiven ↑TCDD.

Danışma Meclisi. Beratende Ver-
sammmlung, die nach der Militärintervention vom 12.9.1980 zum ersten Mal
zusammen mit dem Nationalen Sicherheitsrat (↑*Milli Güvenlik Konseyi*) die
Aufgaben einer Verfassungsgebenden
Versammlung (*Kurucu Meclis*) übernahm.

Danıştay. Staatsrat, das oberste, nach
franz. Vorbild 1868 gegründete Verwaltungsgericht; nach Art. 155 der
Verfassung „die letzte Prüfungsinstanz
für Entscheidungen und Urteile, welche
durch Verwaltungsgerichte gefällt und
nicht durch Gesetz einer anderen Ver-
waltungsgerichtsinstanz überlassen
werden.“ In wenigen Fällen ist der D.
auch erstinstanzlich tätig. Seine Mitglieder werden zu drei Viertel vom
Hohen Richter und Staatsanwälterat
(↑*Yüksek Hâkimler ve Savcılar Kurulu*)
und zu einem Viertel vom Präsidenten

der Republik (↑*Cumhurbaşkanı*) bestimmt. Seine Senate sind wie folgt aufgeteilt:Verwaltungsrechtssprechung, Finanzrechtsprechung, interne Verwaltungskontrolle (Prüfung der Rechtsverordnungen und Satzungen).

Dank. Die üblichen Formen kommen aus drei verschiedenen Sprachen: 1. *teşekkür ederim, teşekkürler* bzw. *memnun oldum* wörtl. ‚Ich bin zufrieden'(aus arab. ‚Dank', die höflichste Variante). 2. *sağ ol(un)* (türk., eher umgangssprachlich bis burschikos) 3. *mersi* (franz.).

dar [â]. Arab. ‚Haus, Heim, Ort'. Im Türk. wurde das Wort zur Bildung von Institutionsbezeichnungen eingesetzt (↑*Darülaceze,* ↑*Darülfünun,* ↑*darülhadis,* ↑*Darülmuallimin,* ↑*Darüşşafaka*).

darbe. ‚Putsch, Staatsstreich'. Die erfolgreichen Interventionen der Armeespitze im Jahr 1960 (↑*Menderes*) und 1980 sind im türk. Verständnis ‚Operationen' (↑*harekât)*. Putschversuche von Offizieren unterhalb der Führungsebene (wie der ↑*Aydemir ihtilâli*) sind wirkungslos geblieben.

darphane. ‚Münzstätte'; Metallgeld wird im Istanbuler d. geprägt, während Geldscheine in Ankara gedruckt werden.

Darülaceze. Wörtl. ‚Heim der Hilfsbedürftigen'. Die große überkonfessionelle Wohlfahrtsanstalt in Istanbul-Şişli mit ca. 1.000 Insassen beider Geschlechter. Unter dem Eindruck des Flüchtlingselends im Gefolge des russ.-türk. Krieges (↑*Doksanüçharbi*) wurde das D. 1895 v.a. für mittellose Frauen und behinderte Kinder gegründet. Es

löste traditionelle, von Stiftungen getragene Einrichtungen aus hochosman. Zeit ab. Heute untersteht das D. der Istanbuler Stadtverwaltung. Das D. erhält bedeutende Spenden (↑*fitre*).

Darülfünun. Der Name der ersten Istanbuler Universität wurde aus ↑*dar* (‚Haus') und dem arab. Plural von *fen(n)* ‚Wissenschaft' gebildet, um die säkulare Bildungsanstalt von Schulen zu unterscheiden, an denen die islamischen Traditionswissenschaften (*ulum*) Lehrgegenstand waren (↑*medrese).* Das D. erhielt erst 1900 eine moderne Organisationsform. Zwischen 1915 und 1918 waren fast 20 Lehrstühle mit deutschen Professoren besetzt. 1933 wurde auf Grundlage des Gutachtens eines Schweizer Pädagogen (*Malche/ Malşe raporu*) das D. geschlossen und als *İstanbul Üniversitesi* im selben Jahr neu begründet. ↑*Universitäten.*

darülhadis. Typus von ↑*medrese,* speziell auf die Lehre des ↑*hadis,* dem Korpus der Überlieferungen von Reden und Taten des Propheten, ausgerichtet. Der *hadis*-Unterricht ist heute Bestandteil des Theologie-Studiums (↑*İlahiyat Fakültesi*).

Darülmuallimin. Die 1848 eingerichtete Lehrerbildungsanstalt. Eine Pädagogische Hochschule für Lehrerinnen war das *Darülmuallimat* (1869).

Darüşşafaka. Waisenanstalt in Istanbul-Fatih mit angesehener Schule, 1873 eröffnet. Wesentliche Impulse kamen von einem ehemaligen Mitglied der osman. Gesandtschaft in Paris, wo *Le Prytanée militaire de La Flèche*, eine Anstalt für Soldatenkinder, ein Vorbild für das D. bildete. Zu den bekanntesten Absolventen zählen der Mathematiker

Salih Zeki und der Schriftsteller Ahmed Rasim.

davul-zurna. Trommel und Kegeloboe sind die charakteristische ‚Besetzung‘ einer zu Hochzeiten (↑*düğün*) aufspielenden Dorf-Kapelle. ↑*Zigeuner*.

dede. ‚Großvater‘, vertrauliche Anrede für älteren Mann; Titel eines ↑*Mevlevi*-Bruders.

defter. Jede Art von Heft. In osman. Zeit legten die Verwaltung und Gerichte ihre Tätigkeit in Tausenden von d. genannten Registern nieder (↑*Başbakanlık Arşivi*).

defterdar. Der Leiter eines Finanzamtsbezirks (*defterdarlık*). ↑*Finanzsystem und Finanzverwaltung*, ↑*il*.

Denizcilik Bankası. Die Staatsreederei D.B. betreibt neben der Frachtschiffahrt auch den Küsten- und Fährverkehr sowie Verbindungen mit italien. Mittelmeerhäfen.

Denkmäler (*abide, anıt*) sind in erster Linie für Opfer des Unabhängigkeitskriegs (↑*Kurtuluş savaşı*) errichtet worden. Monumental ist die ‚Gedenkstätte für den Sieg und den unbekannten Soldaten‘ in Çanakkale (*Zafer ve Meçhul Asker Anıtı*). Die Kontinuität der türk. Staatenbildungen wird durch eine Gruppe von Büsten beim Grabmal von Ertuğrul Gazi, dem Vater des Reichsgründers Osman (reg. bis 1323/4), in Söğüt bei Bilecik vorgeführt. Berühmte Gestalten der osmanischen Periode werden zunehmend als Denkmäler gestaltet (wie Sinan, Hayreddin Barbarossa).

Deporatation ↑tehcir.

deprem ↑Erdbeben.

derebey. ‚Talfürst‘; bez. halb-unabhängige „Feudale“ in Anatolien und Rumelien nach dem Verfall der zentralen Autorität. Heute ist ein *derebeylik* eine Pfründe, ein kleines Reich im übertragenen Sinn.

dergi. Früh eingebürgerter Neologismus für ‚Zeitschrift‘ (statt *mecmua*). Besonders verbreitet sind Wochenblätter mit Klatschspalten und Fernsehprogrammen. Politische Magazine nach dem Vorbild von „Time“ oder „Spiegel“ haben nur geringe Auflagen (*Nokta*). Viel gekauft werden satirische Periodika wie ↑*Gırgır*. Die bekannteste allgemeine Kulturzeitschrift (aus dem Milliyet-Verlag) heißt *Sanat Dergisi*, während ↑*Varlık* über ein halbes Jahrhundert Literaturgeschichte repräsentiert. ↑*belleten*.

Derleme Sözlüğü (DS). Zwölfbändiges Wörterbuch der T.-türk. Dialekte hrsg. vom ↑*Türk Dil Kurumu* nach langjähriger Sammlungstätigkeit (*derleme*). Die erste Erhebung fand 1932-1934 statt und hatte das 6-bändige *Söz Derleme Dergisi* zum Ergebnis, eine zweite Sammlung von 1952-1959 übertraf mit ca. 450 000 Belegen auf Karteikarten (*fiş*) die Ergebnisse der ersten um das Dreifache. In beiden Fällen wurden mit staatlicher Unterstützung in erster Linie Dorfschullehrer angeschrieben. Obwohl das Ziel eine Erfassung des nicht in die Schriftsprache eingegangenen türk. Wortschatzes war, enthält das DS auch wertvolle Zeugnisse anderer anatol. Sprachen (Armenisch, Griechisch, Kurdisch).

dernek ↑Vereine.

Der(i)saadet. ,Tor der Glückseligkeit'; einer der zahllosen schmückenden Beinamen von Istanbul, die bis ins 20.Jh. im amtlichen Gebrauch (Urkunden, Inschriften, Münzen, Buchtitel) waren.

dershane. ,Schulhaus'; Privatschulen, die 1. dem Nachhilfeunterricht von Besuchern der staatlichen ↑*ilkokul*, ↑*ortaokul* bzw. des ↑*lise* dienen oder 2. auf das ↑*Anadolu Lisesi* bzw. 3. die ↑*Universitäten* vorbereiten. Im Schuljahr 1986-87 fanden 3991 Vorbereitungskurse für die Hochschuleingangsprüfungen (*Üniversitelerarası Seçme Sınavı*) statt.

Dersim isyanı. Der ,Dersim-Aufstand' von 1937/8 war nach der Niederschlagung der Revolte des ↑*Şeyh Sait* von 1925 die letzte bemerkenswerte Erhebung kurdischer Stammesführer (↑*Zaza*).

derviş ↑tekke.

Dette publique ↑İstanbul Erkek Lisesi, ↑Staatsschuld.

Deutsch ↑Alman, ↑Almanca.

Deutschland ↑Almanya.

Deutsch - Türkische Gesellschaft (DTG). Anfang der 50er Jahre in Bonn in erster Linie von ehemals emigrierten Akademikern nach ihrer Rückkehr aus der T. gegründeter Kulturverein. In anderen Bundesländern bestehen z.T. gleichnamige Vereins und Klubs, die mit der DTG in Bonn zusammenarbeiten. Die entsprechende Organisation in der T. ist Träger der Goethe-Institute (↑*Türk-Alman Kültür Derneği*).

Deutsch - Türkische Vereinigung (DTV). Die 1914 in Berlin ins Leben gerufene Organisation setzte sich für die Popularisierung eines neuen T.-Bildes ein. Sie vertrat eine Kultur- und Wirtschaftspolitik, die sich deutlich von alldeutschen Plänen absetzte. Nicht Germanisierung, sondern Turkisierung der T. war das von dem Publizisten Ernst Jäckh („Türken-Jäckh") vielverwendete Schlagwort. Die DTV organisierte während des Weltkriegs eine Fülle von Vortragsveranstaltungen und richtete zahlreiche Sprachkurse für Türkisch ein.

Dev-Genç. Abkürzung für *Türkiye Devrimci Gençlik Federasyonu.* Der ,Revolutionäre Jugendverband der T.' bildeten ab 1968 für ein Jahrzehnt das radikalste Element der Stadtguerilla.

devegüreşi. ,Kamelringen'. Durch den Tourismus wiederbelebte Tradition in Westanatolien.

Devekuşu Kabare Tiyatrosu. Nach dem ,Vogel Strauß' (wörtl. ,Kamelvogel') heißt das von Haldun Taner (1915-1986) begründete politische Satiretheater in Istanbul.

Devisen (*döviz*). Trotz Liberalisierung der Märkte (↑*Özalismus*) und des Kapitalverkehrs ist die T. nach wie vor auf die scharfe Beobachtung und Kontrolle des nationalen D.marktes angewiesen. Gesetzliches Instrument, das die Regierung zu geeigneten Maßnahmen ermächtigt, ist das ,Gesetz zum Schutz der türkischen Währung' (*Türk parasının korunması hakkında kanun*).

devlet. ,Staat' (aus arab. *daula*) oft als Gegensatz zu *hükümet* (Regierung).

Vgl. auch die Mehrzahl in ↑*düvel-i muazzama* und ↑*düvel-i selâse*.

devlet baba. ‚Väterchen Staat‘, von dem der einzelne Bürger, ohne selbst geben zu wollen, viel verlangt. ‚Mutter Staat‘ (*Devlet Ana*) ist dagegen ein marxistischer Thesen-Roman von Kemal Tahir aus dem Jahr 1967.

devlet bakanı. ‚Staatsminister‘ sind innerhalb des Ministerpräsidiums tätig (↑*Başbakanlık dairesi*) und haben bestimmte Koordinationsaufgaben und eigene Zuständigkeitsbereiche, die von Kabinett zu Kabinett wechseln. Dazu gehören z.B. die Aufsicht über den Hohen Planungsrat, die Beziehungen zur ↑*Europäischen Gemeinschaft*, die Türk. Zentralbank, das Presse- und Informationsamt, das Generaldirektorat für Fragen der Umwelt (↑*çevre*) oder das Amt des Fußball-Dachverbandes. Die Geschäftsverteilung wird im Staatsanzeiger (↑*Resmî Gazete*) bekanntgegeben.

Devlet Balesi ↑Ballett.

Devlet Güvenlik Mahkemeleri (DGM) ‚Staatssicherheitsgerichte‘ werden nach Art. 143 der ↑*Verfassung* gegründet, um „Straftaten zu verhandeln, welche gegen die unteilbare Einheit von Staatsgebiet und Staatsvolk, die freiheitliche demokratische Ordnung und die Republik ... begangen werden und die innere und und äußere Sicherheit des Staates unmittelbar betreffen.“ Im Falle der Ausnahmeverwaltung (↑*sıkıyönetim*) kann ein DGM in ein Militärgericht der betreffenden, unter Ausnahmeverwaltung stehenden Region (*Sıkıyönetim Askerî Mahkemesi*) umgewandelt werden. Nach offizieller Auffassung handelt es sich bei den DGMs

nicht um ‚Staatssicherheitsgerichte‘, sondern um Fachgerichte im Rahmen der ordentlichen Strafgerichtsbarkeit.

Devlet Güzel Sanatlar Akademisi. Die ‚Akademie der schönen Künste in Istanbul‘ (gegr. 1883 als *Sanayi Nefise Mektebi*) war die traditionsreichste Kunstschule des Landes. Heute ist sie eine Fakultät der Mimar-Sinan-Universität.

Devlet İstatistik Enstitüsü [Başkanlığı] (DİE). Das ‚Staatsinstitut für Statistik‘ hat den Rang eines Präsidiums und ist dem Ministerpräsidium (↑*Başbakanlık*) unterstellt. Es veröffentlicht seit 1928 das Statistische Jahrbuch (*Türkiye İstatistik Yıllığı*) mit allen Angaben in türk. und engl. Sprache (Taschenausgabe mit einer Auswahl der Daten: *Cep Yıllığı*) sowie ein monatliches Bulletin mit wechselnden Themen (*Aylık İstatistik Bülteni*). Die Ergebnisse der Volkszählung werden ebenfalls vom DİE publiziert (↑*Genel Nüfus Sayımı*).

Devlet Malzeme Ofisi (DMO). Das ‚Amt für staatliche Bedarfsgüter‘ ist für die zentrale Beschaffung aller Verbrauchsmaterialien der Behörden zuständig. Es untersteht dem Finanzministerium.

Devlet Planlama Teşkilatı (DPT). Die ‚Staatliche Planungsorganisation‘ ist eine der mächtigsten Zentralbehörden. Sie wurde am 30.9.1960 auf Beschluß des ↑*Milli Birlik Komitesi* geschaffen. Während der innertürk. Diskussion um die Integration in die ↑*Europäische Gemeinschaft* hat die DPT im Gegensatz zum Außenministerium einen zurückhaltenderen Kurs empfohlen. Ohne sie ausdrücklich zu nennen, betont auch die Verfassung der 3.Republik (Art.166), daß die „Planung der wirtschaftlichen, sozialen und kulturellen Entwicklung...Aufgabe des Staates" ist (↑*Fünf-Jahres-Plan*). Seit Ende der 60er Jahre haben führende konservativ gesinnte Ingenieure ihre politische Karriere in der DPT vorbereitet (S. Demirel, Özal u.a.).

Devlet Su İşleri (DSİ). Die ‚Staatliche Wasserbehörde' ist für die Wassernutzung im weitesten Sinne zuständig: Erschließung und Kontrolle von Trinkwasser, Bau von Kanälen und Staudämmen zur Elektrizitätsgewinnung.

Devlet Üretme Çiftlikleri (DÜÇ). Staatliche Güter (↑*çiftlik*) zur Verbesserung von Saatgut, für Viehzucht und vorbildliche Anbaumethoden. Das DÜÇ von Ceylanpınar/Urfa an der syrischen Grenze übertrifft mit 170 000 ha alle übrigen. Ein erfolgreiches landwirtschaftliches Entwicklungsprojekt ist das deutsch-türk. Mustergut von Tahirova (1957) unweit Bandırma.

devletçilik. Wörtl. ‚Etatismus'; der unter der Republikanischen Volkspartei (↑*Cumhuriyet Halk Partisi*) zum Grundsatz erhobene, auch als ‚Interventionismus' bezeichnete d. (1937 als Wesensmerkmal der Republik ausdrücklich in die Verfassung aufgenommen, 1961 wieder gestrichen) wurde und wird von den politischen Kräften unterschiedlich gedeutet. Liberale Ökonomen sahen in einem etatistischen Wirtschaftsprinzip nichts anderes als ein notwendiges Übel in einer Phase, in der Infrastruktur und Basisindustrie wenig entwickelt waren. Sie beurteilten die Entwicklung bis zum Ausbruch des 2.Weltkriegs zurückhaltend. Kemalistische bzw. sozialdemokratische Stim-

men geben ein günstiges Urteil über die Periode des ersten Fünfjahres-Industrieplans ab (↑*Beş Yıllık Sanayi Planı*) und bestehen noch heute auf dem Vorrang des Staates, nicht zuletzt als Gegengewicht zu ausländischen Initiativen. Die Folgen des Gesetzes zur Förderung der (privaten) Industrie (↑*Teşvik-i sanayi kanunu*) von 1927 waren im Vergleich zu staatlichen Investitionen von begrenzter Wirkung. Zwischen 1923 und 1935 entstanden alle als Banken gegründeten großen staatlichen Gesellschaften wie ↑*Ziraat Bankası* (1923 Umwandlung in eine AG), ↑*İş Bankası* (1924), ↑*Sümer-* (1933) und ↑*Etibank* (1935). Auch wenn der Grundsatz der ‚Freien Unternehmergeistes' (*hür teşebbüs*) seit der liberalen Wende unter Turgut Özal eine große Rolle spielt (↑*Özalismus*), darf nicht vergessen werden, daß noch 1985/6 55,1% aller Investitionen aus öffentlichen Mitteln erfolgten. Dies entspricht 10,9% des ↑*Bruttosozialprodukts*.

devrim ↑Reform, ↑Revolution.

Devrimci İşçiler Sendikaları Konfederasyonu (DİSK). Im Gegensatz zum älteren Gewerkschaftsverband *Türk-İş* lehnte die 1967 gegründete ‚Konföderation revolutionärer Arbeiter-Gewerkschaften' parteipolitische Neutralität ab. Bis zu ihrem Verbot nach dem 12.9.1980 bekämpfte sie die Regierungen der ‚Nationalen Front' (*Milliyetçi Cephe*) mit radikalen Mitteln. ↑*Gewerkschaften*.

DGM ↑Devlet Güvenlik Mahkemeleri.

Dışişleri Bakanlığı. Die Beamten des ‚Ministeriums für auswärtige Angelegenheiten' (noch heute *hariciyeci/ hariciyeli* genannt nach dem alten

Namen *Hariciye vekaleti*) rekrutieren sich weitgehend aus Absolventen der Juristischen (↑*Ankara Hukuk Fakültesi*) bzw. der Politikwissenschaftlichen Fakultät der Universität Ankara (↑*Siyasal Bilgiler Fakültesi*). ↑*elçi*.

Dialekte. Die Turkologie hat kein einheitliches Wort für die regionalen Varietäten des anatolischen bzw. rumelischen Türk. (↑*Türkçe*). Am weitesten verbreitet ist *ağız* ‚Mundart' für die ca. 12-14 Hauptgruppen. Scharf abgesetzt sind die Schwarzmeer-Dialekte um Rize und Trabzon (↑*Lasen*). Im Osten fallen aserbaidschanische Varianten auf. Hier steht z.B. als Endung der ersten Person Singular *-(y)Em* statt *-(y)Im*. Gegenseitige Verständlichkeit ist überall gewährleistet. Um den Zusammenhang der Turksprachen (wie Aserbaidschanisch, Tatarisch, Özbekisch, Kirgisisch, Uigurisch) zu betonen, spricht die türk. Sprachwissenschaft von *Türk lehçeleri* (türk. Zweigsprachen).

DİB ↑Diyanet İşleri Başkanlığı.

DİE ↑Devlet İstatistik Enstitüsü.

Diener ↑hademe, ↑hizmetçi.

Dil bayramı. Das ‚Sprachfest' ist ein nichtstaatlicher Feiertag zur Erinnerung an die Gründung der ‚Gesellschaft für die Erforschung der türk. Sprache' (*Türk Dili Tetkik Cemiyeti*), der Vorgängerin des ↑*Türk Dil Kurumu* (TDK), am 12.7.1932. Der D.b. wird seit 1985 sowohl von der offziellen ↑*Atatürk Kültür, Dil ve Tarih Yüksek Kurumu* als auch von den Mitgliedern der aufgelösten TDK begangen.

dilekçe ↑Bittschrift.

Dil ve Tarih-Coğrafya Fakültesi ↑Ankara Üniversitesi Dil ve Tarih-Coğrafya Fakültesi.

Diplomaten ↑elçi.

Direktor ↑müdür, ↑Genel Müdür.

diş kirası. ‚Zahnmiete'; Geschenk, das früher den Gästen ‚für die Abnutzung der Zähne' beim ↑*iftar*-Essen nach Hause mitgegeben wurde.

DİSK ↑Devrimci İşçiler Sendikaları Konfederasyonu.

dispanser. Öffentliche oder private medizinische Einrichtung (auch *poliklinik*) zur ambulanten Behandlung bzw. Diagnose.

divan. ‚Ratsversammlung'; der im sog. Kubbealtı des ↑*Topkapı Sarayı* tagende osman. Kronrat hieß, weil er unter den Augen der Majestät tagte, *d.-i hümayun*. *Divani* ist der in der osman. Kanzlei übliche Schriftduktus.

divan edebiyatı. ‚Diwan-Literatur' heißt in grober Vereinfachung die Dichtung der klassischen Jahrhunderte vor der Erschließung neuer Sujets und Formen in der ↑*Tanzimat*-Zeit. Im ehemaligen ↑*Mevlevi*-Konvent von Istanbul-Galata wurde ein D. E.-Museum eingerichtet.

Divanımuhasebat ↑Sayıştay.

Divanyolu. Die einzige repräsentative, von Moscheen, Medresen und Bibliotheken gesäumte Straße des alten Istanbul vom Hippodrom (*At Meydanı*) Richtung Adrianopel-Tor (Edirne Kapısı).

Diyanet İşleri Başkanlığı (DİB). Dem ‚Präsidium für Religionsangelegenheiten' unterstanden 1989 ca. 80 000 Beamte, von denen 3,56% einen Hochschulabschluß nachweisen konnten. 40 000 waren Absolventen des ↑*İmam-Hatip-Lisesi,* der Rest hatte die ↑*ilkokul* besucht. Unter der Aufsicht des DİB finden auch Korankurse statt. Die Zentralbehörde in Ankara hat folgende Hauptabteilungen: Religiöse Dienste (*Din Hizmet Dairesi*), Erziehung (*Din Eğitim D.*), Wallfahrtswesen (*Hac D.*), Religiöse Veröffentlichungen (*Dinî Yayınlar D.*) und Außenbeziehungen (*Dış İlişkiler Dairesi*). Zu den Beratungsorganen gehört ein ‚Hoher Rat für Religionsangelegenheiten' (*Din İşleri Yüksek Kurulu Başkanlığı*).

DİB entsendet an Botschaften und Konsulate (insbesondere in Deutschland) Räte (*müşavir*) und Attachés (*ataşe*) für Religionsdienste (*din hizmetleri*).

Der Widerspruch zwischen einem laizistisch verfaßten Staat und einer Behörde, die ausschließlich islamische Zielsetzungen hat, wurde oft bemerkt. Die ↑*Verfassung* von 1982 hat das DİB aufgewertet (Art. 136 mit der problematischen Formulierung „erfüllt als Bestandteil der allgemeinen Verwaltung im Sinne des laizistischen Prinzips außerhalb aller Ansichten und Auffassungen sowie mit dem Ziel auf die nationale Solidarität und Bindung die in einem besonderen Gesetz vorgesehenen Aufgaben"). ↑*cami* ↑*fetva,* ↑*Laizismus,* ↑*müftü.*

Diyanet İşleri Türk-İslam Birliği (DİTİB). Die deutsche Selbstbezeichnung dieser Europa-Filiale des Präsidiums für Religionsangelegenheiten lautet ‚Türk.-Islamische Union der Anstalt für Religion e.V.'. Sie hat ihren Sitz in Köln.

Diyanet Vakfı. Stiftung zur Förderung religiöser Aufgaben unter der Aufsicht des ↑*Diyanet İşleri Başkanlığı.*

DMO ↑Devlet Malzeme Ofisi.

doçent. ‚Dozent', abg. *Doç.*; in der T. ein akademischer Titel, der über dem Grad eines ↑*doktor* steht. Seine Führung ist nicht an eine Lehrverpflichtung gebunden. Der Weg zum Hochschulprofessor führt in aller Regel über die Dozenten-Laufbahn.

Doğu Üniversitesi. Der Plan einer ‚Ost-Universität' geht auf Atatürks Zeit zurück. Anstelle von der in Aussicht genommenen Stadt Van kam jedoch Erzurum zum Zug (↑*Universitäten*).

Doksanüçharbi. Der ‚dreiundneunziger Krieg'; die territorialen und demographischen Auswirkungen des russ.-türk. Kriegs von 1877/8 (1293 nach der ↑*hicre*) sind noch heute Bestandteil des geschichtlichen Gedächtnisses vieler Türken. ↑*Berliner Kongreß,* ↑*Bulgarien,* ↑*göçmen,* ↑*Kars.*

doktor. Akad. Grad; Mediziner nennt man zur Verdeutlichung *tıp doktoru,* bei Fachärzten (*mütehassis*) ist auch das arab. Wort *hekim* oder *tabip* üblich. ↑*dahiliye.*

dolap (pers. *dôlâb*) 1. Ein zweiflügeliger auch *yüklük* gen. Schrank; der ↑*haremlik* eines Hauses konnte über eine Durchreiche in Form eines drehbaren (*döner*) d. in diskreter Weise mit Speisen usw. versorgt werden. Im ↑*bedesten* einer osman. Stadt waren d.s fest abschließbare Abteilungen. 2. Eine weitere Bedeutung ist ‚Wasserrad' (wie beim Namen des Istanbuler Viertel Dolapdere ‚Mühlbach').

dolma. Vom Verb *dolmak* ‚gefüllt, aufgefüllt werden'. Vgl. die Bezeichnung vieler Gerichte (*biber, yaprak dolması*).

Dolmabahçe. Die Residenz der Sultane am Bosporus (1856) untersteht heute der Verwaltung der ↑*Milli Saraylar*. Hier starb Atatürk am 10.11. 1938.

dolmuş. Wörtl. ‚voll', Sammeltaxi. Unzureichende öffentliche Verkehrsmittel (z.B. ↑*İETT*) und eine geringe private Motorisierung (↑*Automobilwirtschaft*) haben das Aufkommen der Sammeltaxis als späte Nachfahren der amerikan. *jitneybusses* begünstigt. Ein d. befährt feste Strecken von ↑*durak* zu *durak*. Der Fahrpreis wird von der Stadtverwaltung festgelegt. In den letzten Jahren wird wegen des großen Bedarfs an Straßenraum der d.-Betrieb mehr und mehr durch Kleinbusse (*minibüs*) ersetzt. Im d.-Betrieb können auch private Fährschiffe verkehren.

Dorf ↑köy, ↑Köy Enstitüsü, ↑muhtar.

dost ↑Freund.

Dozent ↑doçent.

döner kebap. ‚Drehbraten'. Das Rösten von Fleisch an drehbaren Spießen ist seit Jahrhunderten im Orient bekannt. Der Spezialimbiß wird vom *dönerci* betrieben, der sein Produkt auf Fladenbrot (*pide*) serviert. Ein guter *dönerci* zeichnet sich durch die Kunst der richtigen Zusammensetzung der Fleischsorten und Gewürze aus. Unterschieden wird zwischen dem weit verbreiteten d.

am senkrechten Spieß und der südostanatolischen Spezialität des *yatay d.* (horizontaler d.). Der *dönerli sandviç* (Sandwich) ist ein Produkt der letzten Jahrzehnte.

Dönme. Von *dönmek* ‚umkehren'. Bez. Juden, die zum Islam übertraten. Die ersten D. folgten Ende des 17.Jh. dem Ruf des Schabbetai Sebi, der ihnen als Messias galt. Das Zentrum der kryptojüd. Sekte war bis zu den Balkankriegen die Stadt ↑*Saloniki*. Der prominenteste D. der jüngeren türk. Geschichte ist der Finanzminister des jungtürk. Regimes Câvit Bey (1875-1926). Im türk. Antisemitismus ist die Denunziation von Personen oder ganzen Familien als D. ein festes Versatzstück (↑*Juden*).

Dörrfleisch ↑pastırma.

dönüm. Ein traditionelles Flächenmaß, das heute mit 1000 m^2 gleichgesetzt wird.

Dördüncü Şube. Innerhalb einer Polizeidirektion (↑*Emniyet Genel Müdürlüğü*) ist die ‚Vierte Abteilung' für Ausländerfragen zuständig. Sie stellt die Aufenthaltsgenehmigungen (↑*ikametgâh tezkeresi*) aus.

DP ↑Menderes, ↑Parteien.

DPT ↑Devlet Planlama Teşkilatı.

DSİ ↑Devlet Su İşleri.

DSP ↑Parteien.

DTCF ↑Ankara Üniversitesi Dil ve Tarih-Coğrafya Fakültesi.

Dumlupınar. Die letzte und entscheidende Schlacht des Befreiungskriegs bei D./Afyonkarahisar am 30.8.1922. Das abziehende griech. Heer verbrannte beim Rückmarsch die Städte Uşak, Kasaba (heute: Turgutlu) und Manisa. An den Sieg errinnert der ↑*Zafer bayramı.*

durak. Haltestelle für Busse und Sammeltaxen (↑*dolmuş).*

Duzen. Das Türk. erlaubt wie das Deutsche oder Franz. das ‚Duzen' wie das ‚Siezen': *Hoş geldin!* ‚Sei willkommen' oder *Hoş geldiniz!* ‚Seien Sie willkommen!'. Der Übergang vom *sen* (‚du') zum *siz* (‚Sie') kann unvermittelt, schon in einer ersten Unterhaltung erfolgen. *Siz* drückt große Distanz bzw. Respekt aus. Professoren duzen Studenten, Politiker Journalisten, Vorgesetzte oft auch ältere Angestellte.

DÜÇ ↑Devlet Üretme Çiftlikleri.

düğün. ‚Feierlichkeit'; gilt in erster Linie für Hochzeiten (↑*Eheschließung),* aber auch für das Beschneidungsfest (↑*sünnet).*

düğün salonu. Die hohe Zahl von Festgästen bei Familienfeiern hat die Entstehung privater oder durch die Stadt bewirtschafteter *düğün salonları* begünstigt. Wohlhabende Türken feiern in großen Hotels.

dünür. Die Elternteile (Vater bzw. Mutter) des Bräutigams und der Braut sprechen sich gegenseitig als d. an. Die *dünürcü* ist eine Brautschauerin (auch *görücü).*

düstur. ‚Norm, Regel'; von Ahmed Cevdet Paşa eingeführter Name für die in ‚Serien' (*tertip)* aufgeteilten Sammlungen türk. Rechtsvorschriften von der ↑*Tanzimat-*Zeit bis zur Gegenwart.

düvel-i muazzama. Die ‚Großmächte' (Plural von ↑*devlet)* waren die fünf europäischen Staaten (Großbritannien, Frankreich, Rußland, Deutsches Reich, Österreich-Ungarn), deren Botschafter bei der Pforte (↑*Babiali)* v.a. nach dem ↑*Berliner Kongreß* in zahlreiche innere Angelegenheiten des osman. Staats eingriffen. ↑*kapitülasyon.*

düvel-i selâse. Die ‚Drei Staaten' (Großbritannien, Frankreich, Italien), die im Gefolge des Waffenstillstands von ↑*Mudros* Istanbul und große Teile Anatoliens besetzten.

Düyun-i umumiye ↑Staatsschuld.

E

ebced. Die Folge der vier Buchstaben des arab. Alphabets *elif, be, cim, dal.* In der arab. Schrift hat jeder Buchstabe einen Zahlwert, der zur Bildung von Chronogrammen (*tarih)* eingesetzt wird. Gleichzeitig können die Buchstaben zur Zählung von Buchseiten oder einzelnen Bänden dienen. Um das Einprägen der Zahlwerte zu erleichtern, wurde eine Reihe von Merkwörtern gebildet, von den e. das erste ist. Ein geläufiger Name für das alte Alphabet ist ↑*elifba.*

Ebedî Şef. ‚Der verewigte Vorsitzende (der Volkspartei)'; ein Titel, der ↑*Atatürk* nach seinem Tod verliehen wurde (26.12.1938). Sein Nachfolger ↑*İnönü* wurde zum permanenten ‚nationalen Vorsitzenden' (*Millî Şef)* gewählt.

EBK ↑Et ve Balık Kurumu.

eczane [â] aus *eczâ* (Pl. von *cüz* und ↑*hane)* gebildetes Wort für Apotheke.

Etwa 40% der e. befinden sich in den drei Metropolen Ankara, Istanbul und İzmir. Ihre Zahl ist zu groß, um das Existenzminimum zu gewährleisten. In den Städten verkaufen die Apotheker (*eczaci*) zunehmend Kosmetika, Spielzeug u.a. Trotz weitreichender Bestimmungen werden viele Medikamente (*ilaç*) ohne Verschreibung (*reçetesiz*) abgegeben. Mitglieder der Sozialversicherung (↑*Sosyal Sigortalar Kurumu*) erhalten Medikamente gegen Rezept.

efe. Ein in Westanatolien geläufiger Beiname. Ein bekannter Träger des Titels war Demirci Mehmet Efe (1885-1959), der im Befreiungskrieg eine kleine Armee aufgestellt hatte, sich aber dann von den Kemalisten abwandte.

efendi. Das aus dem Griechischen stammende Wort wurde im besseren Istanbulerisch der Jahrhundertwende als höfliche Interjektion fast in jedem Satz verwendet. - Als Titel bez. es in den letzten osman. Jahrhunderten einen Gelehrten oder Zivilbeamten, seit der ↑*Tanzimat*-Zeit wurde es in der städtischen Gesellschaft üblich, jeden ('besseren') Herrn mit *beyefendi,* jede Dame mit *hanımefendi* anzureden. Sprichwörtlich für einen kultivierten Herrn mit altmodischen Umgangsformen ist das Etikett „*İstanbul Efendisi*". - Die Sultansregierung sprach den am 7.9. 1920 zum Oberstleutnant degradierten ↑*Mustafa Kemal Paşa* als e. an. Heute ist der Gebrauch von e. auf einfache Dienstleistende wie Hauswarte (↑*kapıcı*) beschränkt. - Häufig ist der Einsatz von e. als Fragewort (‚Wie bitte?').

efendim. 1. mein Herr, meine Dame. 2. wie bitte?

Ege. Türk. Form für Ägais. ↑*Festlandssockel.*

Eğitim Şûraları, eigentl. *Milli E. Ş.* In unregelmäßigen Abständen stattfindende ‚Nationale Ratsversammlungen für Erziehung', auf denen sich Ministerialbürokraten, Pädagogen und Wissenschaftler über die Grundlinien des Schulwesens austauschen. Die erste *şûra* trat im Juli 1939 unter dem Vorsitz von Hasan-Âli Yücel zusammen.

EGM ↑Emniyet Genel Müdürlüğü.

Ehescheidung. Die T. hat eine im Weltmaßstab geringe, wenn auch steigende Scheidungsrate (1988: 0,41%, das sind 22 513 Paare). Bis zur Änderung des Zivilgesetzbuchs (↑*Medeni Kanun*) im Jahr 1988 galt durchgängig das Verschuldensprinzip, das heute durch ein ‚modifziertes Zerrüttungsprinzip' (*geçimsizlik*) aufgeweicht wurde. Daneben gibt es besondere Scheidungsgründe.

Eheschließung (*nikâh*). Das islam. Recht (↑*şeriat*) kennt keine bestimmten Formen der E., insbesondere ist eine Mitwirkung eines religiösen Amtsträgers (↑*imam*) nicht erforderlich. Dennoch erlangte der *imam* im Laufe der osman. Geschichte eine immer größere Bedeutung in seiner Rolle als rechtskundiger Berater und ‚Berufszeuge'. Schon 1917 schreibt eine Novelle zum Strafgesetzbuch die Anwesenheit eines Richters oder Vertreters (*naib*) vor. Seit 1926 werden Ehen vor dem Standesbeamten (↑*Evlendirme Memurluğu*) geschlossen. *Imame* und andere geistliche Würdenträger werden mit Gefängnis bestraft, wenn sie „ohne Vorlage von Urkunden über den gesetzlichen Eheschließungsakt die religiösen Feier-

lichkeiten einer Trauung vollziehen".
Allerdings besteht eine Form von ↑*Amnestie* für *imam*-Ehen in Form von verlängerten Eintragungsfristen (Gesetz von 1950: 4 Jahre, 1956: 7 Jahre) für daraus hervorgegangene Kinder. Das letzte der sog. Amnestiegesetze von 1981 ist 1986 in Kraft getreten. In Hotels verlangt man den Trauschein (*evlenme cüzdanı*) von einheimischen Reisenden.

Ehre ↑*namus.*

Eisenbahn ↑Anatolische Bahn, ↑banliyö, ↑TCDD.

ekmek. Brot; in der T. wird so gut wie ausschließlich Weißbrot gebacken. Man kauft es meist beim ↑*bakkal,* der es in größeren Mengen von einem Backofen (↑*fırın*) oder einer (städtischen) Großbäckerei (*e. fabrikası*) bezieht. Die Preise werden von der Stadtverwaltung festgelegt. Im mittleren und östlichen Anatolien wird Brot in Form dickerer (*pide*) oder dünnerer (*yufka, lavaş*) Fladen hergestellt.

ekol (franz. *école*) ist die ↑,Schule' i.S.v. ,Lehrmeinung, Kunstrichtung' im Gegensatz zur Unterrichtsanstalt (↑*okul*).

el. 1. [mit offenem ä] ,Hand'. 2. [mit kurzem geschlossen e] ,Land, Welt, die Fremde, fremde Leute'. Davon *el kapısı* ,die fremde Tür' für Arbeit bei anderen Leuten, synonym mit Arbeitsmigration; *el kızı* 'die Tochter des Fremden' für Schwiegertochter (↑*gelin*) und ↑*elçi.* 3. der arab. Art. *al-* in türk. Aussprache z.B. in *elhamdülillah* ,Gelobt sei Gott, Gott sei Dank!'.

elçi. ,Gesandter' (früher *sefir*); eine Botschaft heißt *elçilik,* (bzw. *sefaret*),

ihr Leiter *büyükelçi* (vgl. Botschaftsrat *müsteşar,* Attaché *ataşe,* Sekretär *katip*).

elif. Name des 1.Buchstaben im arab. Alphabet (↑*ebced,* ↑*elifba*). Dazu die Redensart: *Elifi görse mertek sanır* (,,Wenn er ein e. - das als *alef* in der arab. Schrift die Form eines senkrechten Strichs hat - sieht, hält er es für einen Balken" i.S.v. ,keine blasse Ahnung haben').

elifba. Bez. das arab. Alphabet nach den ersten beiden Buchstaben: *elif* ,A' und *ba* ,B'.

Emanat-i mukaddese oder **mukaddes emanetler.** Die im ↑*Topkapı Sarayı* aufbewahrten ,Reliquien' aus der Zeit des Propheten ↑*Muhammad* und seiner unmittelbaren Nachfolger, der rechtgläubigen Kalifen und einiger Prophetengenossen (*sahabe*). Die wichtigsten Stücke sind *Sancak-i şerif* (,Heilige Standarte') und *Hırka-i şerif* (,Mantel des Propheten') sowie einige Waffen. Mit dem Übergang des Serails an die Republik (3.4.1924) wurde die jahrhundertealte Tradition der persönlichen Obsorge der Sultane für die ,Reichsreliquien' abgebrochen. Der Besitz der e.-i m. bildete ein wesentliches Element bei der Legitimation der osman. Sultane als Kalifen (↑*hilafet*). Ihre Rolle als Behüter der Heiligen Stätten Mekka und Medina kam durch die hier aufbewahrten Teile der Ka'ba zum Ausdruck. Heute ist die Reliquien-Kammer des Serails neben ↑*Eyüp* der wichtigste islam. Wallfahrtsort von Istanbul. Religiöse Kreise fordern die Wiederaufnahme der 1924 eingestellten Koran-Lesung beim Mantel des Propheten.

Emekli Sandığı. Von der staatlichen ,Kasse für Pensionäre' bezogen 1988

438 072 Personen Altersbezüge, 15 979
Invalidenrente, 4113 Rente infolge von
Berufsunfällen und 318 953 als Witwen
und Waisen sowie 4735 infolge besonderer Verdienste um das Vaterland
(*vatani hizmet ve madalya*).

Emigranten, deutsche. Während des
nationalsozialistischen Systems wan-
derten ca. 700-800 Personen aus
Deutschland und Österreich in die T.
aus. Unter ihnen befanden sich über 80
Professoren, die an Istanbuler und
Ankaraner Fakultäten Lehraufgaben
übernahmen (u.a. der Chirurg Rudolph
Nissen, der Dermatologe Alfred Mar-
chionini, die Wirtschaftswissenschaftler
Fritz Baade, Fritz Neumark, Wilhelm
Röpke und Alexander Rüstow, der
Jurist Ernst E. Hirsch, die Romanisten
Erich Auerbach und Leo Spitzer sowie
Ernst Reuter, der Fächer wie Städte-
bauwesen, Lokalverwaltung und Ge-
meindefinanzverwaltung unterrichtete).
Die meisten akademischen E. wurden
über eine in der Schweiz gegründete
‚Notgemeinschaft deutsche Wissen-
schaftler im Ausland' vermittelt. Die
Reform der Istanbuler Universität
(↑*Darülfünun*) und der Aufbau der
neuen Hochschulen in Ankara wurde
durch diese Gelehrten wesentlich er-
leichtert.

Emniyet Genel Müdürlüğü (EGM).
‚Generaldirektion für Sicherheit'; die
staatliche Polizei und Ordnungsbehör-
de. Sie ist eine selbständige, dem Innenministerium (↑*İçişleri Bakanlığı*)
zugeordnete Behörde und für alle Polizeiaufgaben, einschließlich der Ver-
kehrsüberwachung zuständig. In den
Bezirken (↑*il*) ist sie durch Direktionen
(*Emniyet Müdürlükleri*), in den größeren Unter-Bezirken (↑*ilçe*) durch *Emniyet Amirlikleri* bzw. *Emniyet Komi-
serlikleri* vertreten.

enderûn. Das ‚Innere' (pers.); bez. die
Gesamtheit der Chargen des Palastes
(↑*Topkapı Sarayı*), die dem Sultan
unmittelbar dienten.

Enzyklopädien ↑ansiklopedi.

er ↑asker.

Erdbeben (türk. *deprem, yer sarsıntısı*
auch arab. *zelzele*). Fast 80% der Bewohner der T. leben in E.-gefährdeten
Gebieten. E. der Stärke 3-4 sind häufig.
Vernichtende Katastrophen der letzten
Jahre trafen die Räume Gerede, Varto
und Van. Trotz intensiver Forschungen
fehlen noch detaillierte geologische
Aufnahmen des Landes. Schon 1895
wurde eine Medaille für Helfer gestiftet
(*hareket-i arz madalyası*). Bei E. und
anderen Naturkatastrophen nimmt ein
interministerieller ‚Koordinationsrat für
Naturkatastrophen' (*Doğal Afetler
Koordinasyon Kurulu*) seine Tätigkeit
auf.

Erdöl (*petrol*). Die wirtschaftliche
Ausbeute von E. auf den Feldern von
Raman und Garzan/Siirt erfolgt seit
1954 durch ↑*Türkiye Petrolleri Anonim
Ortaklığı (TPAO)*, seit den 60er Jahren
beteiligten sich auch ausländische Gesellschaften an der Förderung. Trotz
der großzügigen Zuweisung von Ex-
plorationskonzessionen und einem
hohen Anstieg der Fördermenge (1989
1,8 Mill. t, 1990 2,7 Mill.!) ist die
Importabhängigkeit des Landes ge-
wachsen. Ca. 2/3 des E.s werden aus
arab. Ländern, der Rest aus Iran bezogen. Der Wert der E.-Einfuhren entspricht nach wie vor rund 30% aller
Exporte. Die T. ist wegen der durch sie
führenden ↑*Pipelines* für irak. E. ein
wichtiges Transitland.

Ereğli, auch **Karadeniz Ereğlisi.** Die
nw.-anatolische Stadt ist Mittelpunkt

der ältesten Stahl-Kohle-Kombinate der T. (Demir-Çelik Kömür İşletmesi). - Weitere Träger dieses, von einem antiken Herakleia abgeleiteten Namens sind auch E. bei Konya und E. am Marmara-Meer.

Ergenekon. Von Bergen umgebene Ebene aus der Herkunftslegende der Mongolen und Türken.

Ermeni ↑Armenier.

Erziehungsheim ↑Strafvollzug.

Erziehungsministerium (*Milli Eğitim Gençlik ve Spor Bakanlığı*) ↑Schulen.

Erzurum-Kongreß. Am 21.6.1919 hatte Mustafa Kemal Paşa zu einem Nationalkongreß in Sivas und einem Ostkongreß in Erzurum aufgerufen. Nach seiner Absetzung als Inspekteur der 3.Armee (↑*Samsun*) eröffnete er am 11. Jahrestag der Revolution von 1908 (↑*Jungtürken*) den E.-K. (23.7.-7.8.), bei dem die Satzungen der ‚Vereinigung zur Verteidigung der Rechte Ostanatoliens' angenommen wurden. In Erzurum erinnert ein Schulraum an Stelle des ursprünglichen Gebäudes an diesen wichtigen Ausgangspunkt des Befreiungskriegs.

Eski Eserler ve Müzeler Genel Müdürlüğü. Die ‚Generaldirektion für Antiken und Museen' untersteht dem Ministerium für Kultur und Tourismus. Sie überwacht alle archäologischen Unternehmungen ausländischer Institute im Rahmen des Antikengesetzes und ist die Oberbehörde der meisten Museen (↑*müze*).

eskici. Der Lumpensammler mit oder ohne Karren gehört zum Straßenbild der Städte (vgl. ↑*seyyar*).

Essen. Der Speisezettel der Landbevölkerung und der Mehrheit der Stadtbewohner ist einfach. Die Ernährung ist durch einen zu hohen Anteil an Kohlehydraten in Form von Brot (↑*ekmek*, ↑*simit*), ↑*bulgur* und ↑*Reis* gekennzeichnet. Obst und Gemüse werden überwiegend im Sommer gekauft und im Winter durch Suppen (↑*çorba*) ersetzt. Fleisch wird nur an wenigen Tagen angeboten. ↑*ayran*, ↑*börek*, ↑*kahvaltı*, ↑*kebap*, ↑*lahmacun*, ↑*pastırma*, ↑*pekmez*, ↑*yoğurt*.

Et ve Balık Kurumu (EBK). ‚Fleisch-und Fisch-Organisation'; 1952 gegründete staatliche Ein- und Verkaufsgesellschaft für Fleisch und Fisch mit eigenen Schlachthöfen. Die EBK kontrolliert ca. 1/4 des Marktes und unterbietet in der Regel die Preise der privaten Metzger (↑*kasap*).

Etatismus ↑devletçilik.

Ethik ↑ahlak.

Eti. ‚Hethiter'; die in den 30er Jahre propagierte ‚Türk. Geschichtsthese' (↑*Türk Tarih tezi*) ermöglichte eine Einbeziehung der altanatol. Zivilisationen in ein nationales Geschichtsbild. Das in franz. Aussprache übernommene Wort E. taucht nun an vielen Stellen auf: im Namen eines Stadtteils von Istanbul (Etiler) und eines Dorfes bei Ankara (wo aus Ahi Mesut ‚Etimesgut' wurde), bei der Bezeichnung eines Gebäcks (*Eti Bisküvi*) und vor allem bei der ↑*Etibank*. Die wissenschaftliche Hethitologie wurde an der ↑*Ankara Üniversitesi Dil ve Tarih-Coğrafya Fakültesi* eingerichtet. ↑*Hatay*, ↑*Sümer*.

Etibank. Große staatl. Gesellschaft, die 1935 zur Ausbeutung von Bodenschätzen gegründet wurde. Ihre wichtigsten Erzeugnisse sind heute Bor bzw. Bor- und Eisenchromprodukte.

etnografya. Bez. die Zeugnisse der materiellen Volkskultur (Kostüme, landwirtschaftliches Gerät usw.) und die wissenschaftliche Beschäftigung mit ihnen. Provinzmuseen sind in der Regel in einen archäologischen und einen ethnographischen Teil gegliedert. ↑*folklor.*

Etnografya Müzesi. Erster, von ↑*Atatürk* selbst konzipierter Museumsbau (↑*müze*) der Republik in Ankara (Architekt A. H. Koyunoğlu 1925-1928) mit bedeutenden Kunstwerken des anatolischen Mittelalters und in Derwischkonventen (↑*tekke*) konfiszierten Objekten. Hier war Atatürk nach seinem Tod in ↑*Dolmabahçe* bis zur Fertigstellung des ↑*Anıtkabir* aufgebahrt.

Eunuch ↑*akağa.*

Europa. *Avrupa* steht in der Umgangssprache meist für das zentrale, westliche und nördliche E. Die ‚europäische T.' wird als ↑*Trakya,* selten als *Avrupa Türkiyesi* angesprochen (ebenso ungebräuchlich sind Äquivalente für ‚Asiatische T., Kleinasien'). Die Reformanstrengungen der Atatürk-Periode wurden oft von der Formel „westliche", nicht „europ." Zivilisation (*batı medeniyeti*) begleitet. Am 12.7.1947 nahm die T. an der Europ. Wirtschaftskonferenz in Paris teil. Am 16.4.1948 entschloß sie sich, der auf Vorschlag des amerikan. Staatsministers Marshall gegründeten *Organisation for European Economic Cooperation* (OECD) beizutreten. Am 18.5.1949 wurde eine türk. Gruppe der europ. Parlamentarier-Ver-

einigung gegründet, am 8.8.1949 beschloß der ↑*E.-Rat* in Straßburg die Aufnahme der T.

Europarat (*Avrupa Konseyi*). Die T. ist seit 1949 Mitglied des Europarats und zahlreicher Verträge, die im Rahmen desselben geschlossen wurden. In Straßburg unterhält sie eine ständige Vertretung (*A. K. Nezdinde Türkiye Daimi Temsilciliği*).

Europäische Gemeinschaft (*Avrupa Topluluğu*). Am 31.7.1959 stellte die T. ihren Antrag, um mit der Europäischen Wirtschaftsgemeinschaft (EWG) in Verhandlungen auf Zulassung als assoziertes Mitglied einzutreten. Das Assoziationsabkommen mit dem „Gemeinsamen Markt" (*Ortak Pazar*) wurde am 12.9.1963 abgeschlossen und ist seit 1.12.1964 wirksam. Der Vertrag sieht die Errichtung einer Zollunion zwischen der EWG und der T. vor, an deren Ende eine Voll-Mitgliedschaft stehen *kann.* Die Anpassung der Wirtschaft an die Gemeinschaft sollte innerhalb einer 5-10jährigen Vorbereitungs- und einer 12jährigen Übergangsphase erfolgen. Türkischerseits wird daraus eine besondere Qualität der Beziehungen zur EG abgeleitet, obwohl ein automatischer Beitritt nicht vorgesehen ist. Besondere Bedeutung hat das am 23.11.1970 unterzeichnete Zusatzprotokoll aus 62 Artikeln. Hier werden zahlreiche Einzelheiten vereinbart, um innerhalb von 22 Jahren zu einer Zollunion zu gelangen, die für die meisten Produkte bis 1985 verwirklicht werden sollte. Der türk. Antrag vom 14.4.1987, gemäß Artikel 237 des EWG-Vertrages in die Europ. Gemeinschaft aufgenommen zu werden, wurde von den Gremien der EG 1989/90 vorläufig zurückgewiesen.

evkaf [â]. Arab. Plural von ↑*vakıf.*

Evlendirme Memurluğu. Mit der
↑*Eheschließung* beauftragte Kommunalbehörde.

evliya. Der arab. Plural von ↑*veli* wird
im Türk. als Singular für ‚heiligmäßiger
Mann' verwendet.

Evliya Çelebi. Sprichwörtlich für ‚gro
ßer Weltenbummler', nach dem bedeutenden Reisenden (1611-ca.1683),
dessen zehnbändiges ‚Fahrtenbuch'
(*Seyahatname*) eine Hauptquelle für die
Kenntnis des osmanischen Reichs in
der 2.Hälfte des 17.Jh. darstellt. ↑*çelebi.*

Eyüp. Der Istanbuler Vorort am Rande
des Golden Horns (↑*Haliç*) ist ein
wichtiger Wallfahrtsort. Am angeblichen Grab des Prophetengenossen
Ayyūb / türk E. werden Votivgaben
(↑*adak*) in Form von Schlachttieren
niedergelegt. Man sucht es mit Knaben
nach ihrer Beschneidung (↑*sünnet*) auf.
Hier fand die ‚Schwertumgürtung' des
Sultans als osman. Äquivalent zur
Inthronisation statt.

ezan. ‚Gebetsruf'; der ↑*müezzin* fordert
mit dem e. zu den fünf täglichen Gebeten auf. Der e. besteht aus der Lobpreisung Gottes *Allâhu akbar* (‚Gott ist
groß!'), dem Glaubensbekenntnis, dem
eigentlichen Aufruf zum Gebet und der
wiederholten Lobpreisung. Den Abschluß bildet *lâ ilâha illâ llâh* (‚Es gibt
keinen Gott außer Gott'). Der e. wird
stets in arab. Sprache vorgetragen,
Versuche einer Türkisierung in den
40er Jahren und erneut nach dem 27.5.
1960 blieben erfolglos (an Stelle von
Allâhu akbar sollte *Tanrı uludur* treten).

F

fal. ‚Vorzeichen, Wahrsagen'. Zu den
vielfältigen Methoden, die Zukunft zu
bestimmen, gehört das *f. dikmek* genannte Stechen in ein Koranexemplar
oder das Lesen aus dem Kaffeesatz
bzw. anderen Stoffen (*f. bakmak*).

falaka. ‚Bastonade' (eigentlich der
Holzklotz, an den die Füße des Delinquenten gebunden werden); die bis in
die Anfänge des 20.Jh. übliche schwere
Schulstrafe. Der Istanbuler Schriftsteller Ahmed Rasim (↑*Darüşşafaka*) hat
seine bekannten Kindheitserinnerungen
unter dem Titel F. (1927) veröffentlicht.

Familie. Die F. (*aile*) ist von der *sülale,* dem Geschlecht, zu trennen. Das
Haus Osman ist als Herrscherfamilie
ein *hanedan* (↑*Âl-i Osman*). Auch in
der ländlichen T. ist die sog. patrilineare Großfamilie nicht mehr die Regel,
dominiert aber in ärmeren Verhältnissen. Das Wort *aile* wird von Männern
auch verwendet, wenn sie von der
eigenen Ehefrau sprechen (↑*familya*).

Familiennamen (*soyadı*). Im 1926
übernommenen Schweizerischen Zivilgesetzbuch (↑*Medeni Kanun*) waren
bereits Bestimmungen über F. enthalten, so daß es „unabweislich wurde, die
Annahme von F. zu einem gesetzlichen
Erfordernis zu machen". Das ‚Gesetz
über F.' trat am 1.1. 1935 in Kraft.
Jeder Türke wurde verpflichtet, innerhalb von zwei Jahren nach Veröffentlichung des Gesetzes (d.h. bis 1.7.1936)
einen F. bei den Matrikelämtern eintragen zu lassen. Ein F. sollte nicht
öfters als einmal in einem Einwohneramtsmeldebereich vorkommen. Deshalb
„belegten" viele Bürger die von ihnen

gewählten F. mittels Anzeigen in der Presse. Ab Herbst 1934 veröffentlichten Tageszeitungen von der Sprachgesellschaft (↑*Türk Dil Kurumu*) gemachte Namenvorschläge. Wer sich nicht rechtzeitig auf einen F. festlegte, bekam nach dem 1.7.1936 einen Namen zugewiesen. Kritiker beklagen, daß der Personenname vor dem F. zu stehen hat (die traditionelle Bildung ist etwa *Fındıkoğlu Ziya* statt *Ziya F.*). Das F.-Gesetz griff nicht in die Rechte der christlichen und jüdischen Minderheiten ein. Armenische F. bestehen sehr oft aus türk. Wörtern mit dem patronymischen Suffix -*yan* (z.B. *Karayan*, *Urfaliyan*). Frauen können seit neuestem den Mädchennamen (*kızlık soyadı*) zusätzlich führen und nach Ehescheidung wieder ihren Mädchennamen oder gegebenenfals den ihres Ex-Ehemanns.

familya bedeutet ‚Familie' nur im botan. u. zoolog. Sinn (↑-*gil*). In der Umgangssprache kann es (wie das Wort *aile*) für ‚Ehefrau' stehen. Im 19.Jh. wurde f. gelegentlich auch im gesellschaftlichen Sinn verwendet.

Fasten. Das F. im Monat ↑*Ramazan* wird in der T. mit dem aus dem Pers. stammenden Wort *oruç* bezeichnet. Im *Ramazan* fordern zwischen den Minaretten gespannte Leuchtschriften (↑*mahya*) zur Einhaltung des Gebots: *Oruç tut!* Das festliche Fastenbrechen heißt ↑*iftar*. Für das christl. Fasten kann *perhiz* verwendet werden, ein Wort das ebenso für eine Abmagerungskur steht (wobei in letzter Zeit *rejim yapmak* üblich geworden ist). Nach einer Umfrage des Meinungsforschungsinstituts PİAR fasten 67% aller Türken regelmäßig, 22% gelegentlich und 11% nie.

Fatih. Der Beiname Sultan Mehmets II. (reg. 1444, 1451-1481) aus arab. ‚der Eröffner' (i.S. von ‚der Eroberer' von Byzanz) ist zum beliebten Attribut für Bauwerke (z.B. neue Moscheen, die 2. Bosporusbrücke) und Institutionen geworden. Der F.-Kult in der neuen T. erreichte einen Höhepunkt anläßlich der 500-Jahr-Feier der Eroberung Istanbuls 1953 und der damit verbundenen Wiedereröffnung der Sultans-Mausoleen (↑*türbe*).

Fatiha. Die erste, kurze Koransure (arab. ‚die Eröffnende'); auf Grabsteinen werden die Nachlebenden aufgefordert, zum Gedenken („für seine/ihre Seele") eine F. zu beten (*ruhuna fatiha*).

Faysal Finans Kurumu. Saudische Finanzgruppe, die unter anderem religiöse Stiftungen mit zinslosen Krediten unterstützt.

Feiertage. Mit der Festlegung staatlicher F. am 27.5.1935 wurde der Sonntag anstelle des Freitags (↑*cuma*) zum Wochenruhetag erklärt. Es gibt nationale F. (↑*Cumhuriyet bayramı*, ↑*Gençlik ve Spor bayramı*, *Ulusal Egemenlik bayramı*/*Millî Hâkimiyet ve* ↑*Çocuk bayramı*, ↑*Zafer bayramı*) und religiöse F. (↑*Kurban bayramı*, ↑*Şeker bayramı*) sowie den neutralen Jahresbeginn (↑*Neujahr*). Das ‚Frühlingsfest' (*Bahar bayramı*) am 1.Mai wurde wegen seines zunehmenden Charakters als Tag gewerkschaftlicher Aufmärsche nach 1980 gestrichen. Auf lokaler Ebene finden sog. *Kurtuluş bayramları* statt, die an die jeweilige Befreiung der Stadt während des Unabhängigkeitskriegs erinnern. Darüber hinaus werden Tage zum Gedenken an weiter zurückliegende Siege der Osmanen begangen

(↑*Istanbul*). Rein religiöse Bedeutung haben die vier ↑*kandil*. Vgl. auch den Feiertag der türk. Sprache ↑*Dil Bayramı*.

Fener von griech. *phanar* ,Leuchtturm'; der Istanbuler Stadtteil am Goldenen Horn (↑*Haliç*) mit Sitz des ökumenischen Patriarchats (↑*patrikhane*). Die hier ansässigen ,Phanarioten' bildeten die griechische Oberschicht des späten Osmanenstaates. Auch der asiatische Stadtteil Fenerbahçe mit einem bekannten Fußballverein heißt nach einem Leuchtturm.

ferace. Bis in die Mitte des 19.Jh. von städtischen Osmaninnen getragenes mantelartiges Gewand, das dann vom ↑*çarşaf* abgelöst wurde. Zum f. gehörte als Gesichtstuch das *yaşmak*.

Ferien (*tatil*). Schüler an städtischen Lehranstalten haben in der Regel ab der 2. Juni-Woche, Landkinder schon Mitte Mai F. Das Schuljahr beginnt Mitte September.

Feriendorf ↑kamp, ↑tatilköyü.

Feriköy. Überwiegend von Armeniern bewohnter Stadtteil von Istanbul (Şişli) mit großen islam., arm., griech., bulgar. und kath. Friedhöfen.

ferman [â]. Sultanisches Befehlsschreiben. Unkundige neigen dazu, alle mit dem sultanischen Namenszug (↑*tuğra*) geschmückte Urkunden für f.e zu halten. ↑*Gülhane*.

Fernsehen ↑TRT.

Fernunterricht (*açıköğretim*). Nach mehreren erfolglosen Anläufen besteht seit 1982 eine Fakultät für Fernstudien

an der Universität von Eskişehir (*Anadolu Üniversitesi*) mit einem Stab von ca. 100 Lehrkräften und 22 Studentenbüros, davon zwei im Ausland (Köln und Nikosia). Mit ca. 230 000 Teilnehmern (1989/90) ergeben sich erhebliche organisatorische Probleme. Inhalt des F. sind v.a. die Fächer Betriebswirtschaftslehre, Volkswirtschaft und ein Fachhochschulstudiengang für Pädagogik. Die meisten Studenten arbeiten ausschließlich mit Lehrbüchern. Die Benutzung von audiovisuellen Hilfsmitteln stößt auf zeitliche (Fernsehen) und finanzielle (Video-Kassetten) Hindernisse. Zusätzliche Präsenzstudienphasen (,Nachhilfekurse') sind gebührenpflichtig und nicht obligatorisch. Prüfungen finden als Zwischen- und Jahresabschlußexamen in Provinzhauptorten, an denen sich Studentenbüros befinden, im *multiple-choice*-Verfahren statt.

fes. Der ,Fez' ist ein knappes Jahrhundert (1828-1925) die osman. Kopfbedeckung gewesen. Ursprünglich im westl. Mittelmeerraum zu Hause wurde er über Tunesien nach Istanbul gebracht. Der Reformer-Sultan Mahmut II. (1808-1839) übertrug die Kopfbedeckung von Marine-Soldaten auf das Landheer. Beamte und Militärs hatten den f. im Dienst aufzusetzen. Er wurde unterschiedslos von Muslimen, Christen und Juden getragen. Zahllose Grabstelen sind von steinernen Fesen gekrönt. Für den wachsenden Bedarf wurde eine der ersten staatlichen Manufakturen errichtet (*feshane*), allerdings zogen modebewußte Osmanen aus Österreich importierte Ware vor. Im Laufe des Weltkriegs setzte sich der ↑*kalpak* bei Offizieren durch. Das ,Hutgesetz' von 1925 (↑*Şapka kanunu*) beendete die Verbreitung des f., den man nun als ‚griechische' Kopfbedeckung abwertete.

Festlandssockel (*kıta sahanlığı*). Der Festlegung des F. der türk. Ägäisküste bzw. der griech. Inseln gehört in Verbindung mit der Frage der Hoheitsgewässer in der Ägais (↑*Ege*) neben dem ↑*Zypern*-Problem zu den ernstesten Streitpunkten der T. mit ↑*Griechenland*. Solange eine 3-Meilen-Zonen galt, waren ca. 49% der Meeresoberfläche internationales Gewässer, Griechenland konnte 44%, die T. 7% beanspruchen. Eine Ausdehnung auf 12 Meilen würde zu einer völlig veränderten Lage führen: Die internationalen Gewässer schrumpfen auf 20%, während Griechenlands Anteil auf 72% anwachsen würde, was das Ende der freien Schiffahrt bedeuten würde.

fetva. Islam. Rechtsauskünfte; die bekanntesten f. des 20.Jh. stammen vom Scheichülislam Dürrî-Zâde Abdullah und vom Müftü von Ankara, Börekçi-Zâde Mehmed Rifat Efendi. Ersterer hatte am 11.4.1920 die Tötung der (von ↑*Mustafa Kemal* organisierten) ‚Rebellen' auf Befehl des Kalifen (↑*Mehmet VI*.) zur religiösen Pflicht erklärt, letzterer am 5.5. ein berühmtes Gegen-*fetva* erlassen. Nach einem Gesetz aus dem Jahr 1965 zählt zu den Aufgaben des „Hohen Rats" (*Din İşleri Yüksek Kurulu*) innerhalb des Präsidiums für Religionsangelegenheiten (↑*Diyanet İşleri Başkanlığı*) u.a. „das Ausarbeiten von Antworten auf mit dem Glauben zusammenhängende Fragen". Diese, noch heute *fetva* genannten ‚Antworten' können auch von den ↑*müftüs* in den Provinzen (↑*il*) erteilt werden. Während Fragen und Antworten der *Diyanet*-Behörde in der Regel nicht veröffentlicht werden, gibt es in

religiösen Zeitungen und Zeitschriften entsprechende Kolumnen sowie zahlreiche Sammlungen von f. in Buchform. Die meisten Anfragen von Gläubigen betreffen Fragen der Pflichtenlehre und des Familienrechts.

fırın heißt der Backofen bzw. der Laden eines Bäckers, der meist auf eine Brotsorte (↑*ekmek*) spezialisiert ist.

Film (*film*). Der türk. F. war vor den 60er Jahren fast bedeutungslos. Die kemalistische T. hatte seine Möglichkeiten als Propagandainstrument nicht erkannt. Extremer Kapitalmangel führte zum Import ägyptischer, ab Mitte der 50er Jahre amerikanischer Streifen. Die ersten einheimischen Produktionen standen in engem Zusammenhang mit der Welt der Istanbuler Bühnen. Ein Kritiker sprach von „Filmen mit angeklebten Bärten, Tränendrüsenfilmen, Bauchtanzfilmen, Sexfilmen, verfilmten Sagen und Schnulzen mit ↑*arabesk*-Musik". Das liberale Klima nach 1961 förderte auch die F.-Wirtschaft, die das Land bald zu einem der größten Produzenten im Weltmaßstab machten. Die soziale und politische Realität des Landes wurde erst sehr spät und ausschnittweise vom F. zur Kenntnis genommen. Der Schauspieler Yılmaz Güney wurde als Regisseur Vorbild der jüngsten Generation, vertreten u.a. durch Erden Kiral, Ali Özgentürk, Zeki Ökten. Heute steht *Yeşilçam*, das türk. Hollywood, unter stärkstem Konkurrenzdruck des Videogeschäfts und des Fernsehens (↑*TRT*). Der Besucherrückgang seit 1984 hat zu einem drastischen Kinosterben (↑*sinema*) geführt. Leinwandhelden wie Cüneyt Arkın (Filme: *Kara Murat, Battal Gazi, Malkoçoğlu*) liefen zum Fernsehen über, die Schauspielerin Fatma Girik kandidierte erfolgreich für das Bürgermeisteramt von İstanbul-Şişli.

Film Denetleme Kurulu. ‚Film Kontroll-Rat'; Genehmigungsinstanz für in- und ausländische Filme, unter dem Vorsitz eines Vertreters des Innenministeriums (↑*İçişleri Bakanlığı*). Gegen die Entscheidungen der F.D.K. kann beim ‚Oberen Film-Kontroll-Rat' (*Film Denetleme Üst Kurulu*) Einspruch erhoben werden. Die Ergebnisse werden monatlich in der Zeitschrift *Film Market* veröffentlicht.

Finanzsystem und Finanzverwaltung. Nach einer ersten umfassenden Steuerreform im Jahr 1924 wurde der ‚Zehnte' (↑*aşar*) abgeschafft. Die neue Form der Einkommensbesteuerung lehnte sich zunächst an das französische System an. Erst nach dem Zweiten Weltkrieg wurden verschiedene Teilreformen vorgenommen, die nach 1981 erheblich geändert wurden. Die Einkommensteuer einschließlich der Körperschaftsteuer übertrifft alle anderen Steuerarten bei weitem und macht den größten Teil der Staatseinnahmen aus. Zwar sind große Teil der Bevölkerung von der Einkommensteuer befreit (Kleinbauern mit weniger als 310 ↑*dönüm* Ackerland, ambulante Handwerker), doch bildet der hohe Steuersatz auf Löhne und Gehälter abzüglich der Beiträge an die Sozialversicherung (↑*Sosyal Sigortalar Kurumu*) ein Element sozialer Ungerechtigkeit. Zur Ermittlung dient eine Steuertabelle, die derzeit von 25-55% je nach Einkommen reicht.

Das Finanzministerium (*Maliye Bakanlığı*) erfüllt neben der 'Staatlichen Planungsorganisation' (↑*Devlet Planlama Teşkilatı*) auch wirtschaftspoli ısche Aufgaben. Auf der Ebene der Provin-

zen (↑*il*) bestehen ‚Oberfinanzdirektionen'. Bei den Finanzämtern (*defterdarlık*) wird zwischen gemischten und spezialisierten Ämtern (z.B. für die Grundsteuer) unterschieden.

fitre (aus arab. *fitra*). Spende (*sadaka*), die im Fastenmonat (↑*Ramazan*) in bestimmter Höhe gegeben werden muß.

Flagge ↑bayrak, ↑sancak.

Fliegender Händler ↑seyyar.

Florya. Strandbad von Istanbul am Marmara-Meer. Berühmt durch die Sommerresidenz ↑*Atatürks* (1934). Heute nutzt der Präsident der Republik eine Villa am Bosporus (↑*Tarabya*).

Flüchtling ↑Bevölkerungsaustausch, ↑Emigranten, ↑göçmen, ↑tehcir.

folklor. Der Gegenstand der ‚Volkskunde' (als akad. Fach *halkiyat* bzw. *halkbilim*) sind v.a. die mündliche Überlieferung, Sitten und Gebräuche, Volksmusik- und Volksmedizin. Im Mittelpunkt stehen sprachliche Zeugnisse wie Rätsel, Sprichwörter, Abzählreime, Märchen, Sagen und Lieder. Vgl. zur materiellen Kultur ↑*etnografya*.

Folklor Araştırmaları Kurumu. ‚Gesellschaft für volkskundliche Forschungen'; 1955 als ‚Vereinigung für das Studium der Kunst und der Überlieferung des türk. Volks' von Fuat Köprülü begründet.

Folter ↑işkence.

Forschung. Die Ausgaben für Forschung liegen bei ca. 2 Promille des Bruttosozialprodukts (110 Millionen

US-Dollar; vgl. BRD 2-3%, 19 Milliarden). Die Bedeutung der Hochschulforschung nimmt ab. Das wichtigste staatl. F.-instrument ist ↑*TÜBİTAK*.

Forstwesen ↑ Orman Genel Müdürlüğü.

Französisch (*Fransızca*). Nachdem F. Mitte des 19.Jh. ↑*Italienisch* als wichtigsten Vermittler westl. Terminologie abgelöst hatte, nahm die moderne türk. Sprache Tausende von franz. Wörtern auf. Direkte Übernahmen wie *bulvar* (< boulevard), *egzoz* (Auspuff), *ordövr*, *portföy*, *sirk* usw. stehen neben Mischformen wie *egemenlik* (Hegemonie) und ↑*okul* (Schule) sowie zahlreichen Lehnübersetzungen (*chemin de fer* > *demiryolu*, ‚Eisenbahn‘). Nach dem 2. Weltkrieg wurde F. mit Ausnahme weniger Hochburgen (↑*Galatasaray*) im Bildungswesen auf den zweiten bzw. dritten Platz nach Englisch und Deutsch verdrängt.

Frauen (*kadın, hanım*). Die jungtürk. Revolution von 1908 löste zahlreiche Emanzipationsbestrebungen aus. Noch vor dem Weltkrieg wurde eine Gesellschaft für F.-Rechte gegründet, und es erschienen Zeitschriften, die sich nur an F. wandten (*Kadınlar Dünyası*). Während der Balkankriege arbeiteten erstmals muslim. Türkinnen in Lazaretten des Roten Halbmondes (↑*Kızılay*). Im Weltkrieg und Befreiungskrieg leisteten F. in vielen, bisher Männern vorbehaltenen Bereichen unentbehrliche Dienste (Munitionstransporte, Fernmeldewesen, Fabrikarbeit). 1917 wurde das Eherecht reformiert. Eine Frau konnte fordern, daß ihr Mann keine weitere Frau nehmen wird bzw. die zweite Frau aus der Ehe entläßt. Einschneidend war die Einführung eines modernen Familienrechts 1926 (↑*Medeni Kanun*). Ende der 20er, Anfang der 30er Jahre gab es bereits in den meisten bürgerlichen Berufen einige weibliche Vertreter (↑*Rechtsanwalt*). Die Koedukation wurde ab 1925 in allen Schulformen ermöglicht. Der ↑*Analphabetismus* bei F. (1985 31,77%, Männer: 13,45%) konnte jedoch noch nicht vollständig überwunden werden. Das F.-Wahlrecht wurde zwischen 1930 und 1934 (↑*Wahlen*) eingeführt. Unter dem Signum *Papatya* (‚Gänseblümchen‘) besteht eine Vereinigung für die Förderung der F.-Bildung unter dem Patronat der Gattin des Präsidenten. Auffällig ist der hohe Frauenanteil im Hochschulbereich (1989: 9810 Akademikerinnen, d.s. 32,2%, bei ordentlichen Professoren beträgt er 20%). ↑*vali*.

Freimaurer ↑mason.

Freitag ↑cuma.

Freitagspredigt ↑cami, ↑hutbe.

Fremdwörter. Die Arbeit der türk. Sprachgesellschaft (↑*Türk Dil Kurumu*) ist u.a. auf die Substitution von F. durch türk. Bildungen gerichtet. Während der arab. und pers. Anteil am türk. Lexikon ständig sinkt, ist das Einströmen europ. Wörter kaum aufzuhalten (↑*Fußball*, ↑*Französisch*). Dennoch wurden für wichtige Neuerungen Ersetzungsvorschläge gemacht, die die Sprechergemeinschaft annimmt (z.B. ↑*bilgisayar*). Vgl. auch ↑*galatı meşhûr*, ↑*Rechtschreibung*.

frenk. Der Sammelname ‚Franke‘ für alle Westeuropäer ist außer Übung gekommen, ironisch werden f. und seine Ableitungen als Kontrast zu einheimischen Mahlzeiten, Moden, Gewohnheiten und Sitten benutzt (↑*alafranga*). Vgl. aber z.B. in neutraler Verwendung *frenkgömleği* ,Frackhemd'.

Freund. Ein enger persönlicher Freund kann *dost* (pers.) genannt werden, neutraler ist das Wort *arkadaş*, noch weitere Kreise meint *ahbap*. Die Nachsilbe *-daş/taş* wird zur Bildung von *ad hoc* oder über Tätigkeiten vermittelte Gemeinsamkeiten verwendet (Kollege: *meslektaş* [von ,Beruf'], *vatandaş* ,Volksgenosse' i.S.v. Staatsbürger'), ,Genosse' *yoldaş* [von ,Weg'] oder scherzhaft etwa *sigaradaş* ,der die gleiche Zigarettensorte raucht'.

Friedhof ↑cenaze.

Friedensschlüsse ↑Ayos Stefanos, ↑Berliner Kongreß, ↑Gümrü, ↑Lausanne, ↑Mudanya, ↑Mudros, ↑Sèvres.

Frühling ↑Hıdırellez.

Frühlingsfest ↑Feiertage.

Frühstück ↑kahvaltı.

fuar von franz. *foire* ,Jahrmarkt'. Bezeichnung für Messe im modernen Sinn (früher *panayır*). Die bedeutendste Industrie-Messe findet alljährlich in İzmir mit einem großen Aufgebot aus ,eingeflogenen' Istanbuler Show-Stars statt. Der zweitwichtigste Messe-Platz ist Samsun.

Fußball (*futbol*). Die älteste türk. F.-Mannschaft entstand 1901 unter dem Namen *Black Stockings* in Istanbul, während Minderheiten schon früher den Ball traten. Die engl. Terminologie beherrscht seitdem die F.-Sprache (z.B.

avantaj [advantage], *gol* [goal], *korner* [corner], *şut* [shoot], *vole* [volley]). Die noch heute führenden Klubs ↑*Galatasaray* und Fenerbahçe (↑*Fener*) wurden 1905 bzw. 1907 gegründet. 1923 entstand die *Türkiye Futbol Federasyonu*, die kurz danach der FIFA beitrat. Bis 1983/4, als Trabzonspor zum ersten Mal Meister (*şampiyon*) der Nationalliga (*Türkiye 1. Ligi*) wurde, teilten sich die Istanbuler Vereine Fenerbahçe, Galatasaray und ↑*Beşiktaş Jimnastik Kulübü* als die ,Drei Großen' (*Üç Büyükler*) den Meistertitel. Der angesehenste Pokal wird seit 1966 vom Präsidenten der Republik verliehen (*Cumhurbaşkanlığı Kupası*). Seit den 50er Jahren engagieren türk. Vereine auch ausländ. Trainer (*antrenör, teknik direktör*) und Spieler, insbesondere aus Jugoslawien, gelegentlich aus Deutschland. F.-Nachrichten beanspruchen in der ↑*Presse* in der Regel die gesamte letzte Seite.

Fünf-Jahres-Plan (*Beş Yıllık Kalkınma Planları*). Die wichtigsten Planungsziele werden seit 1963 in ,Fünf-Jahres-Entwicklungsplänen' definiert. Wegen Unstimmigkeiten innerhalb der Regierungskoalition trat der 4. BYKP erst 1979 statt 1978 in Kraft. ↑*Devlet Planlama Teşkilatı*, ↑*Yüksek Planlama Kurulu*.

G

galatı meşhûr. Weit verbreitete, jedoch von der Sprachgemeinschaft akzeptierte Inkorrektheit; bei der Einbürgerung zahlreicher arab. und pers. Wörter ins Türk. wurde nicht selten gegen Bildungsgesetze dieser Sprachen verstoßen. Die Grammatiker des späten

19.Jh. duldeten bestimmte Fälle als g.m. Heute werden selbst von Kritikern der Sprachreform (↑*Türk Dil Kurumu*) einige erfolgreiche Neubildungen akzeptiert, auch wenn sie in formaler Hinsicht zweifelhaft sind: *aday* ‚Kandidat‘ für pers. *namzed, araç,* ‚Verkehrsmittel‘ für arab. *vasıta, belge* ‚Dokument‘ für arab. *vesika, çoğunluk* ‚Mehrheit‘ für arab. *ekseriyet, görev* ‚Pflicht‘ für arab. *vazife, komutan* ‚Befehlshaber‘ für fr. *kumandan, seçenek* ‚andere Wahl‘ für fr. *alternatif, yoldüzer* ‚Straßenraupe‘ für engl. *buldozer.*

Galata. Das ehemalige Genuesen-Viertel Istanbuls unterhalb von ↑*Beyoğlu* am Goldenen Horn (↑*Haliç*) mit zahlreiche Niederlassungen ausländischer Firmen. In osman. Zeit lagen die meisten Gesandtschaften bei der Pforte (mit Ausnahme des Irans) in G. und dem benachbarten Pera. ↑*tünel.*

Galata Köprüsü. Obwohl schon Leonardo da Vinci für Sultan Bayezit II. den Plan einer Brücke über das Goldene Horn (↑*Haliç*) vorgelegt hatte, kam es erst 1837/38 zum Bau des Vorgängers der heutigen Atatürk-Brücke. Die erste Brücke von Karaköy/Galata nach Eminönü auf der Altstadt-Seite entstand 1845. Ihre jüngste Ausführung wird 1991/2 fertiggestellt. Sie ist *die* Brücke geblieben mit einem besonderen Symbolwert als Verbindung des konservativ-muslimischen ‚Stambul‘ (↑*Istanbul*) mit dem kosmopolitischen Galata bzw. Beyoğlu.

Galata Mevlevihanesi ↑divan edebiyatı, ↑Mevlevis.

Galatasaray. Die bis ins 15.Jh. zurückreichende Anstalt zur Erziehung von Palastchargen wird in der ↑*Tanzimat-* Zeit als höhere Schule für muslimische und nicht-muslimische Untertanen neubegründet (1867/8). Den Unterricht erteilten franz. und türk. Lehrer. Die *Mekteb-i Sultanî* (etwa *Lycée Impériale*) wurde 1924 dem ‚Gesetz zur Vereinheitlichung des Unterrichts‘ (↑*Tevhid-i tedrisat kanunu*) unterworfen. An der Rolle des ↑Französischen und einem gewissen *esprit de corps* unter den alten Absolventen der nunmehr *G. lisesi* genannten Schule hat sich nichts geändert.

GAP ↑Güneydoğu Anadolu Projesi.

gar. Empfangsgebäude einer Bahnstation (*istasyon*), Bushöfe heißen *otogar, terminal* oder ↑*garaj.*

garaj bezeichnet nicht nur eine Autoreparaturwerkstatt oder -wartungsstation, sondern auch den zentralen Autobus-Bahnhof einer größeren Stadt. Die g. oder *otobüs terminalı* liegt heute meist am Stadtrand und wird mit kleinen Bussen und Taxis mit dem Zentrum verbunden. Ein g. umfaßt die Buchungsbüros der Busfirmen, gastronomische Einrichtungen, einen Betraum und Läden.

garson ist der Kellner (ein Wort für Kellnerin fehlt). Man redet ihn in besseren Lokalen als *garson bey* (‚Herr Ober!‘) an.

Gastarbeiter ↑gurbetçi.

Gastarbeitertürkisch. Germanismen haben sich des Türk. der Sprecher der ersten Generation in kennzeichnender Weise bemächtigt (im Bereich des deutsch-türk. Lexikons: *akort çalışmak* ‚Akkord arbeiten‘, *ferzey bakmak* ‚fernsehen‘, *kranka çıkmak* ‚sich krank melden'). Rasch werden auch Interjektionen integriert, während der Satzbau erst nach längerem Aufenthalt und in den nachfolgenden Generationen durch die andere Sprache beeinflußt wird.

gavur (türk Ausspr. von arab. *kâfir*). ‚Ungläubiger'; streng genommen kann ein Christ oder Jude nach islam. Doktrin nicht des Unglaubens bezichtigt werden, doch wird g. in der T. abwertend für Nicht-Muslime eingesetzt. Es ist zugleich ein gängiges Schimpfwort bei Auseinandersetzungen unter Türken. *gavurca* (‚in der Art der Ungläubigen sprechen') wird volkstümlich für ‚westliche Idiome' gebraucht, etwa Englisch (nicht Persisch oder Arabisch). Neuerungen usw. kann man scherzhaft als *gavur icadı* (‚Erfindung der Ungläubigen') ansprechen.

gazete. Zeitung aus ital. *gazetta*. Die auflagenstärksten Tageszeitungen sind *Hürriyet* (ca. 600-700 000), *Milliyet* (ca. 300 000) und *Günaydın* (ca. 250 000). Politisch einflußreich für das Spektrum Mitte-Links ist nur *Cumhuriyet*, für die nationalreligiöse Rechte *Tercüman*. Ein Abonnement ist nicht üblich. Zeitungen werden über Straßenverkäufer oder beim Gemischtwarenhändler (↑*bakkal*) bezogen. ↑*dergi*, ↑*Presse*.

gazeteci. 1. Zeitungsverkäufer, 2. Journalist.

gazi. Eigentlich ‚Sieger in einem Glaubenskrieg'. Sultane führten den Titel nach einem gewonnenen Krieg (zuletzt ↑*Abdülhamit II.* wegen des erfolgreichen Thessalienfeldzuges gegen Griechenland 1897). In der modernen T. sind g. die Teilnehmer des Befreiungs-

kriegs (↑*Kurtuluş savaşı*). 1988 wurden noch 4825 ‚letzte g.' registriert. *Der* Gazi ist seit 1924 ↑*Mustafa Kemal Paşa* (manchmal mit dem Zusatz ‚Erretter': *Halaskar G.*). ↑*cihat*, ↑*Ortsnamen*.

Gazi Eğitim Enstitüsü. Die große republikanische Lehrerbildungsanstalt in Ankara ist heute zur Gazi Üniversitesi ausgebaut.

Gazi Orman Çiftliği. Mustergut mit Ausflugsrestaurant bei Ankara. ↑*Devlet Üretme Çiftlikleri*.

gazino. Große, privat geführte Musikhallen bzw. Sommerrestaurants mit Bühnenbetrieb. Hier treten v.a. Gesangsstars auf (↑*arabesk*). Die Einnahme eines vollständigen Menus ist mit einem g.-Besuch stets verbunden.

gazoz (von franz. [*boisson*] *gazeuse*). Sammelbezeichnung für in Flaschen abgefüllte, sprudelnde Erfrischungsgetränke.

Gebet. Der Islam kennt neben dem freien Gebet (*du'a*) das Ritualgebet. Im Türk. wird der arab. Bez. *salât* das pers. Wort ↑*namaz* vorgezogen

Gebetskette ↑tespih.

Gebetsnische ↑mihrap.

Gebetsruf ↑ezan.

Geburtenkontrolle. Die pronatalistische Politik der frühen Republik hatte das Ziel, die hohen Verluste der Kriegsjahre 1912-1922 auszugleichen. Es wurde angestrebt, innerhalb von zehn Jahren die Bevölkerung um 10-15 Mill. junge Menschen zu vermehren.

Mit dem Gesetz zur Familienplanung von 1965 wurde die G. erstmals geregelt (↑*Abtreibung*).

gecekondu. Wörtl. ‚über Nacht hingesetzt'. Der Ausdruck taucht zum ersten Mal im Wörterbuch des ↑*Türk Dil Kurumu* von 1945 auf. Es handelt sich um eine in jedem Fall illegale Siedlungsform auf (meist) öffentlichem Land im Umfeld der Städte. Die türk. Großstädte hatten bis in die 50er Jahre ein durchschnittliches Wachstum von 3%, mit der Mechanisierung der Landwirtschaft (↑*traktör*) stieg der Zuwachs bald auf 9%. Die Folge war ein g.-Gürtel, der in vielen Fällen 40-50%, in Ankara an die 70% der Wohnbevölkerung aufnimmt. Viele ehemalige g. (z.B. Zeytinburnu als Teil von Bakırköy/İstanbul) haben sich durch einen enormen Anstieg des Bodenwerts zu durchschnittlichen Wohnvierteln entwickelt. Das g.-Gesetz von 1966 ermöglicht die Legalisierung (↑*Amnestie*) sanierungsfähiger g.-Bezirke und den Abriß der übrigen. Im g. gelten oft noch die dörflichen Traditionen, obwohl die Familienmitglieder völlig anderen Beschäftigungen nachgehen.

Gefängnis ↑Strafvollzug.

Geheimdienst ↑Milli İstihbarat Teşkilatı.

Geld ↑kuruş, ↑lira, ↑para.

Gelehrte ↑ulema.

gelin. ‚Braut'; die Bez. haftet auch nach der Heirat an der Schwiegertochter. Man sagt *Gelin eşikte, oğlan beşikte* „Wenn die Braut auf die Schwelle tritt, ist das Söhnchen in der Wiege [nicht fern]".

Gençlik parkı. ‚Jugend-Park'. Der vom Architekten Jansen entworfene Stadtpark ↑Ankaras mit Restaurants und Vergnügungsanlagen (↑*Kültür parkı*, ↑*lunapark*).

Gençlik ve Spor Bakanlığı. In das 1969 eingerichtete ‚Ministerium für Jugend und Sport' wurde die seit 1938 bestehende ‚Generaldirektion für Leibesübungen' (*Beden Terbiyesi Genel Müdürlügü*) eingegliedert. Alle Sportvereine (*spor kulüpleri*) sind hier registriert. Das Ministerium wurde 1983 mit dem Erziehungsressort (↑*Milli Eğitim [Gençlik ve Spor] Bakanlığı*) zusammengelegt.

Gençlik ve Spor bayramı. Der ‚Feiertag der Jugend und des Sportes' erinnert an Atatürks Landung in ↑*Samsun* am 19.9.1919. Er wird seit 1927 inoffiziell, seit 1938 auf der Grundlage eines Gesetzes gefeiert. Schauplatz sind vor allem Massensportveranstaltungen in Stadien (die zentrale Feier findet im 19 Mayıs Stadı von Ankara statt).

Gendarmerie ↑ Jandarma Genel Komutanlığı.

Genel Müdür. ‚Generaldirektor', Chef einer obersten Behörde (*Genel Müdürlük*). Der g.m. einer Handelsgesellschaft entspricht dem Geschäftsführer.

Genel Nüfus Sayımı (GNS). ‚Allgemeine Bevölkerungszählung'; die GNS findet seit 1927 im 5-Jahres-Abstand statt. Mit der Durchführung ist das ↑*Devlet İstatistik Enstitüsü (Başkanlığı)* betraut. Für die GNS sind Oktober-Sonntage vorgesehen. Während der Zählung, bei der mehr als 400 000 Beamte mit umfangreichen Fragebogen (*soru kağıdı*) unterwegs sind, herrschte bis 1990 Ausgangsverbot (↑*Sokağa çıkma yasağı*). Die demographischen Daten der T. gehören zu den zuverlässigsten im internationalen Vergleich, allerdings werden seit 1965 keine Angaben zur Muttersprache mehr veröffentlicht. Neben der GNS gibt es auch Teilzählungen, die mit dem deutschen Mikrozensus verglichen werden können.

genelev. ‚Allgemeines Haus, Bordell' ist eine Türkisierung vom gleichbedeutenden arab.-pers. *umumhane*. Gebräuchlicher ist allerdings das aus dem Pers. übernommene *kerhane* (wörtl. ‚Arbeitshaus').

Genelkurmay Başkanı. ‚Chef des Generalstabs'. Nach Art.117 der Verfassung erfüllt der G. im Kriegsfall die Aufgaben des Präsidenten als Oberbefehlshaber. - Die Trennung zwischen Militär und Politik geht auf das Jahr 1924 zurück, als das Generalstabsministerium mit der Begründung aufgelöst wurde, „daß alle zivilisierten (*medenî*) Nationen und Regierungen" die Armee von politischen Strömungen fernhielten. Dennoch ist die Stellung des G. im Vergleich zum Minister für Nationale Verteidigung (↑*Milli Savunma Bakanlığı*) außerordentlich stark geblieben. Die militärischen Interventionen der Jahre 1971 (↑*muhtıra*) und 1980 gingen jeweils vom G. aus. ↑ *Çankaya*.

Generaldirektion für Sicherheit ↑Emniyet Genel Müdürlüğü.

Generalstab ↑Genelkurmay başkanı.

Genossenschaftswesen ↑kooperatifçilik.

Gerichtswesen. Die Aufgaben der obersten Gerichte und Militärgerichte werden in der ↑*Verfassung* beschrieben (↑*Anayasa Mahkemesi*, ↑*Yargıtay*, ↑*Danıştay*, ↑*Askerî Yargıtay*). Die Gerichte sind unabhängig, d.h. weisungsfrei bei der Ausübung ihrer Rechtssprechungstätigkeit. Bei den Verhandlungen gilt das Prinzip der Öffentlichkeit. Entscheidungen müssen schriftlich begründet werden. Die wichtigste Besonderheit im Aufbau der ordentlichen Gerichtsbarkeit (*adliye mahkemeleri*) ist das Fehlen einer zweiten Tatsacheninstanz. Die Folge ist eine notorische Überlastung der Revisionsgerichte (*temyiz mahkemesi*). Gerichte erster Instanz sind *Asliye*, *Sulh M.* (Amtsgerichte für Zivil- und Strafsachen), ↑*Devlet Güvenlik M.* (Staatssicherheitsg.), *Askeri M.* (Militär), *İdare M.* (Verwaltungsg.), *Vergi M.* (Steuerg.), *İş M.*(Arbeitsg.) u.a.

Geschichtsthese ↑Türk Tarih tezi.

Gesellschaft ↑cemiyet, ↑ortaklık, ↑sosyete, ↑toplum.

Gesetz ↑kanun.

Gesetz zur Industrieförderung ↑Teşvik-i sanayi kanunu.

Gesetz zur Vereinheitlichung des Unterrichts ↑Tevhid-i tedrisat kanunu.

Gesundheitswesen. Die Statistik weist eine stark wachsende Zahl von Gesundheitspersonal (*sağlık personeli*) aus. Man unterscheidet Fachärzte (*mütehassıs hekim*), Allgemeinärzte (*pratisyen hekim*), Zahnärzte (*diş hekimi*) sowie Krankenschwestern (*hemşire*), Hebammen (*ebe*), Sanitäter/Krankenpfleger (*sağlık memuru/hasta bakıcı*) und Apotheker (*eczacı*). Kennzeichnend ist der große Unterschied zwischen der

Versorgung in den großen Zentren und der Provinz. Während das Verhältnis von Fach- und Zahnärzten in Istanbul, Ankara oder İzmir zur Einwohnerzahl deutschen Gegebenheiten nahekommt, liegt die Zahl von praktischen Ärzten selbst in den Großstädten weit unter mitteleuropäischen Standards. Ähnliches gilt für die Zahl der Krankenhausbetten. Seit auch bei ↑*Bağ-Kur* versicherte Personen in die Kliniken der ↑*Sosyal Sigortalar Kurumu* aufgenommen werden können, hat die Belastung der SSK zugenommen. Dennoch sind ca. 22 Mill. Ew. ohne Absicherung. Indikatoren für die Volksgesundheit sind auch Daten zur Lebenserwartung, Morbiditätsstatistiken und Raten für Mütter- und Kindersterblichkeit. Unter meldepflichtigen Infektionskrankheiten (*bildirilmesi zorunlu bulaşıcı hastalıklar*) fällt u.a. Lepra (*cüzam*) auf mit (1987) 3.614 Erkrankungen, jedoch keinem Todesfall seit 1982. Bei der Säuglingssterblichkeit (83 bei 1000 Lebendgeborenen) sind Lungenentzündungen und Diarrhoe nach wie vor die Hauptursachen bei einem leichten Rückgang seit 1985. Der Anteil der Ausgaben für das G. am Bruttosozialprodukt beträgt, bei rückläufiger Tendenz, 1990 3,0%.

Getränke ↑ayran, ↑bira, ↑boza, ↑çay, ↑gazoz, ↑kahve, ↑rakı, ↑şarap, ↑şerbet.

Gewerbeviertel ↑site.

Gewerkschaften (*sendika*). Die Anfänge einer organisierten G.-Bewegung reichen bis in die jungtürk. Zeit zurück (erstes Gesetz über Arbeitsniederlegung 1909). Die ↑*Verfassung* von 1924 sah zwar das Versammlungs- und Vereinigungsrecht vor, doch kann man ab Mitte der 20er Jahre von einem allgemeinen Verbot von G. sprechen. 1933 wurden ↑*Streiks* (*grev*) strafrechtlich geahndet, 1938 ein Gesetz erlassen, das Vereine, die sich auf das ‚Klassenprinzip' stützten, verbot.

Das erste Gesetz über G. und Arbeitgeberverbände stammt aus dem Jahre 1947. Die damals eingerichteten ‚Arbeiterbüros' (*İşçi Bürosu*) der Volkspartei (↑*Cumhuriyet Halk Partisi*) wiesen schon auf den engen Zusammenhang zwischen G.-Bewegung und ‚Linkskemalisten' hin. Alle G. wurden 1952 zu einer ‚Konföderation der Türkischen Arbeiterg.' zusammengeschlossen (*Türkiye İşçi Sendikaları Konfederasyonu/Türk-İş*). Die Gründung eines linken Dachverbands (‚Konföderation der revolutionären Arbeitergewerkschaften' ↑*Devrimci İşçiler Sendikaları Konfederasyonu/*DİSK) 1967 führte zu einer Polarisierung der G. Die jüngste Verfassung hat wesentliche Einschränkungen für die Tätigkeit der G. im Bereich des Rechts auf Streik sowie die Zugehörigkeit von G. für Angehörige des öffentlichen Dienstes mit sich gebracht. Neben *Türk-İş* mit über 30 Mitgliedsgewerkschaften bestehen heute nationalistisch (*MİSK*) und religiös (*HAK-İş*) ausgerichtete Verbände.

-gıl/-gil. Nachsilbe, traditionell für ‚Hausnamen' verwendet, (Hüseyingiller: ‚Hüseyin und die Seinen'), später zur Neubildung von Familiennamen: Dr. Mehmet Aslangil. In der botan. und zoolog. Terminologie faßt es Familien (↑*familya*) zusammen (z.B. *kabakgiller* Kürbisgewächse).

Gırgır. Die wegen ihrer drastischen, gewollt-unkünstlerisch angelegten Comics beliebteste satir. Zeitschrift der T. (gegr.1972) verlor 1989 ihre Unabhängigkeit durch Verkauf an eine große Verlagsgruppe.

Giritli. Muslim. Aussiedler aus Kreta (Girit) mit griech. Muttersprache wurden in zahlreichen Städten und Dörfern der türk. Mittelmeerküste angesiedelt (vgl. die Ferienorte Bodrum/Muğla, Kuşadası/Aydın und Manavgat/Antalya).↑ *Bevölkerungsaustausch.*

Glaubensbekenntnis ↑şehadet.

GNS ↑Genel Nüfus Sayımı.

Goldenes Horn ↑Haliç.

Gouverneur ↑vali.

göbek adı. Der ‚Nabelname' wird unmittelbar nach der Geburt verliehen. Oft wählt man den Namen von Groß- bzw. Urgroßvater oder Groß- bzw. Urgroßmutter.

göbek dansı. ‚Bauchtanz' ist kein einheim. Wort, sondern die Turkisierung von franz. *danse du ventre.*

göbek taşı. ‚Mittelstein'; Marmorabsatz im Zentrum eines ↑*hamam,* auf dem man schwitzt und sich massieren läßt.

göçmen, ‚Flüchtling' (ältere Bez. *muhacir).* Sammelwort für alle muslimischen Einwanderer aus Südosteuropa (↑*Bosna,* ↑*Giritli,* ↑*Pomaken),* der Krim (↑*Tatar)* und den Kaukasusländern (↑*Tscherkessen)* seit Mitte des 19.Jhs. Ihre Ansiedlung in eigenen Dörfern und Stadtvierteln stellte schon die osman. Verwaltung vor schwierige Aufgaben. Nach dem ↑*Bevölkerungsaustausch* mit Griechenland Anfang der 20er Jahre bildeten nach 1945 die g. aus ↑*Bulgarien* die größte Gruppe.

Gölbaşı. Ort bei Ankara mit Sonderschule und Rehabilitationszentrum für geistig behinderte Kinder (unterstützt von der ‚Stiftung für die Erziehung und den Schutz geistig behinderter Kinder': *Zihinsel Yetersiz Çocukları Yetiştirme ve Koruma Vakfı).*

Gölcük. Die wichtigste Werft (*tersane)* der Seestreitkräfte (*Deniz Kuvvetleri)* im Marmara-Meer entstand Ende der 20er Jahre z.T. mit deutscher Hilfe. Gleichzeitig wurde der Kreuzer ↑*Yavuz Sultan Selim* von franz. Ingenieuren (Penhoët, St.Nazaire) überholt.

görücü ↑dünür.

Grauer Wolf ↑Bozkurt.

grev ↑Streik.

Griechen. Die Zahl der G. mit türk. Staatsbürgerschaft (↑*Rum)* liegt zwischen 3 und 5000. Sie leben zum größten Teil in Istanbul, wo sie ca. 15 Schulen aller Stufen unterhalten. Daneben gibt es G. in İzmir und auf den Inseln des Marmara-Meers und vor der Dardanellenmündung (↑*İmroz und Bozcaada).* Parallel zum Status der Türken in West-Thrakien entsendet Griechenland einen Teil der Lehrer. Täglich erscheint die 1925 gegründete Zeitung *Apogeumatinê.* ↑*Altı-Yedi Eylül olayları,* ↑*Fener,* ↑*Patrikhane,* ↑*Yunan.*

Großwesir (*sadrazam).* Das Amt des Großwesirats ging mit dem Osmanenstaat unter. Es entsprach in seinen letzten Jahrzehnten dem eines Premierministers in europäischen Kabinetten. ↑*Malta.*

Grundbuch ↑sicil, ↑tapu.

Grundrechte und -pflichten (*temel hak ve ödevler)* beschreibt die ↑*Ver-*

fassung von 1982 in ihrem 2.Teil (Art.12-74). Hier wird der Versuch gemacht, nicht nur die Rechte der Bürger gegenüber dem Staat, sondern auch die Ansprüche des Staates gegen die Bürger ins Gleichgewicht zu bringen. Man hat von einer Sozialpflichtigkeit nicht nur des Eigentums, sondern aller Grundrechte gesprochen.

Grußformeln. Der islam. Gruß *selâmünaleykum* (arab. ‚Frieden über Euch') wird mit *aleyküm(üs)selâm* erwidert und ist ausschließlich unter Muslimen üblich. *Selam* ist die entsprechende Kurzformel. Ebenfalls arab. Herkunft jedoch ohne religiösen Beiklang ist die Begrüßung *merhaba*. Neutrale Formeln sind das verhältnismäßig neue *Günaydın* (‚Guten Tag'), das 1941 für den Schulgebrauch vorgeschrieben wurde, oder *İyi akşamlar* (‚Guten Abend'). Ankommende werden mit *Hoşgeldin(iniz)* aufgenommen (↑*Duzen*), Gehende mit *Güle güle* verabschiedet. Eine Verabschiedung ist auch mittels *Hoşça kal(ın)!* ‚Leb(en Sie) wohl!' möglich.

gurbet. ‚Die Fremde' insbesondere im Zusammenhang mit Arbeitsverhältnissen fern der Heimat.

gurbetçi. ‚Arbeitsmigrant'. Die Arbeitmigration (*işçi göçü*) aus der T. setzte 1961 mit geringen Zahlen (1.456 Menschen) ein und erreichte 1973 ihren Höhepunkt (Anwerbestopp). Die Staaten der ↑*Europäischen Gemeinschaft* nahmen rund 70% der g. auf, davon Deutschland mehr als die Hälfte. Die Auswanderung in einige Erdölförder-Länder (v.a. Saudi-Arabien und Libyen) ist ebenfalls beträchtlich. Bis 1968 kamen die meisten g. aus Istanbul und seinem Hinterland, später erweiterte

sich das Einzugsgebiet auf Zentral- und Westanatolien, die direkte Auswanderung von Ostanatoliern blieb bei ca. 20%. Demographisch kann die Arbeitsmigration als Fortsetzung innertürk. Bewegungen verstanden werden: Bei den g. der ersten Stunde handelt es sich oft um ursprüngliche Zuwanderer in die westtürk. Ballungsgebiete. - Von der Möglichkeiten eines deutschen Gesetzes zur Ermunterung der Rückkehr (1.1.1984) machten nur wenige Tausend Türken Gebrauch.

Gülhane. Mit dem ‚Rosenhaus' im Park des ↑*Topkapı Sarayı* in Istanbul verbindet sich die Verkündung des ersten Reform-Dekrets (↑*ferman)*, das der Großwesir Reşit Paşa 1839 vor einer großen Menge von Amtsträgern und Diplomaten verlas. Der heutige *G. parkı* unterhalb des Serails war der erste öffentliche Lustgarten der T. (↑*Schriftreform*). - Der Name G. steht auch für die Militärmedizinische Fakultät (*Askerî Tıp Akademisi*) in Ankara, an der Heeresärzte und Sanitäter ausgebildet werden.

Gümrü. Der am 3.12.1920 in G. (früher Alexandropol, in sowjetischer Zeit Leninakan) geschlossene Friede zwischen Armenien und der Regierung der Großen Nationalversammlung war das Ergebnis des türk. Vorstoßes unter Kâzım Karabekir Paşa. Die armen. Seite verpflichtete sich zur Rückgabe von ↑*Kars* und zum Rückzug hinter eine Grenzlinie, die sich vom Fluß Aras bis zum Çıldır-See erstreckt. Für die T. nachteilige Bestimmungen des Vertrags von ↑*Sèvres* sollten keine Gültigkeit haben.

Gümrük ve Tekel Bakanlığı. Das ehemalige Ministerium für Zölle und

Monopole (↑*Tekel*) ist heute mit dem Finanzministerium vereinigt.

Güneş-Dil Teorisi ↑Sonnensprachtheorie.

Güneydoğu Anadolu Projesi (GAP). Das ‚Südost-Anatolien-Projekt' ist das größte Bewässerungsvorhaben des Landes. Das 18 Milliarden US-$ teure Unternehmen am Unteren Euphrat (*Aşağı Fırat*) besteht aus 21 Dämmen (↑*baraj*) und 17 Kraftwerken. Neben der Stromerzeugung dient es der Bewässerung der Ebene (↑*ova*) von Urfa. Insgesamt soll die bewässerte landwirtschaftliche Nutzfläche der T. um ein Drittel vergrößert werden. Die Füllung des Hauptstausees begann am 13.1. 1990 und wird 4 Jahre dauern. Die T. bemüht, sich die Bedenken der Unterlieger Syrien und Irak ernst zu nehmen, gleichzeitig sieht sie eine Möglichkeit der Einflußnahme auf Syrien im Zusammenhang mit der Unterstützung kurdischer Rebellen durch Damaskus (↑*PKK*).

ğ. Der nur in der Wortmitte und am Wortende erscheinende Buchstabe bez. einen intervokalisch kaum hörbaren, am Wortende stummen Reibelaut (z.B. *dağ* ‚Berg'> *dağı*, ‚sein Berg').

H

hac. Die Mekkawallfahrt findet unter der Aufsicht des *Hac dairesi* einer Abteilung des ↑*Diyanet İşleri Başkanlığı*, im Monat Zilhicce statt. Saudi-Arabien bestimmt alljährlich nach einem Länderschlüssel die Anzahl der „Kandidaten für die Pilgerschaft" (*hac adayı*). 1991 waren das 57 000 türk.

↑*hacıs*, die doppelte Anzahl hatte sich beworben. Die Kosten setzen sich aus einer Einreisepauschale (*toprak bastı parası*), Paß-Gebühren und Ausgaben für Unterkunft, medizinische Versorgung und „Verschiedenes" zusammen. 1990 wurden US-$ 450,- sowie ca. DM 70,- in Landeswährung verlangt. Die Fahrkosten durch die Transitländer Syrien bzw. Irak sind darin nicht enthalten. Die kleine, jederzeit mögliche Wallfahrt heißt *umre* und wurde 1988/89 ca. 18 000 mal von Türken vollzogen. Viele Türken haben über ein saudisches *hac*- oder *umre*-Visum versucht, einen Arbeitsplatz in Arabien zu erhalten. Gefängnis mit Abschiebung beenden oft die sklavenartigen Beschäftigungsverhältnisse. ↑*bedel*.

Hacettepe Üniversitesi ↑Universitäten.

Hacı Bektaş ↑Bektaşi.

hacı ist die Bezeichnung für einen Muslim, der den ↑*hac* im Sinne der islam. Pflichtenlehre vollzogen hat. Fromme Alte werden gern *Hacı Baba* tituliert.

hademe. Die Bedeutung des Worts für ‚Diener' (eigentl. ein arab. Plural) hat sich auf Amts-, Bürodiener verengt. Der h. oder *odacı* ist v. a. für das Servieren des Tees (↑*çay*) unentbehrlich. ↑*hizmetçi*.

hadis ↑darülhadis.

hafız. Wer den ↑*Koran* auswendig vortragen kann. Das Erlernen des Koran-Textes wird stimmbegabten Knaben nahegelegt, die sich in regelrechten Wettbewerben qualifizieren können. - In der alten T. bestanden zahlreiche Stiftungen für die Rezitation des Korans bzw. seiner Teile in Moscheen und Mausoleen. Die entsprechenden Chargen (*cüzhan, devirhan, surehan, aşırhan*) wurden erst durch eine Verordnung vom 25.12.1932 mit den übrigen Funktionen der Religionsbeamten (↑*imam*, ↑*müezzin*) zusammengefaßt.

hahambaşı. Der Oberrabbiner von Istanbul, das Oberhaupt der ↑*Juden* in der Türkei.

Hâkimiyet-i Milliye bzw. neutürk. **Ulusal Egemenlik.** Die Gewinnung der ‚Nationalen Souveränität‘ war das Hauptziel des Befreiungskriegs (↑*Kurtuluş savaşı*). H.-i M. war auch der Name der ab 10.1.1920 in Ankara herausgegebenen Zeitung des anatolischen Widerstands (ab 1934 unter dem Namen ↑*Ulus* ‚Nation‘).

Hâkimler ve Savcılar Yüksek Kurulu. Der ‚Hohe Richter und Staatsanwälterat‘ ist ein unabhängiges Verfassungsorgan, das über die Ernennung, Versetzung und Beförderung der Richter und Staatsanwälte wacht.

hal. Von franz. *halle;* Markthalle, *toptancı h.i* ‚Großmarkthalle‘. Hier versorgt sich der Gemüsehändler (↑*manav*) mit seiner Ware. Die Istanbuler h. wurde vom ↑*Haliç* an einen Standort außerhalb der Landmauern verlegt.

Halâskâr. Ein ↑*Atatürk* verliehener Titel, etwa ‚Retter des Vaterlandes‘.

Halbmond ↑ay, ↑Kızılay.

Haliç. Das arab. Wort für ‚Bucht‘ wurde zum Namen des ‚Goldenen Horns‘ in Istanbul. Während im 16.-18. Jh. prachtvolle Villen (↑*yalı*) seine

Ufer säumten, konzentrierten sich um die Jahrhundertwende die ersten Industriebetriebe der Stadt am H. Der Meersarm wird von zwei Brücken (↑*Galata Köprüsü*) überspannt. Linienschiffe verkehren bis zum Wallfahrtsort ↑*Eyüp*. Die spektakuläre Neugestaltung mit Parks und Spielplätzen in den 80er Jahren stellt den wichtigsten planerischen Eingriff in der Amtszeit von Bürgermeister Dalan dar.

halife [î]. Der ‚Nachfolger‘ des Propheten Muhammed, Inhaber des Kalifats (↑*hilafet*).

Halkevleri. Die ‚Volkshäuser‘ gehörten zu den wichtigsten Instrumenten der kemalistischen Kulturrevolution. Ein *halkevi* bot Kurse in Sprache, Literatur, Geschichte, Kunst, Theater, Sport und Wohlfahrtswesen an und entfaltete eine z.T. beachtliche Museums- und Ausstellungstätigkeit. Dorffragen (*köycülük*) spielten eine besondere Rolle. Einige h. gaben eine Zeitschrift heraus, alle verfügten über Bibliotheken. Die h. wurden von einem 3-5köpfigen Komitee verwaltet. Die unmittelbare Aufsicht übten die örtlichen Organisationen der Volkspartei (↑*Cumhuriyet Halk Partisi*) aus. Die ersten 34 h. wurden am 19.2.1932 eingerichtet. Im *halkevi* von Ankara fanden zahlreiche künstlerische und wissenschaftliche Veranstaltungen statt (wie der 1.Kongreß für türk. Geschichte, ↑*Türk Tarih Kurumu*). 1950 war die Zahl der h. einschließlich der bescheidener ausgestatteten *halk odaları* auf nahezu 500 angewachsen. In Paris und London entstanden h.e. als Kulturinstitute. Nach dem Sturz der CHP wurden die h. wegen dieser engen Verbindung zur ehemaligen Staatspartei auf Betreiben der Demokratischen Partei (↑*Menderes*) beschlagnahmt. Die durch Ministerratsbeschluß vom 12.4. 1961 ermöglichte Wiederbegründung blieb ohne größere Wirkung.

halk otobüsü. ‚Volksautobus‘; in den Großstädten lizensierte private Linienbusse, die das Netz der kommunalen Gesellschaften (↑*İETT*) verstärken und preiswerter als ↑*dolmuş* sind.

halkçılık. ‚Populismus‘; eines der sechs Grundprinzipien der Volkspartei (↑*Altı Ok*). H. wurde als türk. Version der solidaristischen Konzepte eines Léon Bourgeois und Emile Durkheim, vermittelt u.a. über Ziya Gökalp, interpretiert. Bereits früh bestand in der T. Interesse an den russ. *narodniki*. ‚Populisten‘ wie Akçuraoğlu Yusuf und Hüseyin-Zâde Ali sind bezeichnenderweise tatar. bzw. aserbeidschan. Ursprungs. Klassenübergreifende Vorstellungen von einer kooperativen Gliederung der Gesellschaft finden sich bei der Vorbereitung zur Nationalversammlung ebenso wie beim ↑*İzmir İktisat Kongresi*. Später wurde der Grundsatz als Rechtfertigung des Ein-Parteien-Systems benutzt: Die Volkspartei spricht für die ganze Nation.

hallaç. Der Baumwollschläger mit seinem Bogen (*yay*) bietet in den Stadtvierteln seine Dienste an (als ↑*seyyar h.*), um das Futter von Bettdecken (*yorgan*) zu lüften.

ham(m)al ‚Lastträger‘; in den Markthallen (↑*hal*) und Gewerbehöfen der Städte verdingen sich zahlreiche h. Für Landflüchtige aus dem Osten bildet das h.-Gewerbe oft die erste Möglichkeit, um in den Großstädten Fuß zu fassen.

hamam. Das türk Dampfbad; nur noch wenige h. haben den Zusammenbruch des traditionellen Stiftungswesens überlebt, Neubauten kommen fast nicht vor. Dagegen nimmt sich die Denkmalpflege einiger klassischer Badehäuser an. Die wachsende Zahl von Etagenbädern in Neubauwohnungen (*banyo*) machen einen Besuch des h. für viele Türken entbehrlich.

hamsi. Kleiner Schwarzmeerfisch (Sardellen-Art); er gilt als das ‚Brot‘ der Küstenbewohner des Norden. Der aus Trabzon stammende Mehmed İhsan Hamâmî veröffentlichte 1928 eine z.T. in gebundener Rede abgefaßte Enzyklopädie des bescheidenen Fisches (*Hamsi-nâme*).

hamur. ‚Teig‘; zur Bezeichnung der Qualität von Papier: ‚holzfrei‘ ist *birinci h. kağıt*.

han. 1. Herrschertitel. Bei osman. Sultanen steht h. nach dem Namen: Sultan Abdülhamit Han. 2. Oft als Innenhof angelegter osman. Wirtschaftsbau. Das Wort lebt fort in ↑*işhanı*.

Hanafiten ↑*mezhep*.

hane. [â] (pers.) ‚Haus, Haushalt‘. Im Türk. als 2.Bestandteil eines Wortes nach Vokal zu -*ane* verkürzt: vgl. ↑*eczane*, ↑*hastane*, aber auch *çayhane* (↑*çay*), *feshane* (↑*fes*).

Hanefi ↑*mezhep*.

hanım von *han* 1. abgeleiteter Titel für hochgestellte Damen. Heute das übliche Wort für ‚Frau‘, als Anrede. Es wird dem Vornamen nachgestellt: *Nuran Hanım*.

Hans Amca. Der Deutsche ‚Onkel Hans‘ ist in Analogie zu *Uncle Sam* in den 70er Jahren aufgekommen.

harbiye. Adj. zu *harb* ‚Krieg'. Das Kriegsministerium führte den Namen *H. nezareti* 1908-1920 (↑*Milli Savunma Bakanlığı*). Allgemein versteht man unter h. entweder den Generalstab (*erkan-i h.*, heute: *Genelkurmay*) oder die Kriegsschule (*mekteb-i h.*), die dem Stadtteil Istanbuls zwischen Beyoğlu und Şişli den Namen gab.

harekât (sing. *hareket*) bedeutete ‚Bewegung' im weitesten Sinn. In der Sprache der Politik meint es eine militärische Intervention wie durch die *Hareket Ordusu*, welche Istanbul 1909 von der Konterrevolution befreite (↑*Abide-i Hürriyet*), die Landung auf ↑*Zypern* im Jahr 1974 (*Kıbrıs Barış Harekatı* ‚Friedensoperation auf Zypern') und zuletzt den Putsch vom 12.September 1980.

harem, haremlik. Bis zum Ende des Osman. Reiches waren die großen Stadthäuser (↑*konak*) in einen Familientrakt und einen auch fremden männlichen Besuchern zugänglichen Teil (↑*selamlık*) gegliedert. Daraus läßt sich nicht unbedingt auf eine Mehrehe des Hausherrn schließen. Heute spricht man scherzhaft von *haremlik selamlık*, wenn sich etwa die Damen einer Abendgesellschaft an einem Tischende von den Herren am anderen separieren.

hariciye vekaleti. Ältere Bezeichnung des Außenministeriums (↑*Dışişleri Bakanlığı*).

Harikzedegân. Die Wohnanlage aus 124 Einheiten für Opfer eines Istanbuler Flächenbrands wurde in den schwierigen Jahren 1919-1922 im Herzen der Altstadt gebaut (Architekt: Kemalettin Bey). Als erste Vollbeton-Konstruktion der T. ebenso bedeutend

wie durch die Aufgabe abgeschlossener Familienbezirke. Heute zum Luxus-Hotel umgebaut. ↑*-zede*.

Hasanoğlan. Ort mit berühmten Institut für die Dorfschullehrerausbildung östlich von Ankara (↑*Köy Enstitüsü*).

Haschisch ↑haşhaş.

hastane. Krankenhaus (von *hasta* und ↑*hane*). Träger der h. sind v.a. das Gesundheitsministerium (*Sağlık ve Sosyal Güvenlik Bakanlığı*), die Sozialversicherung (↑*Sosyal Sigortalar Kurumu*) und verschiedene andere Versorgungswerke (wie ↑*Bağ-Kur*). Daneben gibt es zahlreiche Ambulatorien (↑*dispanser*) und private (*özel*) Kliniken.

haşhaş. Der Haschischanbau ist in Anatolien seit 1828 unter staatlicher Kontrolle. Unter wachsendem internationalen Druck wurde die Zahl der Provinzen mit Anbaugenehmigungen ständig vermindert. 1971 wurde die Produktion gegen eine Ausgleichszahlung der Vereinigten Staaten von Amerika ganz eingestellt. Wegen der weltweit steigenden Preise für medizinische Alkaloide hob die CHP-MSP-Koalition (↑*Parteien*) von 1974 das Verbot auf (seit 1988 wird legaler Anbau in ↑*Afyon*, Amasya, Burdur, Denizli, İsparta, Konya, Kütahya und Uşak betrieben). Die Reifung und Ernte der Kapseln findet unter Aufsicht statt. Das Monopol für Ankauf, Lagerung, Verarbeitung und Export liegt beim ↑*Toprak Mahsulleri Ofisi*. Die Alkaloid-Fabrik von Bolvadin bei Afyonkarahisar ist weltweit die größte ihrer Art.

Hatay. Von allen Provinzen (↑*il*) hat der Regierungsbezirk mit der Hauptstadt Antakya den merkwürdigsten

Namen. Noch vor dem Anschluß des sog. *sancak* an die T. beschloß das Parlament der Provinz den zukünftigen ‚Staat' H. zu nennen. Mitte der 30er Jahre hatte der Publizist İsmail Müştak Mayakon behauptet, daß Antakya und İskenderun seit mindestens 4000 Jahren „Heimat des Türkentums" seien. Zur Stützung seiner These stellte er eine Verbindung zwischen den zentralasiatischen Qitay und Hata-Türken, die er mit den Hethitern (↑*Eti*) gleichsetzte, her. Die angeblich alttürk. Namen eines Dorfes bei Antakya (Hetye) und sogar der des Flusses Orontes vollendeten die „Beweisführung" (↑*Sancak-Frage*).

hatip. Freitagsprediger (↑*cami*, ↑*hutbe*).

Haus. Das Wort *ev* wird auch für Wohnung gebraucht. Ein in Miet- oder Eigentumswohnungen (*daire*) aufgeteiltes H. mit eigenem H.wart (↑*kapıcı*) nennt man ↑*apartman*. Die durchschnittl. Größen von Neubau-Eigentumswohnungen liegen bei fast 120 m². Erst Anfang der dreißiger Jahre setzte sich in den türk. Städten Zementmauerwerk bei Wohnbauten durch.

Klassische türk. Häuser kannten Mehrzweck-Zimmer in einem oberen Wohngeschoß. Einrichtung: Für Hauptmahlzeiten kann ein aufklappbares Gestell mit einer großen Metallplatte (*sini*) genutzt werden. Zum Schlafen dienen Matrazen, die tagsüber in Wandschränken (↑*dolap*) aufbewahrt werden. Ein Zentralraum wird von niedrigen Sitzbänken (*sedir*) umgeben. Für Wärme sorgt eine offene Feuerstelle (*ocak*) oder das *mangal*, ein frei stehendes Kohlebecken. Charakteristisch ist eine Diele (*hayat, sofa*), zu der sich Hauptwohnraum und Zimmer öffnen.

Die Unterschiede der ländlichen H.formen sind beträchtlich. Im Norden und Westen überwiegen Walmdächer, im zentralen Anatolien ist das Flachdach die Regel. Le Corbusier fand im balkanisch-anatolischen Wohnbau zahlreiche Eigenschaften der Moderne verwirklicht: Geschoßbauweise, freier Grundriß, Mut zur Einfachheit und zum Rechten Winkel, menschlicher Maßstab, Transparenz. ↑*harem*, ↑*konak*, ↑*selamlık*, ↑*yalı*.

hava durumu. Wetterlage. Der Wetterbericht wird durch die ‚Generaldirektion für Meteorologie' (*Meteoroloji Genel Müdürlüğü*) in den Zeitungen und elektronischen Medien verbreitet. Kennzeichnend ist die Einteilung des Landes in 8 ↑*bölge*.

hazine [î]. ‚Schatz'; der Fiskus. Schatzanweisungen sind *h. bonoları*.

hece. Silbenzählendes türk. Versmaß (↑*aruz*).

Heer ↑Kara Kuvvetleri.

Heiliger Krieg ↑cihat.

Heimat ↑yurt.

hekim ↑doktor.

helva. ‚Türk. Honig'; Süßspeise auf der Grundlage von Zucker, Fett, Mehl oder Gries. Es gibt Dutzende von Varianten. Das h. wird im *helvahane*, einem speziellen Kessel, zubereitet.

hicre. Die islam. Jahreszählung (dt. auch: Hidschra) beginnt mit dem Auszug des Propheten Muhammad von Mekka nach Medina im Jahr 622. Da das islam. Jahr nur 354 Tage hat, läßt es sich nur mit einer Formel (in grober Weise) bzw. (genau) mit Tabellen oder Computer-Programmen umrechnen (beispielsweise fällt der Anfang des Jahres 1990 auf den 14.Cumadi II 1411 der h. , der 1. Ramazan 1411 entspricht dem 4.3. 1991, 1412 dem 21.2.1992 und 1413 dem 10.2.1993...) Die Jahreszählung nach der h. (*hicrî*) hat für türk. Muslime eine geringere Bedeutung als ↑*Feiertage* und bestimmte Monate (↑*Monatsnamen*).

hilafet. Die osman. Dynastie führte, wie vor ihr andere islam. Herrscherhäuser, seit der Eroberung Ägyptens (1517) den Kalifen-Titel. Erst Ende des 18.Jh. beansprucht sie das *universelle Kalifat*, das über die Staatsgrenzen hinaus alle Muslime zusammenfaßte. Die panislamische (oder pan-sunnitische) Tendenz erreicht unter ↑*Abdülhamit II.* einen Höhepunkt. Die Regierung der Großen Nationalversammlung in Ankara (↑*Türkiye Büyük Millet Meclisi*) hatte nach der „Entlassung" des Sultans aus der türk. Geschichte beschlossen, „das Amt des Kalifen, das zu den legitimen Rechten der türk. Regierung gehört, aus den Händen der Ausländer, in deren Macht es sich befindet, zu befreien" (13.10.1922) und kurz danach in einem Gesetz betont: „Der türk. Staat ist die Stütze des Kalifats". Dennoch wurde das Kalifat zwei Jahre nach der Absetzung des letzten Sultans und Kalifen ↑*Mehmet VI.* durch die Nationalversammlung am 3.3.1924 abgeschafft (↑*Abdülmecit*). Die Abgeordneten erkannten zwar die historischen Verdienste der osmanischen Kalifen an, konnten jedoch die Feindseligkeit (↑*hilafet ordusu*) gegen den anatolischen Widerstand nicht vergessen. Der Befreiungskrieg hatte die Schwäche des Kalifats gezeigt. Ein

selbständiges Kalifat war auch nicht mehr mit den republikanischen Institutionen vereinbar. Gleichzeitig wurden die Mitglieder der Osmanen-Dynastie (↑*Âl-i Osman*) ausgebürgert.

hilafet ordusu. Die ‚Kalifatsarmee' wurde am 18.4.1920 als Ordnungstruppe gegen die in Anatolien operierenden ‚Nationalen Kräfte' (*Kuvâ-yı milliye*) gegründet.

hilâl. Der aufgehende Mond, Halbmond. Die Beobachtung des h. spielte eine besondere Rolle bei der Bestimmung des Fastenmonats (↑*Ramazan*).

hindi. Der türk. Name des Truthahns (*Meleagris gallopavo*) hängt mit seiner (neu-)indischen Heimat zusammen (vgl. franz. *dinde* < *coq d'Inde*). Die Engländer nannten den mexikanischen Vogel *turkey*, weil sie ihn mit einem afrikan. Perlhuhn, das möglicherweise über die T. nach Europa kam, verwechselten.

Hıdırellez. Aus ↑*Hızır* und İlyas (der Prophet Elias) gebildeter Name für den traditionellen Sommerbeginn am 23. April im Kalender alten Stils (↑*Jahreszeiten*). Er wurde zum ‚Kultur und Frühlingsfest der 6.Mai' erklärt (*6 Mayıs Kültür ve Bahar bayramı*), um einen Ersatz für den abgeschafften 1. Mai (↑*Feiertage*) zu bieten.

Hızır. Heiliger, der arab. Name bedeutet ‚der Grüne' im Sinn von Frühlingsbote. Er ist ein Nothelfer mit der Eigenschaft, rasch zur Stelle zu sein.

Hızır Servis. Die Fahrzeuge der ‚Ersten Hilfe' (*İlk Yardım Ambulans*) verdanken ihren Namen dem islam. Heiligen ↑*Hızır*.

hizmetçi. Hausmädchen (im Gegensatz zum Bürodiener ↑*hademe*). Höflicher ist *kadın* ‚Frau‘.

hoca. ‚Lehrer‘; die Anwendung von h. reicht von ‚respektvolle Anrede für einen Lehrer oder Professor‘ (*hocam* ‚mein Lehrer‘) über Dozent an einer ↑*medrese* bis Gesundbeter (↑*büyü*).

holding. Die großen, überwiegend in Privatbesitz befindlichen Firmengruppen spielen seit den 70er Jahren eine wachsende Rolle. Die führenden h. stellen einen Zusammenschluß von Bank- und Versicherungsgesellschaften bzw. Stiftungen dar, in deren Besitz sich eine ganze Palette von Produktions- und Vertriebsgesellschaften befindet (Eczacıbaşı, ↑*Koç*, ↑*Sabancı*). Nicht in Privatbesitz sind von den großen h. lediglich ↑*İş Bankası* und ↑*OYAK*.

Holzpantoffeln ↑*takunya*.

Hose. Neben der europ. geschnittenen H. (*pantalon*) findet man das weite, ‚alttürkische‘ Model (*şalvar*) noch auf dem Land und in Kleinstädten.

Hotel (*otel*). Seit dem 19.Jh. lösen Gasthäuser europ. Stils den klass. osman. ↑*han* ab. In den ersten Jahrzehnten dieses Jh. war die Bez. *palas* (<*palace*) auch für sehr bescheidene Herbergen beliebt.

höyük oder *tepe* heißt Hügel und bez. zahlreiche prähistorische Siedlungsplätze in Anatolien (↑*Alacahöyük*).

Hund. Man unterscheidet in den Städten zwischen dem neutralen Begriff *köpek* und dem verächtlichen *it*. Islamische Kreise denunzierten Anhänger turanistischer Richtungen als ‚Hundeanbeter‘ (*itperest*) wegen der Rolle des ↑*Bozkurt* in ihrer Symbolik. Die bekannteste heimische Hunderasse ist der ↑*karabaş*.

hutbe. Freitagspredigt; sie gliedert sich in zwei Teile, eine Ermahnungspredigt, die der Freitagsprediger (*hatip*) selbst entworfen oder einer Mustersammlung entnommen hat, und eine sog. ‚Predigt des Prophetenlobs‘ (*na‘t*), die von der Gebetskanzel (*minber*) der Moschee (↑*cami*) aus vorgetragen wird. Die h. in türk. Moscheen dauert selten länger als 15 Minuten. Dabei ist zu bedenken, daß der Freitag nicht arbeitsfrei ist und Freitagsmoscheeen nicht von jedem Arbeitsplatz aus leicht erreichbar sind. Die h. hatte im vormodernen Islam staatsrechtlichen Rang, weil in ihr der Souverän genannt wurde. Die letzte Fürbitte auf Sultan ↑*Mehmet VI.* in einer h. erfolgte Anfang November 1922, bis Anfang März 1924 wurde der des Kalifen ↑*Abülmecit* genannt, seit dem 7.3.1924 lautet sie „auf die republikanische Regierung und die islamische Nation“. Stellen aus ↑*Koran* und *Hadis* (↑*darülhadis*) werden oft nur in arab. Sprache zitiert, obwohl ihre türk. Wiedergabe vorgeschrieben ist. Musterpredigten werden in *Diyanet Gazetesi*, der Zeitschrift des Präsidiums für Religiöse Angelegenheiten (↑*Diyanet İşleri Başkanlığı*) abgedruckt.

Hutgesetz ↑*Şapka kanunu*.

hüküm. 1. Gerichtsurteil 2. als legislativer Akt ‚Beschluß‘ (*karar*).

hükümet ↑*Regierung*. - Ein h. *konağı* bez. das Gebäude der Zentralregierung in einer Provinzstadt. ↑*konak*.

hünkar. Wort für ‚Herrscher' (< pers. *hüdâvendigâr*). Ein Auberginen-Püree heißt *h. beğendi* („Dem Herrscher hat es gemundet').

hür teşebbüs bzw. **özel teşebbüs.** ‚Freies Unternehmertum'; diese Formel wurde v.a. von Turgut Özal in der ersten Hälfte der 80er Jahre gebraucht (↑*Özalismus*). Sie war gegen die sehr bedeutende Rolle des Staates in der Wirtschaft (↑*devletçilik*) gerichtet. Ausländische Investitionen nahmen nach Firmenzahl und investierten Kapital ab 1980/2 sprunghaft zu, nachdem ein Dekret vom 24.1.1980 und umfangreiche weitere Erlasse usw. gegenüber dem Gesetz Nr.6224 über die Förderung ausländ. Investitionen vom 18.1.1954 spürbare Vergünstigungen einräumte.

hürriyet. ‚Freiheit'; Name der auflagenstärksten Zeitung der T. (↑*Presse*). Frühere Bez. des Beyazıt-Platzes in Istanbul.

Hüvelbaki. Die arab. Formel „Er (Gott) ist der Ewige" steht an der Spitze fast aller Grabinschriften. ↑*Fatiha*.

I, İ

ı. Das T.-Türkische kennt zwei i-Phoneme. Der velare Laut wird ohne Punkt geschrieben, seine palatale Entsprechung mit Punkt und zwar sowohl auf der kleinen als auch der großen Form des Trägerbuchstabens: z.B. *ılımlı* ‚gemäßigt': *ilim* ‚Wissenschaft'. Im Alphabet steht ı stets vor i. Das velare ı trägt kein Längungszeichen (↑*şapka*).

ılıca ↑kaplıca.

iç güvey ist der Ehemann, der ins Haus der Schwiegereltern zieht (↑*damat*).

İçişleri Bakanlığı. Das Ministerium für innere Angelegenheiten (früher *Dahiliye Vekâleti*) beaufsichtigt die Gebietskörperschaften und ist für allgemeine Ordnungsangelegenheiten, insbesondere das Sicherheits-, sowie das Melde- und Personenstandswesen (*nüfus işleri*) zuständig. Dem İ.B. sind die Generaldirektion für Sicherheit (↑*Emniyet Genel Müdürlüğü*) und die Gendarmerie-Kommandatur (↑*Jandarma Genel Komutanlığı*) zugeordnet. Auf der Ebene der Provinzen (↑*il*) unterstehen dem Ministerium der Präfekt (↑*vali*) und seine Stellvertreter (*vali muavinleri*), der Kommandeur der Gendarmerie, der Chef der Polizei (*Emniyet Müdürü*) und weitere Behördenleiter im *müdür*-Rang. Entsprechendes gilt für die nachgeordneten Verwaltungen (↑*ilçe*, ↑*bucak*).

İETT, *İstanbul Elektrik ve Tramvay Teşkilatı*. Die Istanbuler Stadtwerke sind für Stromversorgung und Nahverkehr zuständig. ↑*metro*.

iftar. Das Fastenende, die Abendmahlzeit im Ramazan. In der T. bricht man das Fasten mit einer Olive (*zeytin*), im Gegensatz zur arab. Welt, wo eine Dattel vorgezogen wird. *i.*-Essen gestalten sich in religiös-konservativen Kreisen zu wichtigen Veranstaltungen mit Außenwirkungen. Die *iftar topu* ist eine Kanone, die das Ende des täglichen Fastens durch einen Schuß ankündigt. ↑*diş kirası*.

ihtilâl ↑Revolution.

ihtiyarlar meclisi. Die ‚Versammlung der Alten' steht dem Dorfvorsteher

(↑*muhtar*) zur Seite. Ihre 8-12 gewählten Vertreter werden durch 2 natürliche Mitglieder in der Person des ↑*imam* und eines Lehrers (↑*öğretmen* oder *başöğretmen*) ergänzt.

ikametgâh tezkeresi. Die amtliche Aufenthaltsgenehmigung für Ausländer wird in einen rosafarbenen Ausweis, ausgestellt durch die ↑*Dördüncü Şube*, eingetragen.

ikindi. Die Zeit des Nachmittagsgebets. ↑*namaz.*

il. Das alttürk. Wort für ,Land' (↑*el*) ersetzt (in der Amtsprache) das arab. *vilayet* i.S. v. ,Regierungsbezirk/Provinz'. Ein *il* ist in Bezirke bzw. Landkreise (↑*ilçe*) unterteilt. 1989 wurden zu den 67 *il* der T. 4 weitere geschaffen (Kırıkkale bisher zu Ankara, Aksaray/Niğde, Karaman/Konya und Bayburt/Gümüşhane). 1990 wurden die südostanatolischen *ilçe* Batman und Şirnak zu *il* erhoben. Die 73 *il* setzen im großen und ganzen die osman. Provinzialeinteilung in *sancaks* bzw. *livas* fort. Der höchste Amtsträger eines *il* ist der auf Vorschlag des Innenministers und mit Zustimmung des Präsidenten der Republik vom Ministerrat ernannte ↑*vali* (,Präfekt'). Er ist der höchste Vertreter von Staat (↑*devlet*) und Regierung (↑*hükümet*) in der Provinz und hat die Aufsicht über alle staatlichen Behörden und Organisationen in seinem Bezirk (Ausnahmen: Militär und Justiz). Der *vali* leitet als Organ der Zentralverwaltung den ,Bezirksverwaltungsrat' (*İl İdare Kurulu*) bestehend aus dem Direktor für Rechtsangelegenheiten (*Hukuk işleri müdürü*), dem Finanzchef (↑*defterdar*) und den Direktoren für Nationale Erziehung (*Milli Eğitim*), Öffentliche Arbeiten

(*Bayındırlık*), Gesundheit und Sozialhilfe (*Sağlık ve Sosyal Yardım*) sowie Landwirtschaft und Tiergesundheit (*Tarım ve Veteriner*). Diese Direktoren bilden zusammen mit dem Gendarmerie-Kommandanten (*jandarma komutanı*), dem Polizeidirektor (*emniyet müdürü*) und dem Direktor der Meldebehörde (*nüfus müdürü*) die Gruppe der ,Bezirksverwaltungspräsidenten' (*il idare başkanları*). Das besondere an der Bezirksverwaltung ist die Tatsache, daß die ,Provinzminister' von den zuständigen Ministerien bzw. Generaldirektorien in Ankara eingesetzt werden. Es ist Aufgabe des *valis* für eine effiziente Zusammenarbeit zu sorgen. Die Einwohner eines Bezirks wählen alle 5 Jahre die ,Allgemeine Bezirksversammlung' (*İl Genel Meclisi*). Die Handlungsmöglichkeiten dieses Bezirksparlaments sind angesichts der geringen eigenen Einkünfte der *il* und der Übertragung wichtiger Aufgaben auf die Städte (↑*belediye*) verhältnismäßig gering. - Fahrzeuge unterscheiden sich durch spezifische Kennzeichennummern (↑*plaka*).

ilâhi. Eine Sammelbezeichnung für Hymnen, religiöse Gesänge. Bei den ↑*Mevlevi* heißen sie *âyin*, bei den ↑*Bektaşi nefes*.

İlahiyat Fakültesi. Die erste theologische Fakultät der neuen T. wurde 1949 an der Universität Ankara begründet. 1971 folgte die Universität Erzurum mit einer ,Fakultät für islamische Wissenschaften' (*İslâmi İlimler Fakültesi*), die auch Absolventen der ↑*İmam-Hatip-Liseleri* aufnahm. Nach 1982 wurden sechs ,Hohe Islam-Institute', (*Yüksek İslam Enstitüsü*) in Fakultäten umgewandelt. An den Fakultäten lehren und studieren auch Frauen.

ilçe. Bezirk, Landkreis. (Verkleinerungsform von ↑*il*); jedes i. wird von einem Landrat (*kaymakam*) verwaltet, der dem *vali* berichtet. Die Verwaltung eines i. ist, sowohl hinsichtlich der Zentral- als auch der Selbstverwaltung, das verkleinerte Abbild der Provinzorganisation. 1989 wurden zu den bestehenden 580 Landkreisen 128 neue gebildet. In den i. lebt die alte Einteilung in *kazas* (Sprengel eines Kadi-Sitzes) fort. Verschiedene i. sind noch in ↑*bucak* unterteilt. Mit Ausnahme von Ankara und Istanbul existiert in jedem Bezirk (*il*) ein ‚zentraler Kreis‘ mit der Bezirkshauptstadt. Diese *merkez ilçe* unterstehen unmittelbar dem *vali* und verstärken sein Gewicht.

ilkokul. Die obligatorische fünfklassige Grundschule (wörtl. ‚Erste Schule‘) besuchten im Schuljahr 1987 / 88 6 880 304 Kinder, die von 220 943 Lehrern in 50 455 Schulen unterrichtet wurden. Die Fortsetzung der i. bildet die ↑*ortaokul*.

İller Bankası. Die staatliche Bank dient der Finanzierung der Gebietskörperschaften (↑*belediye*, ↑*il*).

ilmihal. Der ‚Katechismus‘ für den elementaren Religionsunterricht, in dem die Belehrung über Waschungen und Pflichtgebete im Vordergrund steht.

imam. Der Leiter des islamischen Gemeinschaftsgebets ist heute meist in Personalunion Freitagsprediger *hatip* (↑*hutbe*). 1989 unterstanden dem Präsidum für Religionsangelegenheiten (↑*Diyanet İşleri Başkanlığı*) 50 814 ↑*imame*. Die ↑*Eheschließung* durch den i. ist nicht rechtsgültig.

İmam-Hatip-Lisesi. ‚Berufsfachschule‘ für den Nachwuchs an Vorbetern und Predigern; bereits das ‚Gesetz für die Vereinheitlichung des Unterrichts‘ (↑*Tevhid-i tedrisat kanunu*) von 1924 sah „besondere Schulen“ für Religionsbeamte vor. Ihr Betrieb wurde bereits 1929/30 eingestellt, weil sowohl die studentische Nachfrage als auch die staatliche Unterstützung ausblieben. Erst nach 1950 wurden neue gesetzliche Voraussetzungen geschaffen. Heute übertrifft die Zahl der Schulen (ca. 400) und ihrer Absolventen (280 000, ca. 1/8 aller Schüler der ↑*Orta Öğretim*-Stufe) den Bedarf bei weitem.

imaret. Islamische Wohlfahrtseinrichtung; im Laufe der osman. Geschichte wurde der Begriff nur noch auf das ‚Küchengebäude‘ einer Stiftung (↑*külliye*) bezogen. Ein solches i. im Sinn von Küchenhaus (*aşhane*) diente in erster Linie dem Personal von Moschee und Medrese als ‚Kantine‘. Erst im nachgeordneten Sinn war ein i. auch eine ‚Armenküche‘, indem es feste Rationen für Derwische anbot.

imece (griech.). ‚Dörfliche Gemeinschaftsleistung‘; im Dorfgesetz (↑*köy*) vorgesehener Dienst in Form von körperlicher Arbeit aller Einwohner (z.B. beim Wege- oder Schulbau). ↑*salma*.

imlâ ↑Rechtschreibung.

Importsubstitution. Die Wirtschaftspolitik der 30er bis 70er Jahre wurde durch die Anstrengungen, Einfuhren so weit wie möglich überflüssig zu machen, geprägt. I. war ein wesentlicher Bestandteil des Etatismus (↑*devletçilik*) der Epoche.

İmralı. Strafinsel im Marmara-Meer. Nach dem Weggang der griech. Bevölkerung entstand 1935 ein Zuchthaus.

Auf der für Besucher unzugänglichen Insel befand sich bis 1990 das Grab des am 15.9.1961 hingerichteten Adnan ↑*Menderes* und von zwei weiteren auf ↑*Yassıada* Verurteilten.

İmroz. Ägais-Insel in strategisch bedeutsamer Lage am Dardanellen-Eingang, heute in ‚Gökçeada' umbenannt. Vor I. begegneten sich die griech. und die türk. Flotte zu Beginn des 1. Balkankriegs (1912). Im Weltkrieg wurden die Kreuzer ↑*Yavuz Sultan Selim* und *Midilli* bei einem Vorstoß aus den Dardanellen durch Minen schwer beschädigt. Die *Midilli* sank am 20.1. 1918 vor I.

Imroz und Bozcaada. Art.14 des Vertrags von Lausanne beließ die beiden Inseln bei der T. Ihre damals weitgehend griech. Bevölkerung erhielt bestimmte Selbstverwaltungsgarantien.

Industrie-Förderungsgesetz ↑Teşvik-i sanayi kanunu.

Ingenieur ↑mühendis.

inkılâp ↑Revolution.

inkılâpçılık. Der Grundsatz der Volkspartei (↑*Altı Ok*), die ↑*Revolution* auch nach den intensiven Reformen der Jahre 1924-1929 weiter zu betreiben. Die Ausdeutungen reichen von „ständiges Eintreten für die kemalistischen Reformen" bis zu „Kulturrevolution in Permanenz". Die Übersetzung ‚revolutionärer Reformismus' wird verschiedenen Interpretationen gerecht.

Innenministerium ↑İçişleri Bakanlığı.

İnönü. Name eines Orts bei Eskişehir in Nw.-Anatolien. Hier leitete İsmet

Paşa (1884-1973), der Weggefährte und Nachfolger ↑*Mustafa Kemal*s, zwei erfolgreiche Abwehrschlachten im Befreiungskrieg gegen Griechenland (11.1.1921, 24.3.1921). Als Anerkennung wurde İsmet der Familienname İ. verliehen.

Intellektueller ↑aydın.

Internatsschule ↑Yatılı İlk Öğretim Bölge Okulları.

Internationale Zusammenschlüsse ↑Central Treaty Organisation, ↑Europäische Gemeinschaft, ↑Islamische Konferenz, ↑ NATO, ↑Vereinte Nationen.

IRCICA. Research Centre for Islamic History, Art and Culture/İslâm Tarih, Sanat ve Kültür Araştırma Merkezi. Name des in Teilen des Istanbuler Yıldız-Palastes untergebrachten Instituts der Organisation der Islamischen Konferenz mit Bibliothek, Bildarchiv, Ausstellungssaal.

iskele (von ital. *scala*). Uferbauwerk, Anlegestelle für Schiffe. In Istanbul stellen die i. wichtige Brennpunkte des Personennahverkehrs dar.

Islam bedeutet Hingabe an Gott (*Allah*). Die türk. Form des arab. Worts Muslim lautet *Müslim* (weibl. *Müslime*) oder Müslüman. *islamcı* (‚islamistisch') nennt man Anhänger eines bestimmte politische und soziale Ansprüche stellenden Islam (*islamcılık*). *İslamiyet* ist die Gesamheit der Islam. Religion und Kultur. Dagegen bez. *din* jede Form von religiösem Glauben.

İslam Kültür Merkezi ↑Süleymancılık.

Islamische Banken wurden durch Gesetz 1983 zugelassen. Wichtige Repräsentanten sind die Faysal Finance Institution (1984) (↑*Faysal Finans Kurumu*) und *Al-Baraka Turkish Finance House* (1985). Ihr Hauptmerkmal ist, daß sie das islam. Zinsverbot durch Gewinnbeteiligungs-Modelle umgehen.

Islamische Konferenz. Die T. gehört der Organisation islam. Staaten seit 1976 an. 1977 wurde in Ankara ein *Statistical, Economic and Social Research and Training Center* (SESTRIC) der I.K. eingerichtet. 1984 war der Präsident der Republik Vorsitzender des Standing Committee for Economic and Commercial Cooperation (COMCEC). ↑*IRCICA.*

Israel. Vor Gründung des Staates I. wanderten nur sehr wenige türk. Juden nach Palästina aus. 1949 betrug ihre Zahl 26 306 Menschen. Trotz ihrer sephardischen Herkunft gelten sie in I. nicht als ‚orientalische Juden'. Das *Ladino* ihrer alten Heimat pflegt die Zeitung *La Luz* mit ausführlicher T.-Berichterstattung.

İş Bankası. Die ‚Bank für Arbeit der T.' ist die erste nationale Bank der neuen T. Sie wurde am 26.8.1924 gegründet und mit einem bescheidenen, aus dem Befreiungskrieg (↑*Kurtuluş savaşı*) stammenden Kapital ausgestattet. Die İ. B. ist vor allem auf dem Gebiet von Industriebeteiligungen tätig. Das heute führende Bankhaus publiziert regelmäßig die wichtigsten volkswirtschaftlichen Indikatoren (*Türkiyenin Ekonomik Göstergesi*) und andere Daten. Ihre Kulturabteilung fördert u.a. die bildenden Künste.

İş ve İşçi Bulma Kurumu (İİBK), Behörde für die Vermittlung von Arbeit und von Arbeitnehmern'. Das Arbeitsamt untersteht zwar dem Arbeitsministerium (↑*Çalışma ve Sosyal Güvenlik Bakanlığı*), ist jedoch in finanzieller Hinsicht selbständig (12 Regionalbüros, ca. 400 lokale Dienststellen). Beim Fehlen einer Arbeitslosenversicherung ist ihre Wirksamkeit begrenzt: 1988/89 wurden zwischen 874 916 und 961 520 Arbeitssuchende registriert, die tatsächliche Zahl der Arbeitslosen ist um ein vielfaches höher (‚verdeckte' ländliche Arbeitslosigkeit, niedrige Einkommen, Arbeitslosigkeit innerhalb von Beschäftigung). Während der Arbeitskräfte-Auswanderung (↑*gurbet*) nach Europa übernahm die İ.İ.B.K. die Durchführung der zweiseitigen Abkommen mit der Bundesrepublik Deutschland (1.9. 1961) und anderen Staaten.

işçi. ‚Arbeiter'. Das Wort kann gegen Lohn arbeitende *white-collar*-Angestellte in der Privatwirtschaft wie auch Staatsdiener bezeichnen. *emekçi* ist dagegen der ‚Werktätige' der marxistischen Terminologie.

işgaliye. Gebühr für die Inanspruchnahme städtischen Grunds, z.B. durch Verkaufsbuden oder Teegärten.

işhanı. Geschäftshaus mit verschiedenen Büros (Handel, Kanzleien u.ä.).

işkembe çorbası. Sehr verbreitete Kaldaunen-Suppe (aus dem Schafsmagen gewonnen). Man ißt sie beim *işkembeci* oder kauft sie als Konserve.

işkence. ‚Folter'; nach Art. 17 der ↑*Verfassung* darf niemand gefoltert oder mißhandelt oder einer mit der Menschenwürde unvereinbaren Behandlung ausgesetzt werden. Ein Verbot der Folter wurde zum ersten Mal im Strafgesetzbuch von 1858 ausgesprochen (↑*Ceza Kanunu*). Vgl. ↑*Menschenrechte*.

Istanbul verdankt seinen Namen der griech. Form *eis ten polin*. In osman. Zeit (1453-1918) wurden jedoch zahlreiche schmückende Beinamen wie ‚Tor der Glückseligkeit' (*Der-i Sa'âdet*) an Stelle von I. verwendet. Sehr gebräuchlich war auch *Kostantiniyye*. Die amtl. Schreibung verlangt ein I mit Punkt: İstanbul. Heute wird die Metropolis I. als ↑*anakent* verwaltet (↑*belediye*, ↑*kent*).

İstanbul Erkek Lisesi. Ursprünglich Istanbuler Lyzeum für Knaben, heute auch für Mädchen geöffnet; traditionsreiche Schule (mit deutschen Lehrern für alle nicht-nationalen Fächer) im Gebäude der einstigen Verwaltung der ↑*Staatsschuld*.

İstanbul Fethi Günü. Lokaler Feiertag aus Anlaß der Eroberung Istanbuls am 29.5.1453.

istibdat. ‚Despotie'; *i. devri* steht für die Epoche ↑*Abdülhamits II*.

İstiklâl Caddesi. Die Hauptachse des kosmopolitischen Stadtteils von Istanbul-Beyoğlu. Die einstige *Cadde-i kebir/Grande Rue de Péra* wurde in ‚Unabhängigkeitsstraße' umbenannt, um den großen Wandel nach der Republikgründung sinnfällig zu machen. Seit 1990 ist sie eine Fußgängerzone.

İstiklâl Madalyası an die Teilnehmer des ↑*Kurtuluş savaşı* verliehene Medaille (Orden vergibt die Republik nicht!). Ursprünglich 159 701 Träger, darunter 18 220 Soldaten und Offiziere.

İstiklâl Mahkemeleri. ‚Unabhängigkeitsgerichte' wurden am 12.9.1920 zur Aburteilung von ‚Vaterlandsverrätern' (gemäß dem *Hiyanet-i vataniye kanunu*) geschaffen.

İstiklâl Marşı. ‚Unabhängigkeitsmarsch'. Die durch Beschluß der Großen Nationalversammlung vom 12.3. 1921 angenommene Nationalhymne (*Milli Marş*) wurde von Mehmet Âkif [Ersoy] verfaßt und „unserem heldenhaften Heer" gewidmet. Sie beginnt mit den Worten: „Sei unbesorgt! Dieses in der Morgenröte wogende rote Banner (*al sancak*) erlöscht nicht, bevor der allerletzte Herd, der in unserer Heimat raucht, erlöschen wird." Das langsame Tempo, in dem der Marsch gespielt wird, entspricht nicht der Absicht des Komponisten Zeki [Üngör]. Der İ.M. wird seit 1982 zusammen mit dem Verfassungstext gedruckt.

Italienisch (*İtalyanca*). Zahlreiche Lehnwörter im Türk. belegen noch heute den starken Einfluß des I. bis ins 19.Jh.: Vgl. ↑*gazete*, ↑*iskele*, ↑*lira*, ↑*Oper*, ↑*senato*, ↑*Theater*.

İttihat ve Terakki cemiyeti. Das ‚Komitee für Einheit und Fortschritt' (*Comité pour l'Union et Progrès*) war eine von mehreren Geheimgesellschaften, die die Juli-Revolution der ↑*Jungtürken* ermöglichten. Nach dem Weltkrieg entzogen sich ihre Führer der Verantwortung und flüchteten ins Ausland. Später entstand ein scharfer Gegensatz zwischen ↑*Mustafa Kemal* und den alten İTC-Mitgliedern.

İzmir ↑fuar.

İzmir İktisat Kongresi. Der Wirtschaftskongreß von İzmir (eigentlich

Türkiye İktisat Kongresi) fand vom 17.2.-4.3.1923 unter dem Vorsitz des Fachministers Mahmut Esat [Bozkurt] statt. Die Abgeordneten der Nationalversammlung waren nicht geladen. Während die Friedensverhandlungen von ↑*Lausanne* in eine Sackgasse geraten waren, bemühten sich in İzmir 1135 Delegierte aus allen Landesteilen um die Festlegung einer neuen, nationalen Wirtschaftspolitik. Einstimmig wurde ein ‚Wirtschaftspakt' (*misâk-ı iktisadî*) verabschiedet, der in der Sache liberal, in der Form eher kooperativistisch war (↑*devletçilik*, ↑*halkçılık*). Darin drückte sich das Übergewicht der Kaufleute (*tüccar*) gegenüber den schwächer vertretenen Bauern und den so gut wie ganz fehlenden Landarbeitern und Pächtern (*ortakçı, yarıcı*) aus. Themen wie Landreform oder Streikrecht standen nicht auf der Tagesordnung. ↑ *aşar*, ↑*Teşvik-i sanayi kanunu.*

İzmir yangını (Der Brand von İzmir). Wenige Tage nachdem die türk. Armee İzmir am Ende eines dreijährigen Krieges (↑*Kurtuluş savaşı*) besetzt hatte, brach im armen. Viertel ein Feuer aus, das zwischen dem 13. und 15.9. etwa die Hälfte der Stadt zerstörte. Die Gründe der Katastrophe sind bis heute ungeklärt: die Schuld wird armen., griech. oder türk. (irreguläre Truppen, Plünderer, die Armee selbst?) Urhebern zugeschoben.

J

j kommt als Fremdphonem nur in Lehnwörtern, v.a. aus dem Persischen und Französischen, vor (z.B. *jambon* ‚Schinken', *jimnastik, jüri*). Ungebildete Sprecher ersetzen *j* durch *c*: *candarma.*

Jagd (*avcılık*). In der T. werden 19 Arten von Jagdwild gezählt. Es gelten unterschiedliche Schonzeiten. Über das ganze Jahre dürfen nur Luchs, Hyäne, Wolf, Schakal, Wildschwein, Elster und Krähe geschossen werden. Für Ausländer ist die J. auf Wildziegen und Bären besonders anziehend.

Jahreszeiten. Im türk. Bauernkalender beginnt der Winter am 8.11. (*kasım,* davon der neue ↑*Monatsname* für November). Ihm entspricht ↑*Hıdırellez* als Sommeranfang. Sommer ist *yaz* (vgl. ↑*yayla*) und Winter *kış* (vgl. ↑*kışla*). Weniger scharf werden Frühjahr (*ilkbahar*) und Herbst (*sonbahar*) begrenzt. ↑*cemre.*

Jandarma Genel Komutanlığı. ‚Gendarmerie-Oberkommando'. Die Gendarmerie untersteht disziplinarisch und in Ausbildungsangelegenheiten dem Innenministerium (↑*İçişleri Bakanlığı*). Für ihre Bewaffnung, Kleidung und Ausrüstung ist das Verteidigungsministerium (↑*Milli Savunma Bakanlığı*) zuständig. Ihr Kommandant ist Mitglied des Nationalen Sicherheitsrats (↑*Milli Güvenlik Kurulu*). Die Gendarmerie ist überall dort für Polizeiaufgaben zuständig, wo die staatliche Sicherheitsbehörde (↑*Emniyet Genel Müdürlüğü*) keine Posten unterhält: auf dem Land und an der Grenze. Die Wehrpflicht kann auch innerhalb der Gendarmerie abgeleistet werden.

Janitscharen ↑yeniçeri.

Jesiden (*Yezidi*) sind Angehörige einer synkretistischen Religion, die in frühislam. Zeit entstanden ist. Ihre in der T. lebenden Anhänger sprechen ↑*Kurdisch* (*Kırmancî*), gebrauchen aber auch ↑*Arabisch* als Ritualsprache. Die Gemeinden in Bezirken entlang der syr. und irak. Grenze befinden sich in Auflösung. Um 1990 leben einige Tausend J. in der Bundesrepublik Deutschland.

jeton, jöton. Messingstück für Telefonautomaten. Sie werden an den Schaltern der Postämter (↑*PTT*), von Zeitungshändlern (↑*gazeteci*) und Schuhputzern (↑*boyacı*) in unmittelbarer Nähe verkauft. Heute sind sie vielfach durch Magnetkarten ersetzt. j.s werden auch für die Bosporusfähren und den Istanbuler ↑*tünel* verlangt.

Joghurt ↑yoğurt.

Juden (amtl. türk. Bez. *Musevi*, ansonsten *Yahudi*). Trotz einer beachtlichen Auswanderung von türk. J. nach ↑*Israel* leben noch ca. 23 000 J. im Lande (davon ca. 20 000 in Istanbul). Ihnen stehen 17 Synagogen zur Verfügung. Sie sind überwiegend Sephardim und Nachkommen der um 1492 aus Spanien bzw. 1497 aus Portugal vertriebenen J. Bis in unser Jh. war Spanisch (*Ladino*) die Umgangssprache der Mehrheit der türk. J. Heute erscheint die Istanbuler Zeitung *Şalom* nur noch mit einer spanischen Seite, der Rest in Türk. Dagegen dominiert ↑*Französisch* als Bildungssprache. In jüd. Schulen Istanbuls wird nur Hebräisch für das Verständnis des Gottesdienstes gelehrt. Das Oberhaupt der türk. J. ist der ↑*hahambaşı.* ↑*Dönme* nennt man zum Islam konvertierte J.

Junggeselle ↑bekâr.

Jungtürken. Im 19.Jh. bez. man in Europa die auf Reformen drängenden Türken als Jungosmanen bzw. Jungtürken (*Jeunes Turcs*/*Jön Türk*). Der Sturz ↑*Abdülhamits II.* (1908) ermög-

lichte die Bildung indirekt, später auch direkt von den J. gebildeter Kabinette. Vgl. das ‚Komitee für Einheit und Fortschritt' (↑*İttihat ve Terakki cemiyeti*).

K

kabul günü. ‚Empfangstag'; typische Form des sozialen Kontaks unter Damen der mittleren und oberen Schichten im städtischen Milieu. Der k.g. ist ein *jour fixe* mit Tee oder Kaffee bzw. Süßigkeiten. Im Einzelfall ergibt sich die Notwendigkeit, mehrere Termine am selben Tag wahrzunehmen. Die Damenempfänge bilden ein wichtiges horizontales Netzwerk von Beziehungen und übernehmen viele Funktionen von Frauen-Klubs.

kaçakçı. ‚Schmuggler'. Zum Schmuggel mit Waffen, Drogen und hochwertigen Luxusgütern über die türk. Grenzen kommt die illegale Ausfuhr von Antiken. Schon 1884 wurde unter dem Direktor des Archäologischen Museums von Istanbul, Osman Hamdi Bey, eine Verordnung gegen die Ausfuhr von Grabungsfunden erlassen. Derzeit gilt das Gesetz Nr.1710 i.d.F. des Gesetzes Nr.2863 v. 1983.

kadı. Nicht mehr gebräuchlicher Name für ‚Richter'. Das Wort für ‚Gerichtsbezirk' (*kaza*) lebt in der Bezeichnung für Bezirk/ Landkreis (↑*ilçe*) fort.

kadın ↑Frauen, ↑ hizmetçi.

Kaffee ↑kahve, kahvehane, ↑kıraathane.

kağnı. Der vielleicht schon in byzant. Zeit bekannte, von Ochsen gezogene

Scheibenräderwagen war ein Symbol für die Rückständigkeit Anatoliens (vgl. die so überschriebene Erzählungssammlung von Sabahattin Ali aus dem Jahr 1936). Inzwischen findet sich der k. in den ethnographischen Abteilungen der Provinzmuseen.

kahraman. ,Held'; an die Stadt Maraş wegen des Widerstands der muslim. Bewohner gegen die franz.-arm. Besatzung (bis 1922) verliehener ehrender Beiname (↑*Ortsnamen*).

kahvaltı. Das traditionelle ,Frühstück' besteht aus mehreren Käsesorten (*peynir*), Oliven (*zeytin*), Marmelade (*reçel*), Butter oder Margarine (*tereyağı, margarin*), Weißbrot (↑*ekmek*), Eiern (*yumurta*)und Honig (*bal*). Beliebt sind auch Suppen (↑*çorba*).

kahve, kahvehane. Obwohl der Tee (↑*çay*) längst den Kaffee als Nationalgetränk abgelöst hat, spricht man noch von ,Kaffeehäusern'. Die ersten k. sollen Mitte des 16.Jh. in Istanbul eröffnet worden sein. In der 2. Hälfte des folgenden Jh. konnten sie sich überall durchsetzen. Türk. Kaffee wird beim ↑*garson* unter Angabe des Süßigkeitsgrads bestellt: *şekerli, az* oder *orta şekerli, sade* (gezuckert, wenig/mittel gezuckert, ohne Zucker). Versuche, Kaffeesträucher im Lande zu kultivieren, blieben erfolglos.

Kalenderreform. Die Konkurrenz der islam. Jahreszählung (↑*hicre*) mit der christlichen bestand bis zum 1.1. 1926 (nachdem schon ab 1.3.1917 die westliche Tages- und Monatszählung eingeführt worden war). Die Bez. für ,vor' und ,nach [Christi] Geburt' werden abgekürzt: MÖ, MS. - Vom späten 17.Jh. bis 1925 gab es ein eigenes ,Finanzjahr' (*malî yıl*), das regelmäßig im Frühjahr begann, in die sog. ,syrischen' Monate eingeteilt war, sich aber in seiner Zählung mehr oder weniger an die *hicre-Jahre* anlehnte.

kalfa ↑usta.

Kalif ↑halife.

Kalifat ↑ hilafet.

kalpak. Eine Fellmütze, die nach der jungtürk. Revolution (1908) von Offizieren und Polizeibeamten an Stelle des ↑*fes* getragen wurde. ↑*Mustafa Kemal* zeigte sich nach seinem Rücktritt als General am ↑*Erzurum-Kongreß* (1919) wieder zivil mit dem *fes*. Im Befreiungskrieg wurde sein *Kemâlî k.*, der sich nach oben leicht verbreiterte, außerordentlich populär. Obwohl das ,Hutgesetz' (↑*Şapka kanunu*) auch dem k. ein Ende machen sollte, ist das Verbot nicht streng beachtet worden.

Kamal. Die fragwürdige ,Türkisierung' des arab. Namens (Kamâl < osman. Kemâl) wurde nur zwischen 1935-1938 für Mustafa K. ↑*Atatürk* gebraucht.

Kamele (*deve*). Die Zahl der K. sinkt ständig (weniger als 3000?), da ihre Bedeutung als Transporttier (↑*Yürük*) und Fleischlieferant völlig zurückgegangen ist. - Wahrscheinlich hat erst die Kreuzung von baktrischem Kamel und Dromedar den türk. Wanderhirten das Überwintern in Iran und Anatolien ermöglicht. Aus dem männlichen Tier aus Innerasien und den weiblichen Dromedaren wurden fruchtbare, wenn auch schnell degenerierende Hybride gezüchtet.

Kamelkämpfe ↑devegüreşi.

Kammern ↑oda.

kamp. ‚Ferienlager'; in den Haupturlaubsmonaten Juli/August stellen die meisten Behörden, Banken, Versicherungen ihren Angestellten Plätze in eigenen Ferienlagern an der Küste zur Verfügung (zweiwöchiger Rhythmus ist üblich). Lehrer können oft in Schulhäusern unterkommen. Diese Art kostengünstiger Betriebsferien wurde durch das Tourismusförderungsgesetz von 1953 stark beeinflußt. Der Binnentourismus in der T. übertrifft die Zahlen der übernachtenden Ausländer um das doppelte.

Kamu İktisadî Teşebbüsleri (KİT). Die ‚Staatlichen Wirtschaftsbetriebe' werden seit der Liberalisierung der türk. Wirtschaft mit folgenden Aufgaben betraut: 1) Gewährleistung einer ausgeglichenen wirtschaftlichen und sozialen Entwicklung, 2) Bereitstellung von Grundkonsumgütern, 3) Ausgleich regionaler Disparitäten.

kan davası oder **kan gütme.** ‚Blutrache' ist dort gegeben, wo eine Bluttat an Mitgliedern einer Gruppe geübt wird, ohne daß zwischen Rächer und Opfer eine persönliche Beziehung bestehen muß. Das türk. Strafrecht ahndet die Ausführung der Blutrache ausdrücklich als Mord.

kandil. ‚Kerze, Leuchter'; im islamischen Festkalender wichtige mit dem Prophetenleben verbundene Gedenktage: *Mevlid-i şerif* (Geburt), *Regaip* (Empfängnis), *Miraç* (Himmelfahrt), *Berat* (Nacht der Berufung zum Propheten).

kanun oder neutürk. **yasa.** ‚Gesetz' als oberster legislativer Akt. Es folgen

Gesetzesverordnung/Rechtsverordnungen mit Gesetzeskraft (↑*Kanun hükmünde kararname*), Rechtsverordnung (*nizamname, tüzük*), Ministerratsbeschluß (*Bakanlar Kurulu kararı*), Satzung/Verordnung (*yönetmelik*), Runderlaß (*tamim, genelge*) und ‚Rundschreiben' (*sirküler*).

Kanun hükmünde kararname (KHK). Gesetzesverordnungen bzw. Rechtsverordnungen mit Gesetzeskraft kann der Ministerrat seit der Verfassungsreform von 1971 auf Grund einer Ermächtigung durch die *Türkiye Büyük Millet Meclisi* erlassen. Sie sollen einer größeren Effizienz des Gesetzgebungsprozesses dienen. Eine KHK unterliegt der Kontrolle durch das Verfassungsgericht (↑*Danıştay*) und muß nachträglich durch die Nationalversammlung im Eilverfahren legitimiert werden. Der häufige Griff türk. Regierungen zum Instrument des KHK hat dazu geführt, daß man von einer ‚Ministerratsdiktatur' gesprochen hat. Im Not- und Ausnahmezustand (↑*sıkıyönetim*) ist die Rolle der Exekutive noch stärker, wenn auch hier das Parlament zustimmen muß.

Kanunî [â-û-î]. Der ‚Gesetzgeber'; der Beiname von Sultan Süleyman I. (reg. 1520-1566) leitet sich von dem Wort ↑*kanun* (Gesetz) ab. Unter seiner Herrschaft wurden verschiedene Rechtsgebiete (außerhalb der ↑ *şeriat*) kodifiziert.

kapıcı. Der Hauswart fehlt in keinem größeren Mehrfamilienhaus (↑*apartman*) der türk. Großstädte. Zu seinen Aufgaben gehört neben der Überwachung der Heizung und der Ausführung kleiner Reparaturen oft auch die Erledigung von Einkäufen der einzelnen Haushalte.

Kapıkule. ‚Torturm'. Grenzstation zu Bulgarien bei Edirne an der Europastraße 5, das Einfallstor der Türkei.

kapitülasyon. „Kapitulationen" sind die Gesamtheit der im Osman. Reich Ausländern und ihren Schutzbefohlenen eingeräumten Sonderrechte (wie Konsulargerichtsbarkeit). Die T. hatte beim Ausbruch des Weltkriegs ihre Abschaffung beschlossen. Deutschland hatte dies 1917 anerkannt. Bei den Vertragsverhandlungen von ↑*Lausanne* erklärten auch die Siegermächte ihre Bereitschaft, den gleichen Rechtsstatus für Ausländer hinzunehmen. Das Wort k. wird noch heute in polit. Auseinandersetzungen gebraucht, um auf Sonderrechte ausländ. Wirtschaftsunternehmen aufmerksam zu machen (↑*BOT*).

kaplıca nennt man ein Badehaus (↑*hamam*) über einer Thermalquelle. Daneben finden sich die Bez. *ılıca* und *çermik*. Berühmte Heilbäder befinden sich in Yalova, Bursa und Kızılcahamam (bei Ankara).

karabaş. Anatolischer Hirtenhund (‚Schwarzkopf'). Eine bekannte Rasse ist der aus der Provinz Sıvas stammende *kangal*.

Karagöz. ‚Schwarzauge'. 1. Der Held des türk. Schattenspiels, gleichzeitig der Name für das Spiel selbst. Die Tradition des K. reicht ins 17.Jh. zurück. Wahrscheinlich setzt es ältere Traditionen des Theaters mit ‚mehrdimensionalen' Puppen fort. Neben den Protagonisten *Karagöz*, einem witziggerissenen Typ, und *Hacivat*, seinem höflichen und gebildeten Nachbarn, treten Repräsentanten der Istanbuler Gesellschaft und der verschiedenen Völker des Osmanenstaats auf. Daneben kennt die Schattenbühne Versatzstücke (*göstermelik*) wie Brunnen, Badehaus oder Baum mit Früchten und Vögel. Jedes Stück besteht aus Prolog mit einem sog. ‚Vorhang-Gedicht' (*perde gazeli*), Dialog (*muhavere*), der Haupthandlung (*fasıl*) und einem Epilog. Heute genießt das K. zwar staatliche Förderung, doch spielt es als Unterhaltungsgattung fast keine Rolle mehr. 2. *k. balığı*, Seebrasse (beliebter Speisefisch).

karakol. ‚Polizeiwache'. In einem Wachlokal (*karakolhane*) dienen unter einem Hauptkommissar (*başkomiser*) mehrere Kommissare und Hilfskommissare sowie ranglose Polizeibeamte (*polis memuru*).

Kara Kuvvetleri. Die ‚Landstreitkräfte' gliedern sich in vier Armeen (*ordu*). Neben dem 1.-3. Armee-Kommando steht das *Ege* (Ägäis) *Ordu Komutanlığı*. Jede *ordu* zerfällt in regionale Armeekorps (*kolordu*). Die weiteren Einheiten heißen *tümen* (Division), *tugay* (Brigade), *alay* (Regiment), *tabur* (Bataillon), *bölük* (Kompanie) und *takım* (Zug). Traditionsgemäß ist der Chef der K.K. der zukünftige Vorsitzende des Generalstabs (↑*Genelkurmay Başkanı*).

Karamanlı. Menschen aus der zentralanatolischen Landschaft um Karaman, im engere Sinn Name für turkophone Orthodoxe. Ihre Schrift war griechisch, ihre Sprache türkisch. Die K.s. gehen z.T. auf türk. Christen der vorosmanischen Zeit zurück, z.T. handelt es sich um turkisierte Griechen. Ungeachtet ihrer Herkunft wurden sie in den ↑*Bevölkerungsaustausch* von 1922 einbezogen. ↑*bakkal*.

karar. Entscheidung, Beschluß. Im Rechtssinne wird k. verwendet für

Ministerratsbeschlüsse (↑*Bakanlar Kurulu*) und Beschlüsse der Nationalversammlung (↑*Türkiye Büyük Millet Meclisi*). Auch Gerichtsentscheidungen im weiteren Sinne (Beschlüsse und Urteile) werden als k. bezeichnet.

Karayolları Genel Müdürlüğü. Die ‚Generaldirektion für Überlandstraßen' (Abk. TCK!) unterhält das nationale Fernstraßennetz.

kardeş. ‚Bruder'; Anrede für jüngere Brüder sowie nicht-verwandte Knaben und jüngere Männer.

Kars. Das wechselhafte Schicksal der Grenzstadt (*serhat*) K. im äußersten NO des Landes hat sie zum Symbol des türk. nationalen Widerstands gemacht: Verlust an Rußland im Krieg von 1877/78 (↑*Doksanüçharbi*), Rückeroberung durch die Türken 1918, Einrichtung einer selbständigen ‚Islamischen Ratsversammlung von K.' (*K. İslâm Şûrası*) am 6.11.1918, nach ihrer Auflösung durch die Engländer Übergabe an die ↑*Armenier* (13.4.1919) und endgültige Eroberung durch Kâzım Karabekir Paşa am 30.10.1920. Im Vertrag von K. vom 13.10.1921 wurde die NO-Grenze der T. mit den drei Sowjetrepubliken Transkaukasiens ‚unter Mitwirkung der RSFSR' endgültig bestimmt.

kasap. Der Metzger gehört mit ↑*bakkal* und ↑*manav* zu den typischen Gewerbetreibenden (*esnaf*) eines Wohnviertels (↑*mahalle*). In der Regel verkauft er nur Rinds- und Schafsfleisch. Innereien (wie Leber) bezieht man beim *çiğerci*. Günstiger ist der Einkauf bei der staatl. ↑*Et ve Balık Kurumu*.

Kassationshof ↑Yargıtay.

Katholiken. Die Kathedralkirche der türk. K. ist St. Esprit in Istanbul. Bischofsvikare sind in Istanbul, Ankara (Patres Assumptionisten) und İskenderun (Fratres Kapuziner).

Katma Değer Vergisi (KDV). Mehrwertsteuer; sie muß auf jeder Rechnung ausgewiesen sein und wird - als Anreiz zur größeren Steuerehrlichkeit - dem Käufer z.T. erstattet (↑*Finanzsystem und Finanzverwaltung*).

kavas (von arab. *qawwâs* ‚Bogenträger'). Einheimischer Bediener einer diplomatischen Vertretung in der T. bzw. an türk. Botschaften im Ausland.

kaymakam ↑İlçe.

kayyım ↑müezzin.

kaza ↑İlçe.

KDV ↑Katma Değer Vergisi.

Keban. Name des ersten monumentalen Stausee-Projekts am Mittleren Euphrat (vgl. ↑*Güneydoğu Anadolu Projesi*).

kebap ist der aus dem Arab. stammende Name für zahlreiche Sorten von gerösteten oder gekochten Fleisch, die man beim *kebapçı* zu sich nimmt. Das k. ist weniger Bestandteil der klass. türk. Küche als eine Art von *fast food* der letzten Jahrzehnte. Neben dem Drehspieß (↑*döner kebap*) ist der ‚Schaschlik' (*şiş* k.) am verbreitetsten. Schärfer gewürzte Arten kommen aus dem Südosten des Landes (Urfa, Adana).

Keldani. ‚Chaldäer' (und Nestorianer) bekennen sich zu einer Kirche des ostsyrischen Ritus. Sie haben ihre Dörfer im Raum Mardin, Siirt, Diyarbakır und Hakkâri weitgehend aufgegeben und leben heute in Istanbul und Europa (Frankreich). Ihre Sprache zählt wie die der ↑*Süryani* zu den neuaramäischen Dialekten.

Keloğlan. ‚Kahler Junge'; Held der türk. Volkserzählung, der sich durch seine Pfiffigkeit und drastischen Scherze von den vorherrschend positiven Figuren des Genres deutlich abhebt. Er erscheint auch in Theaterstükken und Filmen sowie als Comic-Figur.

Kemal ↑Mustafa Kemal.

Kemalizm. Im türk. Sprachgebrauch wird ‚Kemalismus' immer seltener verwendet (↑*Atatürkçülük*). In der europäischen Presse erscheint er schon 1919 als Sammelbezeichnung für den damals noch als ‚islamisch' bezeichneten anatolischen Widerstand unter ↑*Mustafa Kemal*. Nach Atatürks Tod (1938) wurde der Name von den verschiedensten Parteien und Gruppen gebraucht. Eine Organisation, die das kemalistische Gedankengut auch im Ausland verbreitet, heißt ‚Union für kemalistische Begeisterung' (*Kemalist Atılım Birliği*).

kemençe. Überall im Küstenbereich des Schwarzen Meers vertretene Fiedel mit einem länglich kastenförmigen Korpus und kurzem Hals.

kent. Das alte, von vielen Sprechern für türk. gehaltene, in Wirklichkeit aber sogdische Wort (vgl. Samarkand, Taschkent) für ‚Stadt/Dorf' sollte in der Sprachreform das in Anatolien geläufi-

ge ↑*şehir* ersetzen. Es hat sich eingebürgert im Fall von *başkent* (‚Hauptstadt') und ↑*anakent* (↑*Istanbul*) sowie in Bezeichnungen für moderne, von Genossenschaften (↑*kooperatifçilik*) errichtete Trabantenstädte (z.B. Batı-Kent ‚Weststadt', Ege-Kent).

KHK ↑Kanun hükmünde kararname.

kıbla ↑mihrap.

Kıbrıs ↑Zypern.

kımız. Gegorene Stutenmilch (‚Kumyß'). Ein abwertender Ausdruck für an der vorislamischen Kultur Zentralasiens orientierte Turanisten (↑*Turancılık*) ist ‚Stutenmilchtrinker' (*kımızcı*). ↑*ayran*.

kıraathane. Aussterbender Typus von Kaffeehaus (↑*kahvehane*), das die Lektüre (*kıraat*) von ausliegenden Zeitungen ermöglicht.

Kırklar. ‚Die Vierziger'; im islam.-türk. Volksglauben Gruppe von 40 Heiligen (analog ‚Dreier' und ‚Siebener': *Üçler, Yediler*).

Kırklareli. ‚Land der Vierziger'; der Name der thrak. Stadt wurde 1924 an Stelle von Kırkkilise (‚Vierzigkirchen') festgelegt. ↑*kilise*.

Kırkpınar. Wichtigster Austragungsort der v.a. unter den Balkantürken verbreiteten Ringkämpfe (früher Westthrakien, heute übertragen auf ein Stadion in Edirne). Der sog. *yağlı güreş* wird im eingeölten Zustand ausgetragen. Die Kämpfer tragen eine knielange Hose aus Kalbsleder (*kisbet*).

Kırmanca, Kırmancî ↑Kurden.

kışla. ‚Winterlager‘; das Wort bedeutet heute nur noch Kaserne bzw. Garnison. Vgl. die Sommerweide (↑*yayla*).

kışlak. Die Winterweide der Nomaden. ↑*Yürük.*

kız kaçırma. ‚Entführung‘ der Braut; das k.k. wird z.T. auf dem Lande noch praktiziert, wenn die Familie des Mädchens die Zustimmung zur Heirat verweigert. Eine Variante der ‚atypischen Eheschließung‘ ist das *kız kaçışma,* bei der das Mädchen seine Jungfräulichkeit nicht verliert, weil es im Hause eines Verwandten, der für seine Ehre garantiert, untergebracht wird, bis das Einvernehmen der Eltern hergestellt ist.

Kızılay. ‚Roter Halbmond‘, als *Hilal-i ahmer* 1868 gegründete türk. Schwesterorganisation des Roten Kreuzes, jetzt in der Rechtsform eines Vereins (*Türk Kızılay Derneği*). Den Krankentransport übernimmt eine andere Einrichtung (↑*Hızır Servis*).

Kızılbaş. ‚Rotkopf‘ ist eine seit dem späten 15.Jh. vorkommende, überwiegend herabsetzend (Ausnahme bei den bulgar. Türken) gebrauchte Bezeichnung für heterodoxe Gruppen wie Tahtacıs, Çepnis, Abdals, ↑*Bektaşi* und vor allem ↑*Alevi.* Das Wort wird vom roten Kopfbund der Anhänger Alis abgeleitet.

kimlik. ‚Identität‘ wird abkürzend für den Personalausweis (*k. belgesi* bzw. das ältere *hüviyet cüzdanı*) verwendet.

Kinderarbeit. Die T. ist einigen internationalen Abkommen über K. beigetreten, nicht jedoch der Konvention 138 der Internationalen Arbeitsorganisation (ILO) über das Mindestalter der

K. Das Basismindestalter für K. beträgt 12 Jahre, bei gefährlichen Arbeiten liegt es bei 16-18 Jahren. Im einzelnen gelten Ausnahmen für Familienbetriebe, die Landwirtschaft (nicht jedoch während der Schulstunden) und den Handel. Für Kinder gibt es eine eigene Regelung des ↑*Mindestlohns.*

Kinderfest ↑Çocuk bayramı.

Kindergarten ↑anaokul.

Kinderschutzbund ↑Çocuk Esirgeme Kurumu.

Kino ↑sinema.

Kiosk ↑köşk.

KİT ↑Kamu İktisadi Teşebbüsleri.

KKTC ↑Zypern.

Koç Holding A.Ş., Firmengruppe (seit 1963 als ↑*holding* organisiert). Der Aufstieg ihres Gründers Vehbi Koç (geb.1901) vom Lehrling im Krämerladen des Vaters (↑*bakkal*) zum Milionär ist legendär. Das bekannteste Produkt des Unternehmers war der erste von den Otosan-Werken hergestellte türk. PKW (↑*Anadol*). ↑*Atatürk Kitaplığı,* ↑*Türk Eğitim Vakfı.*

kolej. Meist für fremdsprachige Gymnasien verwendet, bekannt ist das *Amerikan Kız koleji* in Istanbul, an dem die Schriftstellerin Halide Edib Adıvar (1884-1964) unterrichtete. Nur Polizeischulen heißen offiziell *Polis koleji.*

komisyoncu. Vermittler aller denkbaren Waren, Dienstleistungen und Kontakte.

Kommunalverwaltung ↑belediye.

Kommunisten. Seit 1989 wird die ‚Vereinigte Kommunistische Partei der T.‘ (*Türkiye Birleşik Komunist Partisi/TBKP*) geduldet. Sie entstand aus dem Zusammenschluß von *Türkiye Komunist Partisi* und *Türkiye İşçi* (‚Arbeiter‘) *Partisi*.

Komünizimle Mücadele Derneği. ‚Verein zur Bekämpfung des Kommunismus‘; rechtsreligiöses Sammelbekken während der 60er Jahre.

konak. Bez. großes, meist freistehendes Haus einer wohlhabenden Familie in osman. Zeit. Es war stets in ↑*haremlik* und ↑*selamlık* aufgeteilt, bot auch den zahlreichen Dienstboten Unterkunft und war von einem Garten umgeben. Auch das Regierungsgebäude eines Provinzortes gilt als k. (*hükümet konağı*).

konar-göçer bzw. **göçebe.** ‚Nomade‘, wörtl. ‚der sich Niederlassende und (dann) Weiterziehende‘. Die Wanderweidewirtschaft spielt in der T. nur noch bei wenigen Jürüken (↑*Yürük*) und ↑*Kurden* eine Rolle. Schon bald nach der Turkisierung Anatoliens (ca. 1071-14.Jh.) bildete sich ein komplexes System heraus, in dem manche Gruppen über große Distanzen nomadisierten (z.B. zwischen der syrischen Steppe um Aleppo im Süden und der Uzunyayla im Norden), andere aber als ‚Halbnomaden‘ zwischen Winterdorf (↑*kışla*) am Rande der Hochlandbecken (↑*ova*)und der Hochweide (↑*yayla*)-wechselten. Der moderne Almbetrieb (‚Transhumanz‘) wird nicht mehr mit dem ↑*Kamel*, sondern so weit wie möglich mit dem Lastkraftwagen (*kamyon*) abgewickelt. Der jahreszeitliche

Umzug ganzer Stämme oder Dörfer kommt nur noch gelegentlich vor.

Kongresse ↑Balıkesir-K., ↑Erzurum-K., ↑Sivas-K., Berliner K.

konsolos. ‚Konsul‘; man unterscheidet den Generalkonsul (*başkonsolos*) bzw. k. vom Honorarkonsul (*fahrî k.*). Das konsularische Korps von Istanbul hat ca. 50 Mitglieder. Die Republik T. unterhält zahlreiche Konsulate in der Bundesrepublik Deutschland, denen auch Attachés (*ataşe*) für Arbeit und Soziales (↑*Çalışma ve Sosyal Güvenlik Bakanlığı*) bzw. für Religionsfragen (↑*Diyanet İşleri Başkanlığı*) beigegeben sind.

Konstitution ↑meşrutiyet.

kontenjan. ‚Kontingent‘ (aus dem ↑*Französischen*). Die Verfassung von 1960 sah vom Präsidenten der Republik direkt in den Senat entsandte K.-Senatoren vor. Das Gesetz kennt auch ein Kontingent (‚Quote‘) von 10% weiblichen Richtern und Staatsanwälten, das jedoch nicht aufgefüllt ist.

Konya. Das ‚miting‘ der *Millî Selamet Partisi* in der westanatolischen Stadt mit seinen anti-laizistischen Slogans am 6.9.1980 bildete einen entscheidenden Vorwand zur Intervention des Militärs unter Kenan Evren am 12.9. des Jahres. ↑*Anıtkabir*, ↑*Mevlevi*.

kooperatifçilik. ‚Genossenschaftswesen‘; neben Kooperativen, die Agrarprodukte wie (z.B. Feigen, Trauben, Baumwolle, Rosenöl) vermarkten (*tarım satış kooperatifleri*), sind vor allem Wohnungsbaugenossenschaften von Bedeutung (*konut kooperatifleri*). Die 1938 gegründete ‚Volksbank‘ (*Türkiye*

Halk Bankası) vertritt als die wichtigste Genossenschaftsbank zahlreiche Kooperativen.

Kopfbedeckung ↑çarşaf, ↑ferace, ↑fes, ↑kalpak, ↑şapka.

Kopftuch. Das Tragen eines heute *türban* genannten Kopftuchs durch weibliche Studenten innerhalb der Hochschulen wurde Anfang 1989 durch das Verfassungsgericht (↑*Anayasa Mahkemesi*) verboten, u.a. weil es zu ‚Spaltungen' und ‚Abgrenzungsprozessen' unter der studierenden Jugend führe. Eine allgemeine Bezeichnung lautet ‚Kopfbedeckung' (*başörtüsü*).

Koran. Im türk. Sprachgebrauch *Kuran-ı kerim* (der edle K.); der arab. Text der islam. Offenbarung, wurde seit 1924 in ca. 40 türk. Paraphrasen (*meal* wörtl. ‚Sinn, Bedeutung') herausgegeben. Die Übersetzer sind z.T. bekannte Theologen wie İzmirli İsmail Hakkı (1932). Beliebte Geschenke sind K.-Faksimile nach der Handschrift berühmter Kalligraphen der osmanischen Periode. Da ein K. keinen Geldwert haben darf, wird er im Buchhandel als ‚Geschenk' (*hediyelik*) ausgezeichnet. Der gesamte arab. Text wird auch in Form von Ton-Kassetten, die berühmte Rezitatoren (↑*hafız*) bespielten, angeboten. Über die Korrektheit der K.-Ausgaben wacht das ↑*Diyanet İşleri Başkanlığı*. ↑*cüz*.

Korankurse. Unter Aufsicht des ↑*Diyanet İşleri Başkanlığı* finden z.Z. pro Jahr fast 5000 Kurse mit ca. 150 000 Teilnehmern statt, ein Drittel davon stellen Frauen. Die Mehrzahl besteht aus Absolventen der Grundschule (↑*ilkokul*) im Alter von 11-18 Jahren.

Korea (*Kore*). Die Entsendung einer Division von 4500 Mann nach K. wurde eine der wichtigsten Etappen in der Westpolitik des Landes (Eintreffen des Verbands in K. am 17.10.1950). Wenige Tage zuvor hatte Ministerpräsident ↑*Menderes* die Bewerbung der T. um den Beitritt in die ↑*NATO* bekanntgegeben. An die Schlacht von Kumyaligjang-li und die nahezu 1000 türk. Toten und Vermißten erinnert das *Kore anıtı* (‚K.-Denkmal') in Ankara (im Kore parkı beim Hauptbahnhof). Aus K. zurückgekehrte Unteroffiziere ließen sich mit ihrer Abfindung häufig als Lebensmittelhändler (*Koreli* ↑*bakkal*) nieder.

Korkmazlar. (wörtl. ‚Die Furchtlosen', häufiger Nachname). Zweisprachige Spielfilmserie für das deutsche Fernsehen, die das Schicksal einer türk. Familie in München zum Gegenstand hat.

Koseformen. Das Türk. verwendet das Verkleinerungssuffix *-cık* bzw. *-cağız/ ceğiz,* um beim Gebrauch von Verwandtschaftsbezeichnungen und Personennamen besondere Zuneigung auszudrücken: *anneciğim* ‚mein Mütterlein'. Im Fall von *Mehmet > Mehmetçik* entstand ein volkstümliches Wort für Soldat (‚Landser'). Andere K. entstehen durch Austausch der 2. (oder 2.u.3.) Silbe des Namens durch *-i,-o* oder eine auf *-ş* endende Silbe: *Fat[i]ma > Fatiş, Fato* oder *Fatoş, İbrahim > İbo, Mehmet > Memiş* oder *Memo.*

Kostantiniyye ↑İstanbul.

Köroğlu. Wörtl. ‚Sohn des Blinden'; Gestalt des edlen Räubers in der Volksliteratur des anatolischen Raums und angrenzender Länder. Es gibt zahlreiche moderne literarische Aneignungen des alten Stoffs, u.a. bei Yaşar Kemal.

köşk. Türk. Wort pers. Herkunft (daraus das deutsche ‚Kiosk'), das Pavillons in Schloßgärten bezeichnet (z.B. der Çinili Köşk im ↑*Topkapı Sarayı*). In der politischen Sprache steht *köşk* für das Palais des Präsidenten der Republik (↑*Çankaya*). Auch seine Sommersitze (↑*Florya,* ↑*Tarabya*) sowie offizielle Residenzen heißen k. (wie für den Außenminister das *Hariciye Köşkü*).

köy. ‚Dorf'; Im verwaltungsrechtlichen Sinn eine ländliche Siedlung unter 2000 Einwohnern (↑*belediye*). Der gewählte Dorfvorstand (↑*muhtar*) vertritt die Dorfgemeinde nach außen und den Staat gegenüber der Gemeinde. Dem *muhtar* steht die ‚Versammlung der Alten' (↑*ihtiyarlar meclisi*) zur Seite. Dörfliche Gemeinschaftsarbeit (↑*imece*), eine Abgabe pro Haushalt (*salma*) und Einnahmen aus Strafgeldern (*köy parası*) sind die einzigen örtlichen Finanzquellen.

Köy Enstitüsü. ‚Dorf-Institut'. Anstalten zur Ausbildung von Landschullehrern, gegründet 1940. Ein K.E. war eine Art Agrarkommune, in der Absolventen der Grundschule (↑*ilkokul*) in Fünf-Jahres-Kursen unter besonderer Berücksichtigung landwirtschaftlicher und handwerklicher Kenntnisse und Fertigkeiten vorbereitet wurden. Die K.E. konnten nur 6 Jahre in dieser Form wirken. Ab 1951 wurden sie u.a. wegen des Eindringens von „häßlichem linken Gedankengut" geschlossen bzw. in Lehrerbildungsanstalten herkömlicher Art (*İlköğretmen Okulu*) umgewandelt, nachdem die Koedukation in den K.E. schon früher abgeschafft worden war.

köykent. ‚Dorfstadt'; Anfang der 70er Jahre von dert ↑*Cumhuriyet Halk Partisi* entwickeltes Modell für ländliche Zentralsiedlungen, die Service-Einrichtungen für eine Gruppe von Nachbardörfern bereit halten sollten.

Krankenhaus ↑dispanser, ↑Gesundheitswesen, ↑hastane.

Krankenversicherung ↑Bağ-Kur, ↑Sosyal Sigortalar Kurumu.

Kredi ve Yurtlar Kurumu. ‚Organisation für Stipendien und Studentenheime'. Das zentrale Studentenwerk ist eine Einrichtung des Erziehungsministeriums (↑*Milli Eğitim, Gençlik ve Spor Bakanlığı*).

Kubilay. Name des im Ort ↑*Menemen* am 23.12.1930 von einer Gruppe religiöser Fanatiker ermordeten Reserveoffiziers, deren Anführer, ein gewisser Mehmet aus Kreta, sich zum ‚Messias' (*mahdi/mehdi*) erklärt hatte. Er stand in Verbindung mit dem einflußreichen Nakşbandi-Scheich Esat Efendi (↑*tarikat*) aus Istanbul. Ein Militärtribunal sprach 41 Todesurteile aus, von denen 34 sofort vollzogen wurden. Laizistische Kreise gedenken Mustafa Fehmi K.s bis heute als ‚republikanischen Märtyrer'.

kuduz. ‚Tollwut'; angesichts streunender Hunde spielt die Tollwut-Behandlung (*k. iğnesi*) eine wichtige Rolle. Zuständig für Impfungen gesunder Tiere (*k. aşısı*) sind Tierkliniken (*hayvan hastanesi*).

kur'a. ‚Los, Ziehung'; wird im Sinn von wehrpflichtiges ‚Alter, Jahrgang' gebraucht. ↑*Wehrdienst*.

Kurban bayramı. Das ‚Opferfest' fällt auf den 10.,11.,12. und 13.Tag des Wallfahrtsmonats (*Zilhicce*) und ist ein staatlich geschützter Feiertag. Die Pilger (↑*hacı*) und alle übrigen Muslime begehen den Tag durch ein Schlachtopfer (*kurban kesmek*), das meist aus einem Schaf (*koyun*), einer Ziege (*keçi*) oder einem Kälbchen (*buzağı*) besteht. Selten sind ganze Ochsen (*öküz*) oder Kamele (*deve*). Das Fell bzw. die Haut der Tiere (*kurban derisi*) wird zugunsten anerkannter Wohlfahrtsorganisationen, wie dem Roten Halbmond (↑*Kızılay*), eingesammelt und verwertet. Ein Schlachtopfer ist auch bei Grundsteinlegungen, Einweihungen von Moscheen und selbst der Ankunft hochrangiger Politiker möglich.

Kurden (*Kürt*) im engeren Sinne sind Sprecher des Kirmandschi/Kırmancî, einer Variante der Nordkurdischen Gruppe der iranischen Sprachfamilie. Die Mehrheit der Kurden (70%?) ist sunnitisch und folgt ihrerseits überwiegend der schafiitischen Rechtsschule (↑*mezhep*), doch gibt es auch ↑*Alevi* und ↑*Yezidi*. Einige kleinere christliche Gemeinschaften sind vom Aramäischen bzw. Armenischen zum Kırmanca übergegangen. K. leben hauptsächlich in den Provinzen Hakkâri, Van, Ağrı, Siirt, Batman, Şırnak, Bitlis, Muş, Diyarbakır und Şanlıurfa, wo sie die Bevölkerungsmehrheit bilden. Dieser Raum entspricht im großen und ganzen dem Siedlungsgebiet der K. im 16.Jh. Bedeutende kurd. Gruppe wanderten später nach Norden und Westen: Kars, Mardin, Bingöl, Erzurum, Elazığ, Tunceli, Erzincan, Adıyaman, Malatya und Kahramanmaraş. Isolierte, durch Umsiedlung entstandene Kolonien von K. existieren auch im Westen des Landes

(Cihanbeyli, Haymana, Kürtoğlu). Die Gesamtzahl der K. (ohne ↑*Zaza*) ist unbekannt. Hochrechnungen aufgrund des letzten veröffentlichten Zensus von 1965 (↑*Genel Nüfus Sayımı*) schwanken um mehrere Millionen für die 80er Jahre (6-10 Mill.). Dabei ist stets zu bedenken, daß als Ergebnis der Binnenwanderung Millionen von K. in den Ballungsgebieten des Westens leben und sich als T. identifizieren. Autonomiebestrebungen der K. werden als ‚Separatismus' (↑*bölücülük*, ↑*PKK*) bewertet. Ein von 1983 bis 1991 gültiges Gesetz (↑*Sprachenverbot*) war speziell auf das Kurdische gemünzt. Staatlicherseits werden ‚linguistische' und ‚ethnographische' Untersuchungen gefördert, die den Zusammenhang der *Kürttürkleri* mit einem türkischen Gesamtvolk belegen sollen. Die Bez. ↑*Bergtürken* hatte nie einen amtlichen Charakter.

kurmay. ‚Generalstab'; der Neologismus ersetzt *erkân-ı harp* (↑*harbiye*). Der Chef des Generalstabs heißt ↑*Genelkurmay Başkanı*.

Kurtuluş günü bayramları. Lokale Feiertage, die an die Befreiung einzelner Orte im Unabhängigkeitskrieg erinnern.

Kurtuluş savaşı. ‚Befreiungs-, Unabhängigkeitskrieg'; der von ↑*Mustafa Kemal* erfolgreich organisierte Widerstand der muslimischen Bevölkerung Anatoliens und Rumeliens (↑*Anadolu ve Rumeli Müdafaa-i Hukuk Cemiyeti*) gegen die Bestimmungen des Vertrags von ↑*Sèvres*. Höhepunkte waren die Schlachten am ↑*Sakarya* und bei ↑*Dumlupınar*. Der Krieg endete mit der Einnahme von ↑*İzmir* und dem Waffenstillstand von ↑*Mudanya* (11.10.

1922). Der K.s. forderte über 30 000 Opfer auf türk. Seite, 2/3 davon erlagen Krankheiten und Verwundungen. ↑*İstiklâl Madalyası.*

kuru yemişçi. Der ‚Händler mit Trokkenfrüchten' führt neben getrockneten Nüssen v.a. auch Kichererbsen (*leblebi*) und Pistazien (↑*Antep fıstığı*).

kurultay. Bed. heute ‚Kongreß, Jahresversammlung' (aus dem älteren mongol. Wort für ‚Magnatenversammlung, Thing'). In Anlehnung daran entstanden Neologismen für Institutionen wie ↑*Danıştay* und ↑*Sayıştay.*

kurum. Zahlreiche öffentliche Einrichtungen führen das Wort k. ‚Organisation, Vereinigung' im Namen (z.B. ↑*Et ve Balık Kurumu,* ↑*Türk Tarih Kurumu*).

kuruş. 1/100 des türk. Pfund (↑*lira*); der ‚Piaster' der älteren Reiseberichte. Die Inflation hat den k. Anfang der 80er Jahre auch als Rechengröße aufgezehrt. Ein k. wurde ursprünglich in 40 *para* aufgeteilt.

Kuşcenneti. Das ‚Vogelparadies' ist ein Nationalpark am Manyas Gölü mit großen Reiher-, Kormoran- und Pelikankolonien. Das Schutzgebiet entstand auf Initiative des deutschen Zoologen Curt Kosswig (st.1981). ↑*Vogelbeobachtung.*

Kuzey Kıbrıs Türk Devleti ↑Zypern.

Küçük Sanayi Sitesi ↑site.

külliye. Baukomplex aus Moschee (↑*cami*) und Nebengebäuden (↑*medrese,* ↑*hamam,* ↑*imaret* und Spitälern). Die Moscheen der Sultane Mehmet II.

(↑*Fatih*), ↑*Süleyman* I. und Ahmet I. in Istanbul bzw. von Selim II. in Edirne sind die größten Anlagen der Art. Der Begriff k. wurde auch auf die moderne Hauptmoschee von Ankara (*Kocatepe camii*) und ihre ausgedehnten Räumlichkeiten für Tagungen und Seminare übertragen.

kültür. ‚Kultur'. Der von Ziya Gökalp (1876-1924) für die Summe der intellektuellen und ästhetischen Besitztümer der Menschheit bzw. eines Volkes vorgeschlagene Osmanismus *hars* hat sich nicht durchgesetzt. Zivilisation (im Sinn von franz. *civilisation*) heißt *medeniyet* (neutürk. *uygarlık*). Dieses Schlüsselwort der kemalist. Kulturpolitik setzt stets die ‚zeitgenössische' Zivilisation mit der des ‚Westens' gleich. Ein gebildeter Mensch ist *kültürlü,* ein zivilisiertes Verhalten *medenî.*

Kültür parkı. ‚Kultur-Park'; in vorrepublikanischer Zeit fehlten parkähnliche Anlagen für die Öffentlichkeit so gut wie ganz (Ausnahme ↑*Gülhane*). Die Schaffung großer Parks war ein frühes Anliegen der Stadtverwaltungen in Ankara (↑*Gençlik parkı*), Bursa und İzmir (mit dem Gelände des ↑*fuar*). Auch kleinere Städte wurden seit den 30er Jahren zur Planung von Gärten und Parks verpflichtet.

L

l. Rein türk. Wörter beginnen weder mit *l* noch mit *r*. Vgl. die volkstümliche Aussprache von *limon* ‚Zitrone' *ilimon* bzw. von *ruba* „Kleid' *uruba.*

lahmacun. Art weicher ‚Pizza' mit scharf gewürztem Hackfleisch. L.

stammt aus Südost-Anatolien und wird
v.a. im Straßenverkauf zusammen mit
↑*ayran* angeboten.

Laizismus (*lâiklik*). Während die erste
republikan. Verfassung von 1924 noch
festlegte: „Die Religion des türk. Staates ist der Islam", beschloß die Volkspartei am 5.4.1928, diesen Artikel zu
streichen. Das Änderungsgesetz pas-
sierte am 10.4. die Nationalversammlung. Gleichzeitig wurde die „Inkraft-
setzung von Bestimmungen des religiösen Rechts" (↑*şeriat*) als eine ihrer
Funktionen abgeschafft. Damit war die
durch die Ausweisung des Kalifen
(↑*halife*) eingeleitete Säkularisierung
des Staats so gut wie abgeschlossen:
die T. verfügte über ein einheitliches
staatl. Schulwesen (↑*Tevhid-i tedrisat
kanunu*, ↑*Religionsunterricht*) und ein
europäisches Rechtssystem (↑*Ceza
Kanunu*, ↑*Medeni Kanun*). Allerdings
blieben die Religionsdiener im Rahmen
des Präsidiums für religiöse Angeleg-
heiten (↑*Diyanet İşleri Başkanlığı*)
tätig. Die beiden großen religiösen
Feiertage (↑*Kurban bayramı*, ↑*Şeker
bayramı*) sind durch Gesetz geschützt.
L. bedeutet im türk. Verständnis vor
allem die Nichteinmischung religiöser
Amtsträger in die Politik und das Verbot religiöser Parteien, ohne daß der
Staat seinerseits auf die Kontrolle des
religiösen Apparats verzichtet. ↑*Mission*, ↑*sentez*.

lale, lâle. Die ‚Tulpe' ist in Europa
schon vor der Reise des kaiserlichen
Botschafters Busbecq (1555-1562) in
die T. bekannt gewesen, auch wenn
ihre Ausfuhr regelmäßig mit dieser
Gesandtschaft in Zusammenhang gebracht wird. In der dem europ. Rokoko
entsprechenden Periode am osman. Hof
wird diese Blume in einem Ausmaß

verbreitet, daß man die Epoche des
Großwesirs Nevşehirli İbrahim Paşas
(1718-1730) ‚Tulpenzeit' (*l. devri*)
nennt. Im Park von Emirgan am Bosporus findet jeweils in der ersten Mai-
woche ein Tulpenfest (*L. bayramı*)
statt. Beim Istanbuler Filmfestival wird
die ‚Goldene Tulpe' (*Altın Lale*) verliehen.

Landheer ↑Kara Kuvvetleri.

Landkreis ↑ilçe.

Lasen (*Laz*); Bevölkerungsgruppe in
Nordost-Anatolien (Rize, Artvin) mit
100 000 - 200 000 Sprechern. Die L.
sind sunnit. Muslime. Ihre Sprache
zählt zur südkaukasischen (karthveli-
schen) Familie und ist somit eng mit
dem Georgischen verwandt. Wegen der
hohen Bevölkerungsdichte in ihrer
Heimatprovinz existiert eine starke
lasische Diaspora in den Großstädten
des Westens. Die Bezeichnung ‚La-
sisch' für die Dialekte der Schwarz-
meer-Türken ist nicht korrekt. Das
Leben der Fischer an der Schwarzmeerküste ist das Thema vieler Erzählungen
von Zeyyat Selimoğlu. - Über „die" L.
werden zahlreiche Witze verbreitet.

Lastträger ↑hamal.

Lausanne (*Lozan*). Die langwierigen
Friedensverhandlungen von L. (November 1922 - Juli 1923) zwischen der
T. und den Siegermächten Großbritannien, Frankreich und Italien und unter
teilweiser Hinzuziehung weiterer Staaten (v.a. Griechenland, Bulgarien, Sowjetunion) stellten nach dem Scheitern
des Diktats von ↑*Sèvres* eine erfolgreiche und umfassende Lösung der
‚Orientalischen Frage' dar. Die Konferenz hatte sich mit territorialen und

politischen Problemen zu befassen (Meerengen, Ägäis, Thrakien, Mosul), den Status der Minoritäten (↑*azınlık*) zu berücksichtigen und die Kapitulationen mit ihren schwierigen juristischen, finanziellen und wirtschaftlichen Einzelheiten (↑*kapitülasyon*) zu prüfen. Nachdem in wesentlichen Fragen keine Einigung erzielt wurde, reiste die türk. Delegation unter ↑*İnönü* am 7.2.1923 nach Ankara zurück, um ihr Mandat durch die Nationalversammlung zu erneuern. Am 23.4.1923 konnten die Verhandlungen wieder aufgenommen werden. Die ↑*Mosul-Frage* hatte man ausgeklammert. Die T. akzeptierte die Internationalisierung der Meerengen (in ↑*Montreux* 1936 abgeändert). Mit Ausnahme der Istanbuler Griechen und der Muslime in West-Thrakien sollten die jeweiligen Minderheiten ausgetauscht werden (↑*Bevölkerungsaustausch*). Der Februar 1928 wurde als Zeitpunkt für die völlige Erlangung der finanziellen Souveränität festgelegt.

Lehrer ↑*hoca*, ↑*öğretmen*.

Lehrling (*çırak*). Eine formelle Ausbildung vom L. zum Gesellen (*kalfa*) regelt das in Zusammenarbeit mit dem Land Bayern erarbeitete Reformgesetz. Im Sinne eines dualen Systems besuchen die Schüler/Lehrlinge nur noch im 1. und 2. Jahr die Berufsoberschule (*meslek lisesi*), im 3. und 4. Jahr verbringen sie zwei oder drei Tage in der Praxis. Betriebe mit mehr als 50 Arbeitsplätzen müssen zehn Prozent aller Beschäftigten als L. ausbilden. Vgl. auch ↑*Kinderarbeit*.

Levantiner (*levanten*) bez. im Orient lebendene Familien ‚westlichen' (meist griech.-ital.) Ursprungs. In der T. meist abschätzig verwendet.

Lexikon ↑ansiklopedi, ↑Türkçe Sözlük.

lira. Die türk. Währungseinheit hat ihren Namen vom ital. Pfund. Die Abkürzung für *Türk Lirası* lautet *TL*. Die l. ist in 100 ↑*kuruş* unterteilt.

lise. Einheitlicher Name für die dreijährige Sekundarschule, die auf der ↑*ortaokul* aufbaut. Daneben bestehen ‚Abendgymnasien' mit vierjährigen Kursen (*akşam liseleri*). Starken Zuspruch erfährt die fremdsprachige Schulform des ↑*Anadolu Lisesi*. Im Schuljahr 1987/88 bestanden neben 1 337 staatlichen 99 private l. mit insgesamt 697 227 Schülern und 57 834 Lehrern. Eine türk. Besonderheit sind ‚Berufsfachschulen' für bestimmte Zweige des Staatsdienstes (z.B. für Finanzwesen, Grundbuchverwaltung oder den Polizeidienst - *Polis Koleji*) und Religionsbeamte (↑*İmam-Hatip-Lisesi*).

Literaturpreise (*edebiyat armağanı, e. ödülü*) werden von der Gesellschaft für Türk. Sprache (↑*Türk Dil Kurumu*), dem Schriftstellerverband (*Yazarlar Birliği*), von Stiftungen und Verlagen vergeben. Erste Empfänger des TDK-Preises waren die Lyriker Cahit Külebi und Fazıl Hüsnü Dağlarca (1957).

lojman aus franz. *logement*. Dienstwohnung z.B. für Polizeibeamte, Dozenten an Provinzuniversitäten oder für Vorbeter (↑*imam*).

lokanta ↑Restaurant.

lotarya ↑Presse.

Lozan ↑Lausanne.

lunapark. Vergnügungseinrichtungen innerhalb oder am Rand von städtischen Parkanlagen (↑*Gençlik parkı*, ↑*Kültür parkı*).

lületaşı. Wörtl. ,Pfeifenkopfstein'; das türk. Wort für Meerschaum. Wichtiger Rohstoff für Produkte der Souvenir-Industrie (Zentrum Eskişehir).

M

macun. Ein Aphrodisiakum nach altem Rezept, in Gewürzläden der Basare als *padişah macunu* (,nach Art des Sultans') gehandelt.

Maden Tetkik ve Arama Enstitüsü (MTA). Das staatl. ,Institut für die Erforschung von Mineralien' (gegr. 1935) hat wesentlichen Anteil an der Herausgabe geologischer Karten und der Inventarisierung von Bodenschätzen und Lagerstätten.

mahalle. ,Stadtviertel, Quartier'. Innerstädtische Verwaltungseinheit, die einem ↑*muhtar* zugeordnet ist. Vor den ↑*Tanzimat*-Reformen hatten die osman. m. den ↑*imam* bzw. einen Priester als Sprecher und Vertreter der Regierung. Eine m. hatte meist eine Moschee als namengebenden Mittelpunkt (↑*mescit*). Die m. der Großstädte umfassen mehrere 1000 Ew. Beispielsweise ist Şişli, ein Stadtteil Istanbuls mit ↑*belediye*-Status, in 21 m. aufgeteilt.

mahkeme ↑Gerichtswesen.

mahya. In den ↑*Ramazan*-Nächten zwischen die Minarette einer Moschee gespanntes Schriftband aus elektrischen Glühlampen. In alten Zeiten trugen die m. Kerzen.

makam arabası. Das Dienstfahrzeug von Behörden mit schwarzem bzw. rotem Nummernschild (↑*plaka*). Die Aufschrift *Resmi hizmete mahsus* bedeutet ,Nur für den Dienstgebrauch'.

Malazgirt ↑Seldschuken.

mali yıl. Das ,Finanzjahr' begann bis 1981 am 1.März. Im osman. Staat wurde neben dem für Steuerzwecke unbrauchbaren islamischen Mondjahr (↑*hicre*) ein eigener Finanzkalender geführt.

Malta. Die brit. Besatzungsmacht im Nachkriegs-Istanbul deportierte in den Jahren 1919 und 1920 144 prominente türk. Staatsmänner (an ihrer Spitze den Großwesir), Militärs, den ↑*şeyhülislam*, Verwaltungsbeamte, aber auch Professoren und Journalisten nach M. Die Auswahl war das Ergebnis einer ,Schwarzen Liste' von Personen, die angeblich 1. gegen das Waffenstillstandsabkommen (↑*Mudros*) verstoßen, 2. brit. Kriegsgefangene mißhandelt oder 3. Ausschreitungen gegen Armenier in Anatolien und Transkaukasien geduldet hatten (↑*tehcir*). Obwohl auch der im August 1920 beschlossene Friedensvertrag von ↑*Sèvres* in Art. 230 die osman. Regierung zur Übergabe aller Personen, die an Massakern teilgenommen hatten, verpflichtete, konnte eine Anklage mangels Beweisen nicht erhoben werden. Am 25.10.1921 wurden die letzten 59 Deportierten freigelassen.

manav. Händler für Obst und Gemüse (↑*hal*).

mangal ↑Haus.

mareşal. Der höchste, an einen siegreichen General verliehene militärische

Rang wurde in der türk. Republik nur an ↑*Mustafa Kemal* und ↑*Fevzi Çakmak* vergeben.

Markt ↑arasta, ↑bedesten, ↑çarşı, ↑pazar.

mason. ‚Freimaurer'; von Ausländern unabhängige Logen (*loca*) entstanden in der T. erst nach 1908. Schon 1935 erklärte sich die ‚Gesellschaft türk. Freimaurer' (*Türk Mason Cemiyeti*) für aufgelöst, weil „sie ihre Ideale im Programm der Regierung eingelöst sah" und überantwortete ihr Vermögen den Volkshäusern (↑*Halkevleri*). Erst nach 1945 formierten sich die Freimaurer erneut. Es gehört zum Repertoire religiöser und nationalistischer Wortführer, ihre Gegner des ‚Freimaurertums' (*masonluk*) zu bezichtigen.

maşallah. ‚Was Gott gewollt hat'; arab. Formel, die man um Unheil abzuwehren, verwendet. Häufiger Ausruf bei der Begegnung mit kleinen Kindern. Verwendung als Talisman oder Aufschrift an Fahrzeugen (↑*Autofolklore*).

Maße und Gewichte. Neben den internationalen Einheiten sind das Flächenmaß ↑*dönüm* und das Gewicht ↑*okka* sowie die alte Elle (↑*arşın*) allgemein bekannt.

Mavi Tren. Der ‚blaue Zug'; komfortabler Expreßdienst der ↑*TCDD* zwischen Ankara und Istanbul bzw. İzmir.

Mavi Yolculuk. Die ‚blaue Reise'; durch den in Bodrum lebenden Dichter Cevat Şâkir Kabaağaçlı, den ‚Fischer von Halikarnossos' (Halikarnas Balıkçısı, 1886-1973) propagierte Segelstrecke entlang der türk. Südwestküste.

Medaillen ↑İstiklâl Madalyası.

medeniyet ↑kültür.

Medeni Kanun. ‚Zivilrecht'; die Wahl des Schweizer Zivilgesetzbuches (4. 10.1926) als Grundlage für ein neues türk. Privatrecht hatte zwei Vorteile: seine Übersichtlichkeit und Verständlichkeit sowie seine Zugänglichkeit in einer franz. Version, die der türk. Übersetzung zugrundegelegt wurde. Ein wesentlicher Nachteil lag darin, daß die Regelung zahlreicher Materien der kantonalen Gesetzgebung überlassen worden waren, was zu Lücken in der ersten türk. Fassung führte. Es wurde gleichzeitig mit dem ebenfalls aus der Schweiz entlehnten Obligationengesetzbuch (*Borçlar Kanunu*) in Kraft gesetzt. Damit wurde nach vorsichtigen Modernisierungsversuchen des Familienrechts in jungtürk. Zeit (↑*Eheschließung*) mit islam. Normen vollständig gebrochen. Es wurde nur in unwesentlichen Teilen herrschenden Vorstellungen angepaßt (z.B. über das Heiratsverbot für Milch-Geschwister, Gütertrennung als gesetzlicher Güterstand). Dagegen wurde an der freien Wahl der Religion für 18jährige ebensowenig etwas geändert wie an der Möglichkeit, als Muslimin einen Nicht-Muslim zu heiraten. Obwohl die islamische Religion seither wieder einen weiteren Einflußbereich, v.a im Schulwesen, erhalten hat, sind keine Tendenzen einer Umkehrung der Rechtsentwicklung zu erkennen.

medrese. ‚Lehranstalt'; in der vormodernen T. erwarb ein großer Teil der männlichen Bevölkerung in den Städten elementare Schreib- und Lesekenntnisse in einer *sıbyan mektebi* (‚Knabenschule', ↑*mektep*). Die m. im engeren Sinne war in den letzten Jahrzehnten des Osman. Systems der Ausbildung der religiösen Richter und Geistlichen (↑*ulema*) vorbehalten. Durch die Konkurrenz des staatlichen Schulsystems und eine zunehmende Rezeption des europäischen Rechts nahm die Zahl der m.-Studenten ständig ab. Beim Erlaß des ‚Gesetzes über die Vereinheitlichung des Unterrichts' von 1924 (↑*Tevhid-i tedristat kanunu*) soll es noch 16 241 m.-Schüler gegeben haben. Ihre Übernahme in Schulen für Vorbeter und Freitagsprediger verlief nur zögernd und wurde 1929/ 30 ganz eingestellt. Das ↑*Imam-Hatip-Lisesi* kann als die Reform-Medrese der Gegenwart bezeichnet werden.

Meerengen ↑boğaz, ↑Montreux.

Meereshöhe ↑rakım.

Meerschaum ↑lületaşı.

Mehmet II. ↑Fatih.

Mehmet V., Reşat. Der Bruder ↑*Abdülhamits II.* wurde nach dessen Sturz von den ↑*Jungtürken* inthronisiert (27.4.1909). Er war der erste (und vorletzte) durch eine Konstitution gebundene Herrscher der Osmanen. M. starb noch vor Ende des Weltkriegs am 2.7.1918.

Mehmet VI., Vahidettin. Der letzte osman. Sultan und Kalif (↑*halife*) flüchtete am 17.11.1922 aus dem ↑*Yıldız*-Palast auf das englische Kriegsschiff *Malaya*, nachdem die Nationalversammlung in Ankara am 1.11.1922 festgestellt hatte, daß die Monarchie „seit dem 16.3.1920 der Geschichte angehöre". M.VI. war der 36. ↑*sultan*, der 28. Kalif der osman. und der 100.

Kalif der islam. Geschichte. Er starb als 1926 als 65jähriger in San Remo und wurde in Damaskus beigesetzt. ↑*Abdülmecit*.

Mehmetçik. Die ↑*Koseform* ‚kleiner Mehmet' bez. den einfachen türk. Soldaten (↑*asker*).

Mehrwertsteuer ↑Katma Değer Vergisi.

mehter, mehterhane. Militärkapelle im Janitscharen-Stil (↑*yeniçeri*); bei voller Besetzung aus 54-56 Musikern bestehend, tonangebend sind ‚Oboisten' (*zurnacı*) und ‚Trommler' (*davulcu*). Weitere Instrumente sind Trompeten (*boru*) und ein Paar der großen Trommel (*kös*). ‚Großes Becken' (*zil*) und ‚Schellenbaum' (*çağana*) wurden schon im 17.Jh. als Rhythmus-Instrumente in Europa bekannt. Die m. der modernen Armee sind Bestandteil einer auch von ihren militärgeschichtlichen Abteilungen betriebenen Pflege der osman. Tradition.

Meister ↑usta, ↑üstat.

mektep. ‚Schule'; die ältere Generation zieht dieses arab. Wort der Neubildung ↑*okul* vor. Ein säkulares Schulsystem unter staatlicher Aufsicht entstand während der Jahrzehnte der ↑*Tanzimat*. Erst das ‚Gesetz über die Vereinheitlichung des Unterrichts' von 1924 (↑*Tevhid-i tedrisat kanunu*) führte zu einem staatlichen Schulmonopol.

memleket. ‚Land'; das arab. Wort wurde durch *ülke* ersetzt, bleibt aber Bestandteil der Frage nach ‚Herkunft' i.S.v. ‚Heimat'. Landbewohner geben häufig ihre Provinz (↑*il*) als m. an.

Memorandum ↑muhtıra.

memur. Zu den wenigen türk. Wörtern mit Geschlechtsmarkierung (↑*müdür*) gehört auch das aus dem arab. stammende *memur* bzw. *memure* (dieses veraltet) für Beamter/ Beamtin; *memurluk* bez. eine Amtsstelle bzw. den Beamtenstatus.

Menderes, Adnan, (1899-1961). M. (nach der türk. Form für den Fluß Mäander) war der erste aus freien Wahlen hervorgegangene Ministerpräsident der T. Seine Regierungsjahre (1950-1960) sind durch die entschiedene Bindung an die Vereinigten Staaten (Eintritt in die ↑*NATO*), eine Liberalisierung der Wirtschaft und eine Stärkung der mittleren und größeren Bauern charakterisiert. Zugleich korrigierte er wesentliche Maßnahmen der kemalistischen und post-kemalistischen Erziehungs- und Religionspolitik. M. wurde am 27.5.1960 vom Militär gestürzt (↑*Milli Birlik Komitesi*) und nach dem Prozeß von ↑*Yassıada* auf ↑*İmralı* hingerichtet. Kurz danach entwickelte sich ein schon zu seinen Lebzeiten spürbare M.-Verehrung mit kulthaften Zügen. Seine Rehabilitation erreichte ihren Höhepunkt mit der Überführung seiner Gebeine nach Istanbul (1990 Beisetzung im sog. *Anıtmezarı*).

Menemen. 1. Ort nördlich von İzmir (↑*Kubilay*). 2. Name einer populären Eierspeise mit Gemüse.

Menschenrechte (*insan hakları*). Die T. ist seit 1954 Mitglied der Europäischen Menschenrechtskonvention und hat 1987 bzw. 1990 sowohl die Rechtsprechung der Europäischen Kommission für M. als auch diejenige des Europäischen Gerichtshofs für Menschenrechte anerkannt. Seit 1988 ist sie auch Mitglied der Folterkonvention der UNO (↑*Vereinte Nationen*) und des ↑*Europarats*. Die Menschenrechtspakte der UNO wurden hingegen noch nicht ratifiziert. ↑*işkence*.

merhaba ↑Grußformeln.

mescit (von arab. *masğid*). Bez. in der T. nur kleine Moscheen innerhalb der Wohnquartiere (↑*mahalle*), die nicht wie die ↑*cami* dem Freitagsgebet dienen und deshalb auch nicht mit einer Predigtkanzel (*minber*) ausgestattet sein müssen. Funktionell können auch die in wachsender Zahl bei Behörden, an Busbahnhöfen oder Flugplätzen eingerichteten Gebetsräume (*ibadethane*) als m. angesprochen werden.

mesnevi. Paarreim nach dem Schema aa, bb, cc. ,Das' Mesnevi ist das persischsprachige Hauptwerk des Celâleddîn-i Rûmî, der ,Koran der ↑*Mevlevi*'.

meşrutiyet. ,Konstitution'; die jüngere türk. Geschichte kennt drei konstitutionelle Perioden vor Gründung der Republik: 1. 1877/78, 2. 1908-1918, 3. 1920-1923. ↑*Verfassung*.

Messe ↑fuar.

metro. Die erste moderne Untergrund-Bahn wurde in Istanbul 1989 unter der Bezeichnung ,Schnellstraßenbahn' (*Hızlı Tramvay*) auf der Stecke Aksaray - Esenler in Betrieb genommen. Im selben Jahr erfolgte die Grundsteinlegung für eine m. in Ankara. ↑*tünel*.

Metrum ↑aruz, ↑hece.

METU ↑Orta Doğu Teknik Üniversitesi.

Mevlevi. Anhänger der *Mevleviyye*, die ab dem 16.Jh. in allen Teilen des Osman. Reichs wirksam war und sich auf den 1273 in Konya verstorbenen Mystiker und Dichter Celâleddîn-i Rûmî (*Mevlânâ*, d.i.,unser Herr') zurückführt. Obwohl seit 1925 alle Bruderschaften (↑*tarikat*) verboten sind, treten die ,Tanzenden Derwische' in Konya seit 1960 wieder in einer Halle öffentlich auf. Seit 1985 findet die besondere Förderung des geistigen Erbes (↑*mesnevi*) des Mevlana in nationalen Kongressen ihren Ausdruck. Ein monumentales Zentrum für die Aufführung des Rundtanzes ist in ↑*Konya* im Bau.

mevlit oder **mevlut**. Geburtsort bzw. Geburtstag. Bez. in erster Linie den Geburtstag des Propheten ↑*Muhammad* und Dichtwerke, die in der Nacht vom 11. zum 12.Rebiyülahir (↑*Monatsnamen*) zu seinem Gedächtnis verlesen werden. Der unverändert volkstümlichste m.-Text stammt von Süleyman Çelebi, (ca.1400). Im Widerspruch zum Wortsinn wird m. nicht nur nach Geburten, sondern auch für Koran-Rezitationen 52 Tage nach dem Tod eines Menschen bzw. zu Jahrestagen verwendet (für ↑*Atatürk* zum ersten Mal am 14.11.1954 in Istanbuls Süleymaniye-Moschee). ↑*kandil.*

meze. Unentbehrliche Vorspeisen bei einer vollständigen Mahlzeit in einem Restaurant; m. begleiten auch das ↑*rakı*-Gelage (*sofra*). Standard-m. sind *tarama* (Salat auf der Basis von ,Kaviar' vom Weißfisch), *midye dolması* (Muschel-Reis), *pilâki* (kaltes Gericht aus weißen Bohnen), Dörrfleisch (↑*pastırma*) u.a.

mezhep. ,Denomination, Rechtsschule'. Die große Mehrheit der türk. Bevölke-

rung ist sunnitisch (↑*Sünni*) und bekennt sich zur hanafitischen Rechtsschule (nach ihrem Begründer, dem irakischen Gelehrten Abū Hanīfa, 699-767). Die meisten ↑*Kurden* und einige Hunderttausend Angehörige von arabisch-sprachigen Gruppen (u.a.in Mardin, Şanlıurfa, Siirt) folgen der ebenfalls sunnitischen, şafiitischen Richtung (nach aš-Šāfiʿī, 767-820). In einem laizistischen Staatswesen haben die Abweichungen zwischen diesen Hauptrichtungen des sunnitischen Islam nur noch im Bereich des Kultus Bedeutung.

M.G.K. ↑Milli Güvenlik Konseyi, ↑Milli Güvenlik Kurulu.

Middle East Technical University ↑Orta Doğu Teknik Üniversitesi.

mihrap (arab. *mihrâb*). Gebetsnische, die in einer Moschee die Richtung nach Mekka (*kıbla*) markiert.

Militär ↑asker, ↑Askerî Yargıtay, ↑astsubay, ↑bedel, ↑darbe, ↑Genelkurmay Başkanı, ↑harbiye, ↑Kara Kuvvetleri, ↑mareşal, ↑muhtıra, ↑NATO, ↑orduevi, ↑OYAK, ↑Wehrdienst, ↑Yüksek Askerî Şura.

millet. Heute i.S.v. ,Nation' gebraucht, in vorrepublikan. Zeit bedeutete m. ,Nationalität' (konfessionell definierte Gemeinschaft). Man unterschied neben Muslimen v.a. Griechen (Orthodoxe), Armenier (Gregorianer) und Juden.

Millet Mektepleri. Im Zusammenhang mit der Schriftreform wurde am 11. 11.1928 die Einrichtung von sog. ,Nationalschulen' beschlossen, um sämtlichen Volksgenossen (↑*vatandaş*) im Alter von 16-40 das Lesen und Schreiben zu vermitteln. Dafür wurden beste-

hende Schulgebäude für den Unterricht
an Nachmittagen bereitgestellt. Die
Kosten waren von den Provinzverwal-
tungen (↑il) aufzubringen. 1929 schrie-
ben sich 1 045 000 Schüler ein,
567 010 erhielten ein Diplom. Allerdings sank die Zahl der Kurse bis Mitte
der 30er Jahre sehr schnell (bis 1933
wurden 1 217 149 Diplome ausgege-
ben, weitere Zahlen sind nicht bekannt). Als Ursachen für das Erlahmen
der Aktivitäten werden der Tod des
Erziehungsministers Mustafa Necati am
Tag der Eröffnung der M.M. angege-
ben, insbesondere aber die äußerst
geringen Finanzmittel für die Durchführung in den Jahren der Weltwirt-
schaftskrise.

milletvekili. Abgeordneter der ↑Tür-
kiye Büyük Millet Meclisi.

milli, millî. ‚national'; abgeleitet von
↑millet. Heute führen die Ministerien
für Erziehung und Verteidigung das
Attribut m. im Namen.

Milli Birlik Komitesi. ‚Komitee für
nationale Einheit' nannte sich die Offi-
ziersgruppe, die die Regierung ↑Men-
deres 1960 stürzte und aburteilte.

**Milli Eğitim, Gençlik ve Spor Ba-
kanlığı.** ‚Ministerium für Nationale
Erziehung, Jugend und Sport'. Das
MEB verwaltet alle Einrichtungen des
primären und sekundären Schulsystems
(↑Schulen,↑Tevhid-i tedrisat kanunu),
während die Universitäten vom ↑Yük-
sek Öğretim Kurulu kontrolliert werden. Das Erziehungsressort ist mit über
500 000 beamteten Lehrern das größte
Ministerium.

Millî Görüş. ‚Nationale Sicht'; Kurzbe-
zeichnung der Avrupa Millî Görüş

Teşkilatları. Die AMGT wurde als
Europa-Abteilung der ↑Millî Selamet
Partisi im Jahr 1976 zunächst unter
dem Namen ‚Türkische Union Europa'
(Avrupa Türk Birlikleri) in Köln registriert. Sie steht der Muslimbruderschaft nahe und lehnt einen eng-nationalistischen Islam ab. Ihr Organ ist die
Tageszeitung Millî Gazete. Die Gruppe
um Cemalettin Kaplan spaltete sich von
Millî Görüş ab und gründete die ‚Konföderation islamischer Vereine und
Moscheegemeinden' (İslam Cemiyetleri
ve Cemaatleri Birliği).

Milli Güvenlik Konseyi. Der ‚Nationale Sicherheitsrat' bildete nach dem
Umsturz vom 12.September 1980 bis
zur Wiedereinführung der Demokratie
am 6.12.1983 die Regierung.

Milli Güvenlik Kurulu. Die Zusammensetzung des ‚Nationalen Sicherheitsrats' wird in Art. 118 der Verfassung geregelt: Präsident der Republik
(als Vorsitzender), Ministerpräsident,
Generalstabschef (↑Genelkurmay Başkanı), Minister der Nationalen Verteidigung, des Inneren und des Äußeren
und Befehlshaber der vier Teilstreitkräfte. Der M.G.K. ist für alle Fragen
der nationalen Sicherheit zuständig. Er
legt seine Beschlüsse und Ansichten
dem Ministerrat vor und kann im Falle
des Staatsnotstandes Sofortmaßnahmen
ergreifen. Reguläre Sitzungen des
M.G.K. finden monatlich statt. Die
Wurzeln der Institution gehen auf einen
bereits 1949 gebildeten ‚Hohen Rat für
Nationale Verteidigung' (Milli Savunma Yüksek Kurulu) zurück.

Milli İstihbarat Teşkilatı (MİT).
‚Nationale Nachrichtenorganisation';
die MİT bildet eine dem Ministerpräsidium (↑Başbakanlık dairesi) zugeord-

Teşkilatları. Die AMGT wurde als Europa-Abteilung der ↑*Millî Selamet Partisi* im Jahr 1976 zunächst unter dem Namen ‚Türkische Union Europa' (*Avrupa Türk Birlikleri*) in Köln registriert. Sie steht der Muslimbruderschaft nahe und lehnt einen eng-nationalistischen Islam ab. Ihr Organ ist die Tageszeitung *Millî Gazete.* Die Gruppe um Cemalettin Kaplan spaltete sich von *Millî Görüş* ab und gründete die ‚Konföderation islamischer Vereine und Moscheegemeinden' (*İslam Cemiyetleri ve Cemaatleri Birliği*).

Milli Güvenlik Konseyi. Der ‚Nationale Sicherheitsrat' bildete nach dem Umsturz vom 12.September 1980 bis zur Wiedereinführung der Demokratie am 6.12.1983 die Regierung.

Milli Güvenlik Kurulu. Die Zusammensetzung des ‚Nationalen Sicherheitsrats' wird in Art. 118 der Verfassung geregelt: Präsident der Republik (als Vorsitzender), Ministerpräsident, Generalstabschef (↑*Genelkurmay Başkanı*), Minister der Nationalen Verteidigung, des Inneren und des Äußeren und Befehlshaber der vier Teilstreitkräfte. Der M.G.K. ist für alle Fragen der nationalen Sicherheit zuständig. Er legt seine Beschlüsse und Ansichten dem Ministerrat vor und kann im Falle des Staatsnotstandes Sofortmaßnahmen ergreifen. Reguläre Sitzungen des M.G.K. finden monatlich statt. Die Wurzeln der Institution gehen auf einen bereits 1949 gebildeten ‚Hohen Rat für Nationale Verteidigung' (*Milli Savunma Yüksek Kurulu*) zurück.

Milli İstihbarat Teşkilatı (MİT). ‚Nationale Nachrichtenorganisation'; die MİT bildet eine dem Ministerpräsidium (↑*Başbakanlık dairesi*) zugeord-

nete Behörde unter einem Staatssekretär (↑*müsteşar*). Nach dem ‚Gesetz über Nachrichtendienste des Staates und die Nationale Nachrichtenorganisation' vom 1.11.1983 stellt MİT ihre Erkenntnisse dem Präsidenten der Republik, dem Ministerpräsidenten, dem Chef des Generalstabs und dem Generalsekretär des Nationalen Sicherheitsrats zur Verfügung. Aus dem Gesetz kann abgeleitet werden, daß MİT eine Koordinationszentrale verschiedener, in In- und Ausland tätiger Dienste ist.

Milli Kütüphane. Die ‚Nationalbibliothek' wurde 1948 gegründet und bezog 1983 einen Neubau in Ankara. Ihr Bibliographischer Dienst gibt die Nationalbibliographie (*Türkiye Bibliyografyası*) und ein Verzeichnis der Zeitschriftenartikel (*Türkiye Makaleler Bibliyografyası*) heraus.

Milli Marş ↑İstiklâl Marşı.

Milli Piyango. ‚Staatliche Lotterie'. Die Losverkäufer bieten am Ziehungstag Listen mit den erfolgreichen Nummern an.

Milli Saraylar. ‚Nationale Schlösser'; das Eigentum an den Palästen der osman. Dynastie ging nach der Ausweisung des letzten Kalifen (1924) an die Nation, vertreten durch die Große Türkische Nationalversammlung (↑*Türkiye Büyük Millet Meclisi*) über. Die unmittelbare Verwaltung der Istanbuler Schlösser ↑*Dolmabahçe*, Beylerbeyi, ↑*Yıldız*, Aynalıkavak, Küçüksu, Göksu und Ihlamur ist Angelegenheit des ‚Präsidiums der nationalen Schlösser'.

Milli Savunma Bakanlığı. Die Aufgaben des ‚Ministerium für Nationale

Rassistische und konfessionelle Bestimmungen fehlten in offiziellen Verlautbarungen der kemalistischen Zeit, werden aber in der Publizistik großtürkischer Zirkel (↑*Turancılık*) nicht ausgespart. Seit den späten 40er Jahren gilt die Formel von der islamischen Nation in einem laizistischen Staat, aber erst das Modell von der türk.-islam. Synthese (↑*sentez*) überträgt dem Staat die damit verbundene Sinnsetzung.

minber ↑hutbe.

Minderheit ↑azınlık.

Mindestlohn (*asgari ücret*). Von der Regierung festgesetzter Betrag für Löhne auf dem freien Arbeitsmarkt. Es bestehen zwei „Tarife" für Arbeitnehmer unter und über 16 Jahren (↑*Kinderarbeit*). 1990 entsprach der Nettowert des a.ü. ca. der Hälfte des Aufwands für den durchschnittlichen Lebensmittelverbrauch einer vierköpfigen Familie.

minibüs. Der Kleinbus, häufig ein Ford-Transit, ist am Rand der Ballungsgebiete und auf dem Lande der wichtigste Verkehrsträger. M. vermitteln auch zwischen Autobus-Bahnhöfen (↑*garaj*) und den Stadtzentren.

Minister ↑bakan.

Ministerien (*bakanlıklar*). Die „klassischen Ressorts" der T. beginnen mit dem Justizministerium (*Adalet Bakanlığı*). Es folgen die M. für Nationale Verteidigung (↑*Milli Savunma B.*), des Inneren (↑*İçişleri B.*), des Äußeren (↑*Dışişleri B.*), für Finanzen (*Maliye ve Gümrük B.*) und Erziehung (↑*Milli Eğitim, Gençlik ve Spor B.*).

Ministerrat ↑Bakanlar Kurulu.

Mission. Das erste Missionsverbot im 20. Jh. wurde in der Verordnung über Privatschulen vom 2.9.1915 ausgesprochen: „Es ist nicht erlaubt, Schüler, die nicht der betreffenden Religion oder Konfession angehören, zur Teilnahme an ihren religiösen Unterweisungen oder Feierlichkeiten aufzufordern oder zu nötigen oder wegen Nichtbeteiligung vom Schulbesuch auszuschließen oder einer Beteiligung mit Zustimmung der Schüler stattzugeben." Trotz der laizistischen Grundhaltung der frühen Republik ging man gegen ausländische Missionsschulen mit Nachdruck vor, wobei der Vorwurf der ‚religiösen Propaganda' im Mittelpunkt stand. Hauptargument war schon in den 20er Jahren, daß die Zugehörigkeit zu einer christlichen Konfession einer Verfälschung des türk. Nationalcharakters gleichkomme. Der Übertritt von vier Schülerinnen der amerikanischen Missionsschule in Bursa war der größte politische Skandal des Jahres 1928. Häufig wurde Missionsarbeit nach Art. 163 des Strafgesetzbuchs (↑*Ceza Kanunu*) als antilaizistische Propaganda gewertet. Art. 529 zufolge bedürfen alle „konfessionellen Zeremonien" außerhalb der dafür vorgesehenen Orte (d.s. Moscheen, Kirchen, Synagogen) einer besonderen Genehmigung. Eine solche wurde z.B. für das Marienfest in Ephesus am 15. 8.1954 erteilt. ↑*Laizismus*, ↑*Religionsunterricht*.

MİT ↑ Milli İstihbarat Teşkilatı.

Monatsnamen. Die amtlichen Bezeichnungen der Monate lauten: 1. *Ocak* (‚Januar'), 2. *Şubat* (‚Februar'), 3. *Mart* (‚März'), 4. *Nisan* (‚April'), 5. *Mayıs* (‚Mai'), 6. *Haziran* (‚Juni'), 7. *Temmuz*

(‚Juli‘), 8. *Ağustos* (‚August‘), 9. *Eylül* (‚September‘), 10. *Ekim* (‚Oktober‘), 11. *Kasım* (‚November‘), 12. *Aralık* (‚Dezember‘). Dabei handelt es sich beim 1., 10., 11. und 12. Monat um Neubenennungen an Stelle von umständlichen, aus dem syr. Kalender stammenden Bezeichnungen. Einfache Leute sprechen die Monate gerne mit Ordnungszahlen an: *dördüncü ay* ‚der vierte Monat‘.
Der islam. Kalender (↑*hicre*) kennt 12 Monate, die abwechselnd 30 und 29 Tage lang sind. Ihre türk. Formen sind: 1. *Muharrem*, 2. *Safer*, 3. *Rebiyülevvel*, 4. *Rebiyülahir*, 5. *Cemaziyelevvel*, 6. *Cemaziyelâhir*, 7. *Recep*, 8. *Şaban*, 9. ↑*Ramazan*, 10. *Şevval*, 11. *Zilkade*, 12. *Zilhicce* (↑*hac*).

Mond ↑ay, ↑hilâl.

Montreux (*Montrö*). In M. wurde am 20.7.1936 als Ergebnis einer internationalen Konferenz das bis heute verbindliche Meerengenabkommen unterzeichnet. Damit wurde gegen den Widerstand der Sowjetunion die Meerengen-Konvention von ↑*Lausanne* aufgehoben. Die türk. Souveränität über Bosporus und Dardanellen (↑*boğaz*) wurde wiederhergestellt. Handelsschiffe aller Nationen erhielten das Recht auf freie Durchfahrt. Kriegsschiffe anderer Mächte unterliegen bestimmten Auflagen. Der Vertrag von M. war während des 2.Weltkriegs von größter Bedeutung, da er vorsah, daß im Falle einer türk. Neutralität die Schiffe einer kriegführenden Partei die Meerengen nicht durchfahren dürfen.

Moschee ↑cami, ↑mescit.

Mosul-Frage. Im ↑*Sykes-Picot-Abkommen* von 1916 war die erdölrei-

che Provinz M. (türk. Musul) im nördlichen Mespotamien Frankreich zugesprochen worden, doch hatte Großbritannien durch seine waffenstillstandswidrige Besetzung (↑*Mudros*) im Dezember 1918 vollendete Tatsachen geschaffen. Im Nationalpakt (*Misâk-ı Millî*) wurde 1920 die Rückgewinnung des Gebiets gefordert. Bei den Friedensverhandlungen von ↑*Lausanne* (1922/3) bildete die M.-F. ein Kernproblem. ↑*İnönü* machte auf eine türk.-kurd. Bevölkerungsmehrheit und historische Bindungen an Anatolien aufmerksam. Die engl. Seite betonte ihre Verantwortung gegenüber dem Völkerbund als Mandatsinhaber für den Irak. Der Verzicht auf M. wurde aus türk. Sicht durch Erfolge in der Frage der Rechtsstellung von Ausländern (↑*kapitülasyon*) hinnehmbar.

MÖ, *milâttan önce* ‚vor der Geburt‘ (Christi).

MS, *milâttan sonra* ‚nach der Geburt‘ (Christi).

MSP ↑Millî Selamet Partisi.

MTA ↑Maden Tetkik ve Arama Enstitüsü.

Mudanya. Marmara-Hafen bei Bursa. Der Waffenstillstand von M. beendete den Befreiungskrieg (↑*Kurtuluş savaşı*) am 11.10.1922, nach der Besetzung von ↑*İzmir*, Bursa und Ayvalık und der völligen Räumung Anatoliens durch griech. Truppen (Einschiffung bei Çeşme am 16.9.1922). Die Konferenz von M. begann am 3.10. unter Leitung des Kommandeurs der Westfront İsmet Paşa (↑*İnönü*). Engl., franz. und ital. Delegierte waren beteiligt.

Mudros. Ort des Waffenstillstands (Verhandlungen vom 27.-30.10.1918) auf der Insel Lemnos. Verhandlungspartner des brit. Admirals Calthorpe war eine türk. Delegation, die im Auftrag des Kabinets Ahmed İzzet Paşa handelte. Die in Art. 5 vorgesehene Abmusterung der türk. Armee wurde von den anatol. Befehlshabern nicht vollzogen. ↑*Samsun.*

muhacir ↑göçmen.

muhallebi. Art ,Reismehlpudding'; *muhallebici* ist der Sammelname für Restaurants, die auf süße Milchprodukte mit Reis oder Hühnerfleischgrundlage spezialisiert sind.

Muhammad. Der Name des Propheten (st.632) wird als männlicher Vorname in der Form Mehmet gebraucht. Die häufigen ↑*Namen* Ahmet und Mustafa sind Beinamen M.s. Mit dem Prophetenleben verbundene Gedenktage heißen ↑*kandil.*

muhtar. Der gewählte Vorsteher einer Dorfgemeinde (↑*köy*) oder eines Stadtviertels (↑*mahalle*). Städtische m. sind v.a. für die Ausstellung von Aufenthaltsbescheinigungen zuständig.

muhtıra. Am 12.3.1971 richteten die militärischen Mitglieder des Nationalen Sicherheitsrates (nach Art. 111 der Verfassung von 1961) ein historisch gewordenes ,Memorandum' an das Präsidium des Abgeordnetenhauses, in dem sie Parlament und Regierung der Untätigkeit angesichts anarchischer Zustände im Lande bezichtigen. Sie forderten die Bildung einer „starken und glaubwürdigen Regierung", andernfalls würden die Streitkräfte „ihre ihnen durch die Gesetze zugewiesene Pflicht des Schutzes und Bestandes der Türk. Republik" erfüllen und „die Führung der Staatsangelegenheiten" selbst übernehmen. Obwohl eine Änderung der Verfassung nicht gefordert wurde, hat die Nationalversammlung durch eine am 20.9.1971 verabschiedete Verfassungsänderung versucht, bestimmte Strukturschwächen des Gesetzes von 1961 zu beseitigen.

Museum ↑müze.

Musevi ↑Juden.

Musik. Das Musikleben ist zweigeteilt in östliche und westliche Stile mit jeweils populären und anspruchsvollen Formen. Dem reichen anatolischen Volksmusikerbe (*halk müziği*) steht die flache, orientalisierende ↑*arabesk*-M. gegenüber. Die traditionelle Kunst-M. (*sanat müziği*) wird in besonderen Abteilungen der staatlichen Konservatorien vermittelt und sehr stark von Rundfunk und Fernsehen gefördert. Die abendländische Klassik (*Klasik batı müziği*) gehört zum Repertoire in Konzertsälen und bei Festspielen. Westliche Unterhaltungsmusik heißt ,leichte' (*hafif*) oder *Pop müziği*. ↑*mehter*, ↑*Oper.*

Musikinstrumente ↑davul-zurna, ↑kemençe, ↑ney, ↑saz.

muska. Amulett, das aus einem vielfach gefalteten Papierstreifen mit Gebetsformeln besteht. Es wird nach dem Beschreiben in eine dreieckige Form gebracht und durch eine Leder- oder Stoffhülle geschützt. Häufig wurden m. in gleichfalls dreieckige Silberbehälter gegeben. Das Tragen von m. ist stark zurückgegangen. ↑*nazar.*

Mustafa Kemal. Der spätere ↑*Atatürk* erhielt bei seiner Geburt (wahrscheinlich 1881, der Geburtstag wurde willkürlich auf den 19.5. festgelegt) in ↑*Saloniki* den Namen Mustafa. Sein zweiter Name Kemal ('der Vortreffliche') wurde ihm von einem Lehrer als Auszeichnung verliehen. Mit dem Eintritt in eine Militärschule (*askeri rüşdiye*) begann er eine Laufbahn als Soldat, die ihn über Manastır/Bitola (heute jugoslaw. Makedonien) 1899 an die Militärakademie in Istanbul (↑*harbiye*) führte. Denunziationen wegen der Lektüre verbotener Schriften (↑*Abdülhamit II.*) führten zur Versetzung nach Damaskus. 1907 geht er als Oberst zur in Makedonien stationierten 3. Armee. Hier nimmt er Verbindung zur jungtürk. Bewegung (↑*İttihat ve Terakki cemiyeti*) auf. Nach dem endgültigen Sieg der Jungtürken über die Reaktion entfremdet sich A. der Bewegung. Wichtige Erfahrungen sammelt er im Krieg gegen Italien, das 1911 die osman. Provinzen Tripolis und Benghazi besetzt hatte. Nach einer Zeit als Militärattaché in Sofia übernimmt er das Kommando der 19.Division und zeichnet sich bei der Abwehr der englischen Landungsversuche an den Dardanellen aus. Seine Sieg bei Anafartalar (Name zweier Dörfer auf der Halbinsel von Gelibolu) im August 1915 machten ihn schlagartig berühmt. Der zum General (↑*paşa*) beförderte 34jährige ist bei Kriegsende mit der Rückführung türk. Truppen aus Syrien befaßt. 1919 faßt er den Entschluß, sich am anatolischen Widerstand zu beteiligen (↑*Samsun*).

Mustafakemalpaşa. Nach dem Befreiungskrieg erhielt die westanatol. Stadt Kırmastı als einziger Ort den Namen des Begründers der neuen T.

Mustergüter ↑Devlet Üretme Çiftlikleri.

muzır neşriyat ↑Pornographie.

müderris. Der Professor an einer ↑*medrese.*

müdür, müdire. 'Direktor, Direktorin'. Zahlreiche oberste Staatsbehörden sind als 'Generaldirektionen' (*Genel Müdürlük*) organisiert. Ihre Leiter tragen den Titel *Genel Müdür.*

müezzin. Das Amt des Gebetsrufers (↑*ezan*) ist im Rahmen der Religionsverwaltung (↑*Diyanet İşleri Başkanlığı*) mit dem eines Moscheedieners (*kayyım*) verbunden. 1987 standen 8467 Personen mit diesen Tätigkeitsmerkmalen in staatlichen Diensten.

müftü. 'Mufti', islamischer Gelehrter, der befugt ist, eine Rechtsauskunft (↑*fetva*) zu erteilen. Im Osman. Reich galt der ↑*şeyhülislam* als oberster m. Heute sind m. die Bezirksbeauftragten des Präsidiums für Religionsangelegenheiten (↑*Diyanet İşleri Başkanlığı*).

mühendis. Das alte arab. Wort für 'Geometer' dient als Bezeichnung für Ingenieure aller Richtungen. Der Hochschulabsolvent führt den Titel *Yüksek Mühendis* (abg. *Yük. Müh.* bzw. *Y.Müh.*). ↑*oda.*

Mülkiye, eigentlich **Mekteb-i Mülkiye.** Als 'Zivilbeamtenschule' des Osmanischen Staats 1859 gegründete angesehene Lehranstalt, aus der die meisten hohen Bürokraten und Diplomaten des späten Reichs hervorgingen. Die Tradition wird von der ↑*Siyasal Bilgiler Fakültesi* fortgeführt.

Mülkiyeliler Birliği. Der Verein der ↑*Mülkiye*-Absolventen entfaltet in Ankara und Istanbul ein lebhaftes politisch-intellektuelles Programm.

mürşit. ‚Geistiger Führer in einer Bruderschaft' (↑*tarikat*). Die berühmte Maxime Atatürks *Hayatta en hakiki m. ilimdir* (‚Der einzig wahre Führer im Leben ist die Wissenschaft') muß als Absage an die persönliche Unterwerfung unter einen Ordensscheich gesehen werden. Der Satz ziert die Fassade der ↑*Ankara Üniversitesi Dil ve Tarih-Coğrafya Fakültesi.*

müslim ↑Islam.

müsteşar. ‚Berater'. 1. Botschaftsrat (↑*elçi*) 2. Staatssekretär. Ein *müsteşarlık* verwaltet Behörden wie den Geheimdienst (↑*Milli İstihbarat Teşkilatı*) oder das Presseamt (*Tanıtma Müsteşarlığı*).

müze. ‚Museum'. Das meistbesuchte m. ist das ↑*Topkapı Sarayı* in Istanbul. Das älteste Museum des Landes ist das Antiken-Museum (*Eski Eserler*) am selben Ort. Von kulturgeschichtlicher Bedeutung sind auch die beiden kriegsgeschichtlichen Sammlungen in Istanbul (*Askerî Müze* ‚Militärmuseum' in ↑*Harbiye*, *Deniz Müzesi* ‚Marine-M.' in Beşiktaş). Das Zentralmuseum für vorklassische Zivilisationen ist in Ankara (↑*Anadolu Medeniyetleri Müzesi*). Die zahlreichen Provinz-Museen sind häufig in einen archäologischen und einen ethnographischen Teil gegliedert, während eigentliche heimat- oder regionalgeschichtlich strukturierte Sammlungen fehlen. Die Museumslandschaft wird in den letzten Jahrzehnten durch private Sammlungen bereichert (wie die Kalligraphie-Kollektion des Industriellen ↑*Sabancı*).

N

Nachrichtenagentur ↑ajans, ↑Anadolu Ajansı.

nahiye ↑bucak.

Nakşibendi ↑tarikat.

namaz. ‚Ritualgebet'; die fünfmalige tägliche Ausführung des n. oder *salât* gilt als höchste islamische Pflicht. Die vorgeschriebenen Waschungen, Körperhaltungen, Texte und Zeiten bilden den Kern der ersten religiösen Unterweisung (↑*ilmihal*).

Namen. Bis zur Einführung der amtlichen ↑*Familiennamen* unterschied man 1. Geburtsnamen (*isim*) wie Selim oder Turgut, Ayşe oder Nuran. 2. Spitz- oder Beinamen (*lakap*) wie Topal (Hinkender), Deli (Verrückter) oder İngiliz (Engländer). 3. *künye,* Beinamen, die den Namen des Vaters oder Sohnes, ganz selten auch der Mutter oder Tochter enthalten (z.B. Ebu Suud ‚Vater des S.' oder Ekrem-Zâde ‚Sohn des E.'). 4. Dichter waren unter ihrem *tahallus* bekannt (stets auf -î endend, wie bei den Klassikern Fuzulî, Bâkî usw.). Doppelnamen wie der des Staatsgründers ↑*Atatürk* entstanden aus der Kombination eines Geburtsnamens mit einem später verliehenen (Mustafa + Kemal). Viele Namen beziehen sich auf den Propheten ↑*Muhammad* (Mehmet, Ahmet, Mustafa), seine Nachfolger (Kalifennamen sind [Ebu] Bekir, Ömer, ↑*Osman*, Ali) oder islamische Heilige (Veysel, Rabia). Andere sind der Welt der vorislamischen Propheten entlehnt (Musa < Moses, İbrahim < Abraham). Auch Mitglieder der osman. Dynastie waren beliebte Vorbilder (Ertuğrul, Orhan). Weibliche Vornamen

sind relativ häufig pers. Ursprungs (Gül
‚Rose'). Rein türk. Namen, die seit
Jahrzehnten zunehmend häufiger werden, haben keine Geschlechtsmarkierung, z.B. können die modernen Namen Dilek, Mutlu, Özlem, Türkmen
sowohl einen Mann als auch eine Frau
bezeichnen. Bei der Geburt wird im
traditionellen Milieu zunächst ein ↑*göbek adı* (Bauchname) gegeben. In den
letzten Jahrzehnten werden Vornamen
gerne an westliche angelehnt wie Deniz
(franz. Denise, türk. ‚Meer'). In
Mischehen häufig sind die Mädchennamen Suzan/Susanne oder Yasemin/
Jasmin.

namus. ‚Ehre' ist ein Schlüsselbegriff
der traditionellen Gesellschaft. Sie wird
vom Familienverband aktiv verteidigt.
Als Wert steht sie noch über dem
‚Ansehen' (*şeref*), das der einzelne
genießt. Ehre, die jemandem erwiesen
wird, heißt *saygı* (↑*sayın*).

nargile. ‚Wasserpfeife'. Nur noch
wenige, meist ältere Männer rauchen
die n. in bestimmten Kaffeehäusern. Ihr
Gebrauch läßt sich bis ins 17. Jh. zurück verfolgen. Der spezielle Tabak
(*tömbeki*) wird aus Iran bezogen.

Nasrettin Hoca ist der Held eines -
schon Goethe bekannten - Volksbuchs,
das in vielen Turksprachen, in Mittelasien, Anatolien und auf dem ganzen
Balkan verbreitet ist. Es besteht aus
mehreren hundert Anekdoten (*latife*)
von teilweise beträchtlichem lebens-
philosophischen Gehalt. Die Historizität
N.H.s, der ein Zeitgenosse Timurs
(13./14.Jh.) gewesen sein soll, ist um-
stritten. In Akşehir, wo man sein an-
gebliches Grab zeigt, finden jährlich
N.-H.-Festspiele (*şenlikler*) sowie ein
Satire-Wettbewerb statt.

National. Zu unterscheiden ist das
vielen Institutionen vorangestellte ↑*mil-
li/millî* von *milliyetçi* mit der Bedeutung ‚nationalistisch'.

Nationalbibliothek ↑Milli Kütüphane.

Nationalhymne ↑İstiklâl Marşı.

Nationalversammlung ↑Türkiye Büyük Millet Meclisi.

NATO (*North Atlantic Treaty Organi-
zation*), türk. *Kuzey Atlantik Paktı
Teşkilatı* (keine darauf beruhende Abkürzung üblich). Der in engem Zusammenhang mit der ↑*Korea*-Mission
stehende Antrag auf NATO-Mitglied-
schaft vom 27.7.1950 wurde vor allem
von den Vereinigten Staaten unterstützt, während Großbritannien den
Aufbau eines eigenen mittelöstlichen
Sicherheitssystems vorgezogen hätte.
Am 21.5.1951 wurde die T. gleichzeitig mit Griechenland aufgenommen.
Wichtige NATO-Kommandos sind in
İzmir (*Landsoutheast, Comair South
6.Ataf*) und Ankara (*Mednord East*).
Basen der NATO befinden sich in
Sinop, İncirlik, Yumurtalık, İskenderun,
Belbaşı und Diyarbakır.

Naturschutz. Die Bedrohung der na-
türlichen ↑*Umwelt* ist erst in den letzten Jahren ein politisches Thema geworden). Der Verlust von Lebensraum
für zahlreiche Pflanzen und Tiere konnte auch durch die Einrichtung von
Nationalparks (*Milli Park*) nicht aufge-
halten werden. Große Feuchtgebiete
(z.B. die ‚Sultanssümpfe' bei Kayseri)
und Küstenstreifen sind aktuell bedroht.
Die einheimische Kropfgazelle ist
ausgestorben und soll durch Nachzucht-
stationen ersetzt werden. Vom Wald-
rapp existierten 1988 noch 3 Paare oder

Exemplare. Besonders groß ist die Verantwortung angesichts des Artenreichtums bei Vögeln (385), bei denen einige erst in den 80er Jahren als Brutvögel entdeckt wurden.

nazar. Der ‚böse Blick' gefährdet nach dem Volksglauben vor allem Kleinkinder, das Vieh, Kraftfahrzeuge, im Grunde alles Wertvolle und Schöne. Verantwortlich dafür ist der übelwollende Neid (*haset*). Man schützt sich durch Amulette (↑*muska*) und sog. *nazarlık* (oft in Form einer blauen Glasperle: *boncuk*) und bestimmte Riten (Verstecken der begehrten Objekte, Ablenken des Trägers des n.). Auch die allgemeine Übung, jede bewundernde Äußerung mit ↑*maşallah* einzuleiten, kann so gedeutet werden, als müsse man den eigenen Neid bekämpfen.

Neologismen ↑Öztürkçe, ↑Türk Dil Kurumu.

Neujahr. Als *yılbaşı* (‚Jahresanfang') wird die Nacht vom 31.12. zum 1.1. vor allem in westlich geprägten Milieus gefeiert. Der 1. Januar ist staatl. Feiertag seit 1935. Das Versenden von Glückwunschkarten zu diesem Anlaß ist sehr verbreitet. Restaurants in den großen Städten und das Fernsehen bieten Sonderprogramme. - Für gläubige Muslime bildet der 1. Muharrem (↑*Monatsnamen*) den Eintritt in ein neues Jahr nach der ↑*hicre*. Am Beginn dieses Trauermonats besteht kein Anlaß zu Feiern. - Für den ländlichen Kalender spielt der Frühlingsanfang eine größere Rolle. *Nevruz* ist das pers. Wort für den Jahresbeginn im Frühling (22. März). Bei den Osmanen wurde der Eintritt des Neujahrs mit dem Festtag des ↑*Hıdırellez* verbunden.

Newspot. Vom Presseamt (↑*Basın Yayın ve Enformasyon Genel Müdürlüğü*) wöchentlich verbreitetes Informationsblatt in arab., deutsch., engl. und franz. Sprache.

ney. Die Schilfrohrflöte der türk. Kunstmusik im Gegensatz zur Hirtenflöte *kaval*. Das schwer zu spielende Instrument nimmt eine herausragende Rolle in der Musik der ↑*Mevlevi* ein.

nikâh ↑Eheschließung.

Nomade ↑konar-göçer.

Notar ↑noter.

Noten (*not*). Das Benotungssystem der Schulen kennt - nach französischem Muster - 10 Stufen, 1 ist die schlechteste, 10 die beste Zensur.

noter. ‚Notare' unterscheidet man nach Ordnungsnummern; z.B. *Dördüncü N.* ‚Vierter Notar' (einer Stadt). Beurkundungen bei n. sind in zahlreichen Alltagsangelegenheiten vorgeschrieben.

Nurculuk. Die Bewegung der Nurcus (wörtlich ‚Schüler, Anhänger des Lichtes/ der Erleuchtung'), die von dem kurdischen Nakşbandi-Scheich (↑*tarikat*) Said-i Nursi (1876?-1960) gegründet wurde. Ab den 60er Jahren erreichten die Nurcus erheblichen Einfluß innerhalb der Demokratischen Partei von Adnan ↑*Menderes*. Heute haben sie in allen konservativen Gruppen Vertreter. Ihre Anhängerschaft verteilt sich auf zahlreiche Länder des Nahen und Mittleren Ostens sowie Europa und die USA. Die wenig zusammenhängende, mit zahlreichen koranischen Belegen durchsetzte Botschaft Said-i Nursis wird in sogenannten Sendschreiben (*risale*) verbreitet. Seit einigen Jahren dominiert eine z.T. intellektuell-akademisch geprägte Auslegungsliteratur mit Hervorhebung naturwissenschaftlicher, medizinischer und technischer Themen. Ihre Sozialdoktrin ist eine Art gemäßigter Liberalismus als ‚dritter Weg' zwischen Kapitalismus und Sozialismus. Die Zeitung *Yeni Nesil* ist eines der Sprachrohre der Bewegung.

Nutuk. ‚Rede' (neutürk. *söylev*); ↑*Mustafa Kemals* [Atatürks] Marathonansprache über die Geschichte des Befreiungskriegs (↑*Kurtuluş savaşı*) vor den Delegierten des 2. Kongresses der Volkspartei (15.-20.10.1927). Der von zahlreichen Dokumenten begleitete Text stellt bis heute die offizielle Auslegung der Ereignisse ab 1919 dar.

nüfus. ‚Bevölkerung'. Das Ergebnis der jeweils letzten Volkszählung (↑*Genel Nüfus Sayımı*) steht auf den Ortschildern vieler Städte. ↑*rakım*.

O

ocak ↑Aydınlar Ocağı, ↑Haus, ↑Monatsnamen, ↑Türk Ocağı.

oda. 1. ‚Zimmer' (vgl. das deutsche Wort ‚Odaliske' von *odalık*). 2. ‚Kammer' i.S.v. berufsständischer Vereinigung von Kaufleuten und Industriellen (*Ticaret ve Sanayi*), Ingenieuren und Architekten (*Mühendis ve Mimar*), Ärzten (*Tabip*), Apothekern (*Eczacı*) und Tiermedizinern (*Veteriner Hekimleri*). Die örtlichen Kammern sind auf nationaler Ebene zu Zentralverbänden (*Odalar Birliği*) zusammengefaßt. ↑*TÜBİTAK*.

odacı ↑hademe.

Odakule. Hochhaus mit Sitz der Handelskammer an Istanbuls ↑*İstiklâl Caddesi*.

ODTÜ ↑Orta Doğu Teknik Üniversitesi.

Offizier ↑subay.

oğul. Das Wort ‚Sohn' kommt in vielen Familiennamen als zweites Glied in der possessiven Form vor (z.B. ‚Uzunçarşıoğlu') und hat die aus dem Pers. stammende Form *-zâde* verdrängt. *Oğlum* ‚Mein Sohn!' ist eine vertraulich herablassende Anrede. Das arab. *walad* hat in seiner türk. Form *veled* einen pejorativen Beiklang.

okka. Alte Gewichtsbezeichnung (1283 g). Ein o. (aus arab. *kıyye*) hatte 400 *dirhem*.

okul ↑ekol, ↑anaokul, ↑ilkokul, ↑ortaokul.

Olgunlaşma Enstitüsü. Wörtl. ‚Institut für Reifung'; Schule in Ankara, die sich die Aktualisierung des traditionellen türkischen Kunstgewerbes zur Aufgabe gemacht hat (Konfektion, Keramik, Stickerei).

Ondörtler oder **14'ler.** ‚Vierzehner'; nach dem Umsturz vom 27.5.1960 wurden vom ↑*Milli Birlik Komitesi* 14 Offiziere im Zuge einer ‚Reinigung' mit Aufgaben im Ausland betraut.

Oper (*opera*). Das Istanbuler Publikum lernte die O. durch italienische Wanderbühnen ab 1848 kennen (V. Bellinis *Norma*, G. Donizetti *Lucia di Lammermoor* u.a.). Gegen Ende des Jh. entstand erste türk. Singspiele. Die zeitgenössische O. geht auf die Gründung einer Gesellschaft im Jahre 1926 zurück. 1934 wurde Adnan Sayguns O. „Özsoy" beim Besuch des Schahs von Persien in Ankara uraufgeführt. O.-Häuser bestehen in Ankara, Istanbul (u.d.N. *Atatürk Kültür Merkezi*) und İzmir. ↑*Ballett*, ↑*Theater*.

Opferfest ↑Kurban bayramı.

Opium ↑afyon.

Orden ↑tarikat.

orduevi. Offiziersklub („Haus der Armee'); in jeder größeren Garnisonsstadt vorhanden. Den Prototyp schuf der österreich. Architekt Holzmeister in Ankara (1929-1933). Für Unteroffiziere (↑*astsubay*) bestehen entsprechende Eirichtungen.

Ordu Yardımlaşma Kurumu ↑OYAK.

Orman Genel Müdürlüğü. ‚Generalforstdirektion'. Die Bedeutung des ↑*Waldes* für die T. wurde 1969 durch die Schaffung eines eigenen Forst-Ministeriums (*Orman Bakanlığı*) unterstrichen. Heute ist der Forstminister auch für Dorffragen zuständig.

Orta Doğu Teknik Üniversitesi (*Middle East Technical University*). 1956 in Ankara gegründete Hochschule mit Englisch als Unterrichtssprache. ODTÜ/METU hat ihren Kontakt mit der amerikan. Forschung besonders erfolgreich genutzt.

Orta Öğretim. ‚Mittleres Unterrichtswesen'; zusammenfassende Bez. für alle Schulzweige zwischen Grundschule (↑*ilkokul*) und ↑*Universität*.

ortaklık. Neuere Form für *şirket*, (Handels)Gesellschaft. Vgl. ↑*Anonim şirket*.

Ortanın solu. ‚Links von der Mitte'; Formel mit der die Öffnung der Republikanischen Volkspartei (↑*Cumhuriyet Halk Partisi*) Mitte der 60er Jahre zu einem linken Sozialdemokratismus begleitet wurde.

ortaokul. ‚Mittelschule'; die dreijährige o. (für das 6.-8. Schuljahr) wurde 1987/88 von 1 871 515 Kindern besucht. Einige Mittelschulen sind mit Höheren Lehranstalten (↑*lise*) verbunden.

Ortsnamen. Wie in allen Nachbarländern nahm die Regierung seit den 40er Jahren erhebliche Eingriffe in die Ortsnamen, v.a. auf der Ebene der ländlichen Siedlungen (↑*köy*) vor. Von 44 609 registrierten Dorfnamen wurden 12 422 meist im Sinne einer schematischen Türkisierung tatsächlicher oder vermeintlicher nichttürk. Namen umbenannt. Manche Städte wie Antep und Maraş haben wegen ihrer Rolle im Befreiungskrieg ehrende Beinamen erhalten. (*Gazi-Antep*, *Kahraman-Maraş*). Zuletzt wurde Urfa mit dem Titel *Şanlı* (‚ruhmvoll') ausgezeichnet. Die Städte wurden mit wenigen Ausnahmen (↑*Kırklareli*, ↑*Mustafakemalpaşa*) von der Umbenennung verschont. ↑*kent*.

Ortsschilder geben - oft veraltete - Bevölkerungszahlen (↑*nüfus*) und die Höhe der Siedlung über dem Meeresspiel (↑*rakım*).

oruç ↑Fasten.

Osman. Vom Reichsgründer O. (reg. bis 1323/4), leitet sich der Name der ohne Unterbrechung bis 1922 herrschenden Dynastie (↑*Âl-i Osman*) ab.

Osmanlı. ‚Osmane' war der Name für die muslimischen Untertanen des ‚Osmanischen Reichs', das sich allerdings bis ins 19.Jh. Devlet-i âliye ‚Erhabener Staat' ohne den Zusatz ‚osmanisch' nennt. In den letzten Jahrzehnten der Dynastie entwickeln die ↑Jungtürken einen konfessionsübergreifenden ‚Osmanismus'. Noch bis 1921 gebraucht die Regierung in Ankara wie das Kabinett in Istanbul bei Gesetzen und Verordnungen das Wort ‚osmanisch'. Erst in der ↑Verfassung von 1921 wird die Bezeichnung ↑Türkiye sanktioniert.

Osmanlıca. ‚Osmanisch' gehört zur Südwest- oder oguzischen Gruppe der Turksprachen und ist die bedeutendste türk. Literatursprache überhaupt. Ihr nächster Verwandter ist das Aserbaidschanische (↑Aserbaidschan). Man unterscheidet Alt-, Hoch- und Spätosmanisch. Das moderne T.-Türk. (↑Türkçe) ist der unmittelbare Nachfolger des O. Allerdings haben Schriftreform und sprachlicher Purismus (↑Öztürkçe, ↑Türk Dil Kurumu) die starke Überprägung durch Entlehnungen aus dem ↑Arabischen und ↑Persischen korrigiert.

Ostdienst ↑şark hizmeti.

otoyol. ‚Autobahn'; kreuzungsfreie Schnellstraßen sind gebührenpflichtig und grün beschildert. Die längste zusammenhängende Strecke führt von Istanbul nach İzmit.

ova. ‚Beckenebene'. Das Relief der T. ist wesentlich von o. bestimmt. Die o. ist ein ganz oder teilweise von Gebirgen eingerahmtes Stück Flachrelief unterschiedlicher Größe.

OYAK (Ordu Yardımlaşma Kurumu). 1961 gegründete ‚Armeehilfsorganisa-

tion'. Sie bildet eine der größten ↑holdings des Landes. Ihre Erträge (durch Zwangsmitgliedschaft der Berufsoffiziere) dienen der Aufbesserung der Pensionen.

Ö

Öğrenci Seçme ve Yerleştirme Merkezi (ÖSYM). 1985 gegründete, für die Zulassung von Studenten und die Vergabe von Studienplätzen zuständige Einrichtung des Hochschulleitungsrates (↑Yüksek Öğretim Kurulu).

öğretmen. ‚Lehrer'; der Neologismus ö. ersetzte die Wörter ↑hoca bzw. muallim. Am 24.11. wird der ‚Tag der Lehrer' (Öğretmenler günü) begangen.

Ökumenisches Patriarchat ↑Patrikhane.

ÖSYM ↑Öğrenci Seçme ve Yerleştirme Merkezi.

Özalismus meint die Gesamtheit des politischen Systems unter dem Ministerpräsidenten Turgut Özal (1983-1989). Es war gekennzeichnet durch Privatisierung, Investitionsanreize und Verbesserung der Infrastruktur (↑BOT) des Landes. Gleichzeitig mußte eine hohe Inflationsrate hingenommen werden. Im Gegensatz zu den erklärten Zielen des ‚12.Septembers' (Militärintervention von 1980) wuchs der Einfluß islamistischer Kräfte stärker als zuvor.

özel. ‚privat'; vgl. die Bezeichnung des Chefs eines Ministerbüros: Özel Kalem Müdürü. Privatschulen sind özel okullar.

Öztürkçe. ‚Reines Türkisch'; Ziel der Sprachreform ist ein von Lehn- und Fremdwörtern weitgehend befreites Türkisch (↑*Türkçe*) im Gegensatz zum ↑*Osmanlıca.*

P

padişah ↑paşa, ↑Sultan.

pantalon ↑Hose.

Panturanismus ↑Turancılık.

Panturkismus ↑Türkçülük.

Papierindustrie ↑SEKA.

para ↑kuruş.

parasız yatılı. Wer eine vom Erziehungsministerium (↑*Milli Eğitim, Gençlik ve Spor Bakanlığı*) veranstaltete Aufnahmeprüfung besteht, kann einen kostenlosen (*parasız*) Internatsplatz (*yatılı*) bekommen. Nach Absolvierung verpflichtet er sich zum Eintritt in den Staatsdienst (*mecburi hizmet karşılığı*) für eine bestimmte Zeitdauer.

Parks ↑Gençlik parkı, ↑Gülhane, ↑Kültür parkı, ↑lunapark.

Parlament ↑Türkiye Büyük Millet Meclisi.

Parteien. Die Mehrparteien-Periode der Republik T. beginnt, von unbedeutenden Ausnahmen abgesehen, erst 1946. Heute sind sie nach Art. 68 der ↑*Verfassung* „unverzichtbare Bestandteile des demokratischen politischen Lebens". Sie können ohne vorherige Erlaubnis gegründet werden, wenn sie nicht die „Herrschaft einer Klasse oder eines Standes oder irgendeine Diktatur" anstreben. Auslandsorganisationen sowie Frauen- oder Jugendabteilungen sind untersagt. Richter und Staatsanwälte, Hochschullehrer, Staatsbeamte, Schüler und Studenten sowie die Angehörigen der Streitkräfte dürfen politischen P. nicht beitreten. Einzelheiten regelt ein neues Parteiengesetz vom 24.4.1983. Das Gesetz über die Parlamentswahlen vom 10.6.1983 bestimmt, daß die Parteien in mindestens der Hälfte aller Provinzen (↑*il*) Organisationen aufgebaut haben müssen, um Kandidaten aufstellen zu können. Das bedeutet, daß mehrere Tausend Funktionäre und die gleiche Zahl von Ersatzleuten zur Verfügung stehen müssen. Der Organisationsgrad der türk. P. ist hoch, auch wenn man mit zahlreichen Mehrfachregistrierungen, sog. *naylon*-Mitgliedschaften rechnen muß (1990: 5,2 Mill.!).

Nach dem 12.9.1980 wurden alle bestehenden Parteien verboten (↑*Cumhuriyet Halk Partisi/CHP*, ↑*Adalet Partisi/AP*, ↑*Millî Selamet Partisi/ MSP*, ↑*Milliyetçi Hareket Partisi/ MHP*). Die Zehnprozent-Klausel von 1983 (↑*baraj*) hat den Einzug der *Refah Partisi* (‚Wohlfahrtspartei'), der islamistischen MSP-Nachfolgerin, ins Parlament verhindert. Ende der 90er Jahre konkurrieren die in einen „liberalen" und einen (religiös) „konservativen" Flügel aufgespaltene ‚Mutterlandspartei' (*Anavatan Partisi/ ANAP*) mit der Nachfolgerin der ‚Gerechtigkeitspartei' (*Adalet Partisi*) ‚Partei des rechten Weges' (*Doğru Yol Partisi/- DYP*) und zwei links-kemalistischen Parteien (*Sosyaldemokrat Halkçı Partisi/SHP* und *Demokratik Sol Partisi/- DSP*). Der endgültige Eintritt der

↑*Kommunisten* in die Legalität war 1991 noch nicht vollzogen.

Parteisymbole. Da sich Parteifarben nicht entwickeln konnten - alle politischen Gruppen fühlen sich dem Rot-Weiß der Nationalflagge (↑*bayrak*) verpflichtet - spielen P. eine besondere Rolle (auch für analphabetische Wähler). Die alte ↑*Cumhuriyet Halk Partisi* sowie die 1985 gegr. *SHP* führen die Sechs Pfeile (↑*Altı Ok*) im Emblem. Die *DP* von Adnan ↑*Menderes* hatte ein Pferd (*demokrat* wurde als *kır-at* ‚graues Pferd‘ gelesen). Ihre Nachfolgerparteien haben das Pferd übernommen, die *DYP* mit Reiter. Ganz neu sind die Taube der ‚demokratischen Linken‘ (*DSP*) und die Biene über dem Bild der in Waben eingeteilten T. im Falle der ‚Mutterlandpartei‘ (*ANAP*). Die ‚Wohlfahrts-Partei‘ (*Refah Partisi*) führt Halbmond mit Ähre, die rechtsextreme ‚*Nationalistische Arbeitspartei‘* (*MÇP*) einen von neun Sternen umgebenen Mond.

Pascha ↑paşa.

pastırma. Dörrfleisch. Verwendet werden ausgesuchte Stücke des Fleischs von Rindern und Büffeln (*manda*). Nach einem sorgfältigen Salzungs- und Trockenvorgang wird es mit Knoblauch, Paprika und v.a. Kreuzkümmel (*çemen*) gewürzt. Der wichtigste Erzeuger ist die Stadt Kayseri, wo angeblich jeder Bewohner bis zu 20 Arten p. aufzuzählen weiß.

paşa. ‚Pascha‘; der Titel P. wurde zwar 1934 durch Gesetz aufgehoben, das Wort bezeichnet aber in der Umgangssprache nach wie vor einen General. Es ist aus *padişah* ‚Herrscher‘ (↑*Sultan*) entstanden.

Patrikhane, Rum Patrikhanesi. Das ökumenische Patriarchat im Istanbuler Viertel ↑*Fener*. Am 17.12.1989 wurde hier nach langen Auseinandersetzungen ein neues Kirchenzentrum der Orthodoxie eingeweiht.

pavyon (von franz. *pavillon*). Heute meist für ein Nachtlokal minderer Güte gebrauchter Name (neutraler ist ‚Nachtklub‘ *gece kulübü*).

pazar. Das Wort für ‚Sonntag‘ bez. zugleich den periodischen Markt in Stadtvierteln bzw. in wechselnden Kleinstädten. Z.B. *salı pazarı* ‚Dienstagsmarkt‘.

peçe. Der schwarze Gesichtsschleier für Frauen; sein Verbot wurde beim Kongreß der Volkspartei 1935 zwar diskutiert, doch überließ man die Regelung der Frage den Kommunen (↑*belediye*).

pekmez. Ein dicker Most aus Trauben (*üzüm*), Maulbeeren (*dut*) u.a. Früchten.

Pensionskasse ↑Emekli Sandığı.

Persisch (*farsi*, *farsça*). Das hohe Prestige der iranischen Literatur machte P.-Kenntnisse zur Voraussetzung für jeden osman. Gebildeten. Ein Hort der pers. Studien bildete die ↑*Mevlevi*-Bruderschaft. Gleichzeitig mit dem ↑*Arabischen* wurde P. 1925 aus den Schulen verbannt.

Petition ↑dilekçe.

petrol ↑Erdöl.

Petrol Ofisi ↑Türkiye Petrolleri Anonim Ortaklığı.

Pfeife 1. Die lange alttürk. P. hieß ↑*çubuk*. 2. Ein europäisches Modell nennt man *pipo*. Vgl. zur Wasserpfeife ↑*nargile*.

pide. ‚Fladenbrot‘; wird auch als Grundlage für Fleisch- und Gemüsespeisen verwendet. Das Wort hängt etymologisch mit *Pizza* zusammen. ↑*ekmek*, ↑*fırın*.

pilav ↑Reis.

Pipelines für Rohöl enden in den Mittelmeerhäfen Ceyhan/Yumurtalık und Dörtyol im Golf von İskenderun. Dörtyol bezieht türk. Öl aus den Batman-Raffinerien bei Siirt und dient der Versorgung der Raffinerien von Mersin, İzmir und Aliağa durch Tanker im Küstendienst. Ceyhan ist ein Transithafen für irakisches Rohöl (aus Kirkuk). Hauptabnehmer waren bis zur Kuwait-Krise Frankreich, Italien und die USA. Aus der Sowjetunion wird Erdgas über P. eingeführt.

PKK (*Partîya Karkêren Kurdistan*). ‚Arbeiterpartei Kurdistans‘. Zwischen 1974 und 1978 entstandene radikale kurdische Organisation unter dem ehemaligen Politologie-Studenten Abdullah Öçalan. Die PKK versteht sich als marxistisch-leninistische Guerilla etwa im Sinne des Vietkong. Ihr Kommando-Zentrum liegt in Syrien bzw. dem Libanon. Seit Ende der 80er Jahre ist sie durch zahlreiche blutige ‚Operationen‘ gegen Dorfwächter (*köy korucusu*) und ihre Familienangehörigen hervorgetreten.↑*Kurden*.

plaka. ‚Automobilkennzeichen‘; die p. enthält die Nummer des ↑*il* (z.B. 01 für Adana, 34 für Istanbul) auf weißem Grund, schwarz bedeutet Dienstfahrzeug (↑*makam arabası*), blau Ausländer, grün Polizei. Automobile hoher Amtsträger (ab ↑*müsteşar*) haben rote Nummernschilder.

Planungsorganisation ↑Devlet Planlama Teşkilatı.

Polizei (*polis*). Die P.-Aufgaben sind zwischen ↑*Emniyet Genel Müdürlüğü* und der ↑*Jandarma Genel Komutanlığı* aufgeteilt. Vgl. auch ↑*bekçi*.

Pomaken. Muslimische Einwanderer aus Bulgarien (↑*göçmen*), die in zahlreichen west- und mittelanatolische Dörfer angesiedelt wurden.

Populismus ↑halkçılık.

Pornographie (*muzır neşriyat*). Die 1986 gegründete ‚Kommission zum Schutz Jugendlicher vor pornographischen Veröffentlichungen‘ besteht aus 11 Mitgliedern. Sie werden u.a. vom Nationale Sicherheitsrat (↑*Milli Güvenlik Kurulu*), dem Ministerpräsidialamt (↑*Başbakanlık dairesi*), verschiedenen Ministerien, einem Vertreter des Hochschulleitungsrats (↑*Yüksek Öğretim Kurulu*) und Journalistenverbänden entsandt. Als jugendschädlich bewertete Periodika müssen mit dem Aufdruck ‚Schädlich für Minderjährige‘ (*küçükle-re zararlıdır*) versehen werden. An Erwachsene (über 18jährige) dürfen sie nur im Umschlag (*poşet*) verkauft werden. Geldstrafen für Verstöße werden dem Fond für sozialen Wohnungsbau (↑*Toplu Konut ve Kamu Ortaklığı Kurulu*) gutgeschrieben.

Postleitzahlen (*posta kodu*). Die türk. P. ähneln den meisten international eingeführten Systemen. Z.B. hat der Stadtteil Cihangir von Istanbul die P. 80060, wobei die 8 für Istanbul steht. ↑*Anschrift*.

Postverwaltung. Unter der Abkürzung PTT versteht man die Generaldirektion für den Betrieb von postalischen, telegraphischen und telefonischen Diensten (*Türkiye Cumhuriyeti Posta, Telegraf ve Telefon İşletmesi Genel Müdürlüğü*) wie auch jedes Postamt. Die PTT sieht sich in der Kontinuität der ersten modernen Briefpost-Linie, die 1840 zwischen Üsküdar und İzmit eingerichtet wurde. Sie untersteht dem Verkehrsministerium (*Ulaştırma Bakanlığı*). Heute spielen elektronische Dienste die wichtigste Rolle (↑*Telefon*).

Präfekt ↑vali.

Präsident der Republik ↑Cumhurbaşkanı.

Präsidium für Religionsangelegenheiten ↑Diyanet İşleri Başkanlığı.

Prediger ↑hatip, ↑vaiz.

Preisverleihungen: ↑Abdi İpekçi, ↑Antalya Ulusal Altın Portakal Film Festivalı, ↑lale, ↑Literaturpreise, ↑TÜBİTAK.

Presse (*basın*). Die meisten Zeitungen (↑*gazete*) werden in Istanbul (↑*Babıali*) produziert, die größten Blätter haben Regionalausgaben in Ankara, İzmir, Adana, Diyarbakır. Abonnements sind selten. Die Finanzierung erfolgt durch Straßenverkauf, Reklame und amtliche Anzeigen (*resmi ilan*). Die Blätter mit den höchsten Auflagen haben ein nur schwach entwickeltes politisches Profil. Zur Meinungsbildung tragen v.a. feste Kolumnisten (*köşe yazarı*) bei. Mittel, die den Straßenverkauf fördern, werden großzügig eingesetzt: Bunte Bilder, „sex and crime", „kostenlose" Beilagen, Verlosungen von Reisen, elektronischen Geräten oder Hausrat (*lotarya)*. Die türk. Bevölkerung in West-

und Mitteleuropa wird durch in Frankfurt hergestellte Ausgaben versorgt. Nur eine Tageszeitung von überregionaler Bedeutung hat Tradition und ist nach Aufmachung und Inhalt „seriös": *Cumhuriyet* (gegr. 1924 von Yunus Nadi, mit über 23 000 erschienenen Nummern) experimentiert seit Ende 1990 mit einer Wochenausgabe für Europa. *Dünya* ist eine qualitätsvolle Wirtschaftszeitung, die seit 1991 auch in einer Wochenausgabe für Europa gedruckt wird. Die Auflagenzahlen der Massenblätter sind schwankend (Sept. 1990: *Sabah* 670 T., *Hürriyet* 555 T., *Türkiye* 424 T., *Milliyet* 413 T.) Eine türk. Spezialität sind die Gemeinschaftsausgaben der Zeitungsverlage an den Feiertagen (sog. *Bayram gazetesi*). Die Provinzpresse (*yerel b.*) wird kaum gelesen (Anteil an der Gesamtauflage unter 5%), lediglich İzmir verfügt mit *Yeni Asır* über ein bedeutendes lokales Sprachrohr. Die bunte Aufmachung der Massenblätter und der geringe Anteil politischer Informationen (nach einer Untersuchung von 1985 nur 3,1% des Zeitungsraums) dürfen nicht darüber hinwegtäuschen, daß die türk. Presse insgesamt seit ihrer ersten Befreiung im Jahre 1908 ihre Aufgabe als ‚vierte Macht' sehr ernst genommen hat.

Privatschulen ↑dershane.

Prostitution ↑genelev.

Prüfung (*sınav*). Aufnahmeprüfungen für weiterführende Schulen und Universitäten prägen das türk. Schulsystem. Ca. 15% aller Grundschüler bestehen die Aufnahmeprüfung in ein ↑*lise*. Besonders umkämpft ist der Zugang zu einem ↑*Anadolu Lisesi*. Dabei entscheiden eine von Jahr zu Jahr veränderte Punktezahl (*taban* *puanı*) und die Aufnahmekapazität (*kontenjan*) über den Erfolg.

PTT ↑Postverwaltung.

Putsch ↑darbe, ↑Aydemir ihtilâli.

R

Raffinerien. Die älteste ‚Anlage zur Verfeinerung von Rohöl' in Istanbul wurde 1940 demontiert und im Feld von Raman (↑*Erdöl*) wieder aufgebaut. Nach der Entdeckung des Feldes von Garzan wurde sie erneut verlegt. Die erste moderne R. entstand 1961 in Zusammenarbeit mit Caltex bei İzmit (*İPRAŞ=İstanbul Petrol Rafinerisi Anonim Şirketi*). Es folgten *ATAŞ* (*Anadolu Petrol Rafinerisi Anonim Şirketi*) bei Mersin und die *Aliağa Rafinerisi* bei İzmir.

rahmetli. Von Verstorbenen, insbesondere aus der eigenen Verwandtschaft bzw. dem engeren Freundeskreis spricht man in der Form *r.* Z.B. *r. babam* ‚mein seliger Vater'(*rahmet* ‚in Gottes Gnade eingegangen').

rakı. Anisschnaps, das *arslan sütü* (‚Löwenmilch') der Türken. R. wird mit Wasser verdünnt getrunken und von ↑*meze* begleitet. Die Produktion wird zum großen Teil von ↑*Tekel* kontrolliert.

rakım. An Ortseinfahrten, Bahnhöfen und Paßstraßen sind Tafeln mit der Angabe der Meereshöhe angebracht.

Ramazan. Die große Mehrheit der Türken hält sich an das verpflichtende ↑*Fasten* im Monat R. (↑*Monatsna-*

men). In den R.-Nächten verrichtet man ein besonderes, *teravi(h)* genanntes Gebet. Vgl. ↑*fitre*, ↑*iftar*.

RCD, *Regional Co-operation for Development* (*Bölgesel Kalkınma İçin İşbirliği Teşkilatı*). 1964 geschlosssene Vereinbarung der islamischen Cento-Staaten Iran, Pakistan und T. (↑*Central Treaty Organisation*) über engere wirtschaftliche und kulturelle Zusammenarbeit. Die T. hat die Möglichkeit einer aktiven Bündnispolitik im Mittleren Osten wenig genutzt, jedoch förderte die RCD einen engeren Verkehrsverbund zwischen den drei Staaten (↑*TCDD*).

Rechnungshof ↑Sayıştay.

Recht. Die Republik T. hat sich in rechtlicher Hinsicht durch eine radikale Rezeption westlicher Quellen aus dem islamischen Rechtskreis (↑*şeriat*) gelöst. Die wichtigste Rolle spielte die Einführung des Schweizer Zivilgesetzbuches (↑*Medeni Kanun*). Die geltende ↑*Verfassung* gewährleistet - bei allen Einschränkungen - die Grundrechte. Es besteht eine unabhängige Justiz (↑*Gerichtswesen*).

Rechtsanwalt (*avukat*, Abk. *av.*). Zahlreiche Rechtsanwälte haben sich in großen Geschäftshäusern (*işhanı*) niedergelassen. Ihre berufständische Vertretung ist der ↑*baro*. Der erste weibliche R. der T., Süreyya Ağaoğlu (1903-1989), wurde 1929 beim Ankara Barosu registriert.

Rechtsauskunft, islamische ↑fetva.

Rechtschreibung. Den korrekte Gebrauch der türk. Lateinschrift, des ‚Neuen türk. Alphabets' (*Yeni Türk* *alfabesi)* vermitteln kleine, seit 1929 von der Sprachgesellschaft (↑*Türk Dil Kurumu*) herausgegebene Führer *(Yazım Kılavuzu)*. Die früher geduldete ‚Türkisierung' ausländischer Namen wird in der jüngsten Ausgabe des Y.K. abgelehnt *(Washington* statt *Vaşington)*. Ausnahmen werden bei eingebürgerten historischen Fällen hingenommen: *Şarlken* für Karl V. (Charles Quint). Dennoch bleiben in Straßennamen und populären Schriften Formen wie *Klotfarer* (für den franz. Turkophilen Claude Farrère) oder *Madam Baturfilay* (Madame Butterfly), *Sentenzüperi* (Saint-Exupéry) häufig. Unsicherheiten bestehen nach wie vor bei der Verwendung der Akzente (↑*şapka*).

Rechtsschule ↑mezhep.

Rechtsverordnung mit Gesetzeskraft ↑Kanun hükmünde kararname.

Redd-i İlhak Cemiyeti. Einen Tag vor der Besetzung ↑*İzmir*s durch griech. Truppen (15.5.1919) wurde eine ‚Vereinigung zur Zurückweisung der Annexion gegründet. Damit verbindet sich eine frühe Antwort auf die Aufteilungspläne der Sieger nach dem Weltkrieg (↑*Sèvres*).

Redhouse. In Istanbul ansässiger Verlag, der den Namen von Sir James W. Redhouse (1811-1892) führt. R. hat die wichtigsten Wörterbücher der englischen und türkischen Sprache im 19. Jh. verfaßt. Das derzeit beste zweisprachige Lexikon des Türkischen, das *New Redhouse Turkish-English Dictionary* von 1968, baut noch darauf auf.

Refah Partisi ↑Millî Selamet Partisi, ↑Parteisymbole.

reform. Im Gegenwarts-Türkischen hat sich ebensowenig wie im Fall von ↑*Revolution* ein unbestrittener Terminus für ‚Reform' herausgebildet. Für die kemalistischen Reformen (↑*Atatürkçülük*) ist das arab. Wort *inkılâp* reserviert.

Reform-Fermane. Die beiden großen Dekrete der ↑*Tanzimat*-Zeit: das *Hatt-ı Hümayun* vom 15. Ramazan 1255/ 1839 (auch *Hatt-ı şerîf*) von ↑*Gülhane* und der wesentlich weiter gehende *Islahat fermân-ı âlisi* von 1856.

Reform-Schutzgesetze. Die ↑*Verfassungen* von 1961 (Art.153) und 1982 (Art.174) enthalten Bestimmungen über den ‚Schutz der Reformgesetze' (*inkılâp kanunlarının korunması*). Als unveränderlich gelten die folgenden Reformgesetze bzw. Grundsätze: 1. Gesetz über die Vereinheitlichung des Unterrichts (↑*Tevhid-i tedrisat kanunu*); 2. Gesetz über das Huttragen (↑*Şapka kanunu*); 3. Gesetz über die Schließung von größeren und kleineren Derwischkonventen (↑*tekke*) sowie Mausoleen (↑*türbe*) und über das Verbot und die Aufhebung der Tätigkeit eines Mausoleumswächters *(türbedarlık)* sowie einer Anzahl von Titel; 4. der durch das Türk. Zivilgesetzbuch (↑*Medeni Kanun*) angenommene Grundsatz der ↑*Eheschließung* vor dem Standesamt und die Bestimmung des Art.110 dess. Gesetzes über das Verbot der religiösen Trauung vor gültiger standesamtlicher Eheschließung; 5. Gesetz über die Annahme der international üblichen Ziffern; 6. Gesetz über die Annahme und Anwendung des türk. Alphabets (↑*Schriftreform*); 7. Gesetz über die Aufhebung von Anreden und Titeln wie ↑*efendi*, ↑*bey* oder ↑*paşa*; 8. Gesetz über das Verbot bestimmte Trachten zu tragen (↑*cüppe*).

Regierung. Der Ministerpräsident
(↑*başbakan*) steht dem aus Ressort-
und Staatsministern (↑*bakan*, ↑*devlet
bakanı*) zusammengesetzten Ministerrat
(↑*Bakanlar Kurulu*) vor. ↑*hükumet*.

Regierungsbezirk ↑il.

Region ↑bölge.

Reis auf dem Feld heißt *çelik*. Unge-
schälter R. ist *pirinç*. *pilav* sind *Reisge-
richte*.

Religion ↑Christen, ↑Islam, ↑Juden.

Religionsunterricht. Ab dem Schuljahr
1930/31 wurde der R. nicht mehr in
den Lehrplänen für die Grundschulen
erwähnt. Es bestand lediglich die Möglichkeit, auf Antrag der Eltern wöchentlich eine halbe Stunde außerhalb
der Pflichtstunden religiöse Unterweisung in Form von ‚Vorträgen‘ zu erhalten. Erst im Jahr 1949 ist die Phase der
Austrocknung islamischer Einrichtungen zu Ende. Der R. an Grundschulen
(↑*ilkokul*) wird so gut wie überall wieder eingerichtet, nach dem Wahlsieg
von ↑*Menderes* müssen Eltern ihren
Wunsch nach *Nicht*-Beteiligung am R.
schriftlich bekunden. Die Mittelschulen
(↑*ortaokul*) folgen erst 1956, die Ober-
schulen (↑*lise*) 1976 nachdem schon
1974 als Kompromiß der Koalitions-
partner CHP und MSP (↑*Parteien*)
‚Ethik-Stunden‘ (*ahlâk dersleri*) auf
allen Schulstufen eingeführt wurden.
Erstmals seit Gründung der Republik
(1923) schreibt die Verfassung von
1982 (Art.24) die ‚Religions- und Sit-
tenerziehung und -lehre‘ (*din ve ahlâk
eğitim ve öğretimi*) verbindlich und
unter Staatsaufsicht stehend vor. In
allen Grund- und Mittelschulanstalten
ist R. Pflichtfach (*zorunlu ders*). Damit
ist der *islamische* R. gemeint, auch
wenn die Verfassung nur allgemein von
din spricht. ↑*ilmihal*

Reliquien ↑Emanat-i mukaddese.

Republik ↑cumhuriyet.

Resmî Gazete. ‚Amtsblatt‘; der täglich
erscheinende Staatsanzeiger ist Pflicht-
lektüre für alle höheren Beamten. R.G.
veröffentlicht die Texte aller legislati-
ven Akte (↑*kanun*), Verordnungen,
internationaler Verträge, Ausschrei-
bungen, Bekanntmachungen u.s.w.

Restaurant. Eine gewöhnliche Speise-
gaststätte heißt *lokanta*, ein Klasse
darunter sind die spezialisierten Sup-
penküchen (↑*işkembe*) bzw. die ‚Läden‘
(*dükkan*) mit ↑*kebap*. Die Bez.
restoran verrät höhere Ansprüche. Das
büfe ist v.a. an Bahnhöfen und in Bus-
garagen vertreten.

Revolution. Es besteht kein Konsens
über das türk. Äquivalent für die kemalistische Kultur-‚Revolution‘. Konser-
vative Autoren bevorzugen *inkılâp* mit
der Betonung auf ‚Umgestaltung über-
lebter und verbesserungswürdiger Einrichtungen‘ (↑*reform*), während andere
den totalen Bruch, den *‚Umsturz‘* des
Wertsystems hervorheben und von *devrim* sprechen. Diese terminologischen
Festlegungen sind nicht in Einklang zu
bringen mit Kritikern, die das Wort
devrim verwenden, aber beklagen, daß
↑*Atatürks* ‚revolutionäres Reformwerk‘
in den Anfängen stecken blieb, bzw.
Stimmen, die auf ein scharfe kulturelle
Diskontinuität hinweisen und dennoch
von *inkılâp* sprechen. Die Franz. R.
und die Oktober-R. heißen gleicher-
maßen *ihtilal*. Eine militärische Intervention (Putsch) nennt man ↑*darbe*.

R.H.M., *Resmî Hizmete mahsus* ‚Nur
für den Dienstgebrauch‘ (↑*makam
arabası*).

Richter ↑Gerichtswesen, ↑Hâkimler ve Savcılar Yüksek Kurulu, ↑Yüksek Hakem Kurulu.

Ringen ↑Kırkpınar.

Robert Kolej. Berühmtes, 1863 von Christopher Rheinlander Robert gegründetes amerikan. College oberhalb der Festung Rumeli Hisarı am Bosporus. Vorgängerin der ↑*Boğaziçi Üniversitesi*.

Rosenkranz ↑tespih.

Roter Halbmond ↑Kızılay.

ruhsat. ‚Baugenehmigung‘; ein entsprechendes Schild mit der Nummer des Genehmigungsbescheides muß an jeder Baustelle angebracht werden.

Rum bez. heute Griech.-Orthodoxe mit türk. Staatsbürgerschaft und alle Griechen außerhalb des Staates Griechenland (z.B. auf ↑*Zypern* oder in den Vereinigten Staaten). Auch islamisierte Griechisch-Sprecher im pontischen Raum (einige Dörfer im Hinterland von Trabzon) werden gelegentlich R. genannt. ↑*Giritli*.

Rumeli. ‚Rumelien‘; früher die gesamte europ. T. im Gegensatz zu Anatolien. Die heutige europ. T. (*Avrupa Türkiyesi*) wird meistens mit ↑*Trakya* gleichgesetzt.

Russisch-türk. Krieg ↑Doksanüçharbi.

S

Sabancı. Große ↑*holding* in Familienbesitz, erkennbar an den herausgehobenen Buchstaben *SA* in den Namen der Teilfirmen. Das Imperium der S. wurde von dem aus einem Dorf bei Kayseri stammenden Hacı Ömer S. (1906-1966) in der ↑*Çukurova* aufgebaut.

Sackgassen ↑Straßen.

Säkularismus ↑Laizismus.

sahaf. ‚Antiquarischer Buchhändler‘. Berühmt ist der *Sahaflar Çarşısı* in der Nahe von Istanbuls Bayezit-Moschee. Der regelmäßige Besuch bei einem gut unterrichteten s. ist für türk. Intellektuelle eine Notwendigkeit, um ‚auf dem Laufenden zu bleiben‘.

Sakarya. Mit dem Namen des anatolischen Flusses verbindet sich die große Abwehrschlacht im Befreiungskrieg (↑*Kurtuluş savaşı*). Nach der Räumung des Ostufers durch die Griechen stand der Sieg am 13.9.1921 fest. Die Große Nationalversammlung verlieh ↑*Mustafa Kemal* die Titel ↑*gazi* und *müşir* (↑*mareşal*).

salma. Dörfliche Abgabe (↑*köy*).

Saloniki (türk. *Selanik*). Bis zum Verlust in den Balkankriegen (1912) war S. eine der wichtigsten Verwaltungs- und Kulturstädte des osman. Südosteuropa. ↑*Abdülhamit II.* verbrachte hier die ersten Jahre seiner Verbannung. S. ist der Geburtsort von ↑*Mustafa Kemal* (Atatürk). Das ‚Geburtshaus‘ aus den 70er Jahren des 19.Jh. wurde angeblich von Atatürks Vater Ali Riza Bey 1881 gemietet. Am 19.1.1937 wurde es vom Türk. Konsulat in S. erworben. Im Ankaraner Stadtteil Çiftlik wurde am 100. Geburtstag des Staatsgründers (1981) eine genaue Kopie des Gebäudes eingeweiht. ↑*Atatürk Evi*.

Sammeltaxi ↑dolmuş.

Samowar ↑semaver.

Samsun. Die Landung ↑*Mustafa Kemals* (Atatürks) in S. (19.5.1919) bildete die Voraussetzung für die planmäßige Zusammenfassung des anatolischen Widerstands gegen Alliierte, Griechen (Ägäis, Pontos) und Armenier (Nordostanatolien, syr. Grenze). Mustafa Kemal reiste in der Eigenschaft eines Inspekteurs der Truppenteile der 9./bzw. 3.Armee, um für die Ruhe im Sinne des Waffenstillstands von ↑*Mudros* zu sorgen. Tatsächlich faßte er kurz danach den Beschluß über einen anatolischen Nationalkongreß (↑*Erzurum-Kongreß*). An die Landung erinnert das Jugendfest (↑*Gençlik ve Spor bayramı*). - Heute ist S. die Stadt der Schwarzmeer-Messe (*Karadeniz fuarı*).

sancak. Das türk. Wort für ‚Fahne‘ im Sinn von ‚Heerbanner‘5. wurde als Name von Provinzen bis zu Beginn unsers Jh.s gebraucht (gleichbedeutend ist arab. *liva*). Dagegen heißt die in der Hymne (↑*İstiklâl Marşı*) beschworene Nationalflagge ↑*bayrak* .

Sancak-Frage. Die im Vertrag von ↑*Lausanne* gezogenen Grenzen wurden nur einmal revidiert: seit 7.7.1939 ist der sog. ↑*sancak* von Alexandrette (westl. Form für İskenderun) Bestandteil der Republik. Nach Auslaufen seines Mandats über Syrien (1936) hatte Frankreich einen Sonderstatus für das Gebiet zwischen Adana und Aleppo akzeptiert. Kein Bevölkerungsteil (Türken, alevit. und sunn. Araber, Armenier, Griech.-Orthodoxe) konnte die absolute Mehrheit beanspruchen, doch gelang es den Türken als größter Gruppe, mit Unterstützung des Mutter-landes den Anschluß des nunmehr ↑*Hatay* genannten Kleinstaats durchzusetzen. Aus syr. Sicht ist die S.-F. noch offen.

Sankt-Georgs-Werk. Von österreichischen Lazaristen und Barmherzigen Schwestern getragenes religiöse, soziales und edukatives Zentrum in Istanbul. Das S.-G.-Kolleg ist die wichtigste Auslandsschule Österreichs im östlichen Mittelmeerraum mit mehr als 8.000 Absolventen seit dem Ende des 2. Weltkriegs.

saray. ‚Schloß‘; wird heute nicht nur im Sinn von Palast (↑*Topkapı Sarayı*) gebraucht, sondern auch für öffentliche Bauwerke wie Rathaus (*Belediye s.ı*) oder Justiz-Palast (*Adliye s.ı*).

sarık. Das Wort für ‚Turbanbinde‘ ist von *sarmak* ‚wickeln‘ abgeleitet. Ein vollständiger Turban besteht aus s. und einer kalottenartigen Kopfbedeckung (*takke*). Nur Religionsbeamte dürfen den s. tragen (↑*Şapka kanunu*).

Satire ↑Devekuşu Kabare Tiyatrosu, ↑Gırgır, ↑Karikatur, ↑ Nasrettin Hoca.

savcı. ‚Staatsanwalt‘. Als *Cumhuriyet savcısı* („Staatsanwalt der Republik‘) bildet er die Anklagebehörde im Strafprozeß. Der Generalstaatsanwalt der Republik vertritt die Anklage sowohl beim Kassationshof (↑*Yargıtay*) als auch beim Verfassungsgericht (↑*Anayasa Mahkemesi*) als Staatsgerichtshof. Er hat die Rechtsaufsicht über die ↑*Parteien*.

sayın. Die förmliche Anrede s. (‚Geschätze/r‘, ‚Sehr Geehrte/r‘) wird in Verbindung mit dem Nachnamen und bei der ↑*Anschrift* gebraucht.

Sayıştay. Die Aufgaben des S. werden in Art. 160 der ↑*Verfassung* geregelt. Er hat die Funktionen eines Rechnungshofes und ist zu unterscheiden von den Finanzgerichten (*vergi mahkemleri*) und deren Revisionsinstanz, den Finanzsenaten des Staatsrats (↑*Danıştay*).

saz. Langhalslaute (vor allem die *bağlama*), auch allg. für Musikinstrument. Die s. ist das charakteristische Instrument des anatolischen Barden (↑*âşık*).

SBF ↑Siyasal Bilgiler Fakültesi.

Scheibenräderwagen ↑kağnı.

Schmuggler ↑kaçakçı.

Schoß der Nation ↑sine-i millet.

Schriftreform. Die Umstellung von der ↑*arabischen Schrift* auf die lateinische (↑*Rechtschreibung*) erfolgte in größerem Tempo, als alle Beobachter vorausgesagt hatten. Noch im Frühjahr 1928 war von der Erarbeitung eines Wörterbuchs durch eine Kommission, die dafür 15 Jahre veranschlagte, die Rede. Am 26.6. tagte ein ‚Lateinschriftausschuß' unter dem Vorsitz ↑*Atatürks*. Die Frage lautete nun nicht mehr, *ob* die arabische Schrift ersetzt werden sollte, sondern nur noch *wie*. Am 19.7. gab ↑*İnönü* der neuen Schrift den Namen *Türk Alfabesi*. In den ersten Augusttagen arbeitete Atatürk in ↑*Dolmabahçe* an der Schrift. Am 10.8. hielt er kurz nach Mitternacht seine historische Ansprache über das neue Alphabet im Park von ↑*Gülhane*. Auf Reisen im Landesinneren trat Atatürk als Lehrer des neuen Alphabets auf (zuerst in Tekirdağ). Im September erschienen Zeitungen spaltenweise in

neuer Schrift sowie ein erstes Schulbuch. - Das ‚Gesetz über Annahme und Durchführung des türk. Alphabets' trat am 3.11.1928 in Kraft, nachdem eine Sprachkommission (*dil heyeti*) einen ‚Alphabetbericht' (*Elifbe raporu*) vorgelegt hatte. Die neuen Buchstaben wurden dem Staatsgründer auf einer goldenen Tafel überreicht. Die neue Schrift verwendet folgende, im deutschen Alphabet fehlende Zeichen: ç, ğ, ı, ş (vgl. auch die andere Aussprache von c, j, y, z). Nach 1928 änderte sich nur noch die Reihenfolge der Buchstaben an einer Stelle: die Buchstaben i und ı vertauschten ihre Plätze. Die erste große Kampagne gegen den Analphabetsimus fand in den sog. ‚Nationalschulen' (↑*Millet Mektepleri*) statt.

Schuhputzer ↑boyacı.

Schulbücher (*ders kitapları*) werden vom Erziehungsministerium genehmigt bzw. durch Bekanntmachung in der Zeitschrift *Tebliğler Dergisi* empfohlen. Obwohl ein freier Markt für Sch. existiert, werden zahlreiche Lehrwerke innerhalb des Ministeriums verfaßt und von diesem vertrieben. Zu den für die Literaturunterricht akzeptierten „Klassikern der Moderne" zählen Halide Edip Adıvar und Ömer Seyfettin, während z.B. die zeitgenössischen Erzähler Yaşar Kemal und Orhan Kemal bzw. die Satiriker Aziz Nesin oder Muzaffer İzgü fehlen.

Schulen. Dem Erziehungsministerium (*Milli Eğitim, Gençlik ve Spor Bakanlığı*) unterstehen fast 60 000 Schulen des allgemeinen Bildungswesen mit ca. 10 Millionen Schülern, von denen mehr als ein Viertel weiterführende Schulen besucht. Das dreistufige System unterscheidet Grundschule (↑*ilkokul*), Mit-

telschule (↑*ortaokul*) und Oberschule
(↑*lise*). Neben dem allgemeinbildenden
lise gibt es z. T. hochspezialisierte
Meslek Liseleri (Berufsoberschulen)
und *Teknik Liseler* (Technische Ober-
schulen). *İlkokul* und *ortaokul* sind
gelegentlich zu *ilköğretim okulları*
zusammengefaßt. Die *ortaokul* kann
auch mit einem *lise* vereinigt sein.
Einige Schulen unterstehen anderen
Ministerien. Z.B. sind die Polizeischulen (*polis kolejleri*) der Generaldirektion für Sicherheit, einer Hauptabtei-
lung des Innenministeriums zugeordnet
(↑*Emniyet Genel Müdürlüğü*). Das
Verteidigungsministerium hat *Kara
Liseleri* (für das Heer) und ein *Deniz
Lisesi* (für die Marine). Musikhoch-
schulen (*konservatuar*) sind den Universitäten angegliedert. Zur wichtigsten
Form von Privatschulen vgl. ↑*dershane*. Schwachpunkte des türk. Schulsystems hat der ↑*TÜSİAD*-Bericht von
1990 hervorgehoben: 1. äußerst kurze
Schulpflicht, 2. zu geringer Anteil der
Berufsschulbildung, 3. zu starke Förderung traditioneller Bildungsinhalte, 4.
schlechter sozialer Status der Lehrer, 5.
ausgeprägter Zentralismus, 6. Produktion zu vieler Absolventen durch die
Schulen für Vorbeter und Prediger
(↑*İmam-Hatip-Lisesi*).

Schuljubiläen führen die ‚Ehemaligen‘
jährlich zu einem gemeinsamen Essen
(oft eines bestimmten ↑*börek* oder
↑*pilav* zusammen).

Schwägerschaft. Das Türk. verfügt
über eine ähnlich komplexe Terminologie für die einzelnen Formen der
Heiratsverwandtschaft wie die Balkan-
sprachen. Neben dem allg. Wort *kayın*
bzw. *yenge* für Bruder und Schwester
des Ehemanns oder der Ehefrau existieren   weitere   termini: *görümce*

‚Schwester des Ehemanns‘, *baldız*
‚Schwester der Ehefrau‘ und *yenge*
‚Ehefrau des Bruders‘, *enişte* ‚Ehemann
der Schwester‘. Um das gegenseitige
Verhältnis von Frauen zweier oder
mehrerer Brüder zu bezeichnen wird
elti verwendet, im umgekehrten Fall
bacanak.

Schwellenland. Ähnlich wie Indien,
Brasilien, Mexiko, Pakistan und Sri
Lanka ist die T. ein Sch., das durch
bestimmte Defizite im ökonomischen
Bereich bei verhältnismäßig fortge-
schrittenem Bildungsstand und demo-
kratischer Institutionalisierung ausgezeichnet ist.

Schwiegersohn ↑damat.

Schwiegertochter ↑gelin.

sebil ↑Brunnen.

Sechs Pfeile ↑Altı Ok.

SEKA (*Türkiye Selüloz ve Kağıt Fabrikaları*). Staatliches Unternehmen der
Papierindustrie. Hier endeten zahlreiche, der Zensur und Beschlagnahmung
zum Opfer gefallene Bücher. Auch das
gesamte Archiv der Republikanischen
Volkspartei (und anderer Parteien) soll
nach dem 12.9.1980 diesen Weg ge-
gangen sein.

selamlık. ‚Empfang‘; 1. der familien-
fremden Besuchern im klass. türk.
Wohnhaus zugängliche Teil (↑*Haus*,
↑*harem*); 2. offizieller Empfang des
Kalifen nach dem Freitagsgebet. Der
letzte s. fand am 29.2.1924 statt (↑*Abdülmecit*).

Seldschuken (*Selçuklular*). Die Dynastie (oft fälschlich als ‚Volk‘ oder

‚Stamm' bezeichnet) hatte wesentlichen Anteil an der Turkisierung Anatoliens nach der Schlacht von ↑*Malazgirt* (1071). Gleichzeitig hinterließ sie eindrucksvolle Zeugnisse der islamischen Kultur des Mittelalters.

semaver. ‚Samowar'; Wort und Sache kommen aus Rußland. In Teegärten läßt man durch den ↑*garson* einen s. bringen (↑*çay*).

semt. Großer Stadtteil (mehrere ↑*mahalle* umfassend), in Agglomerationen wie Istanbul im Rang einer selbständigen ↑*belediye*. Ein *semt pazarı* ist Stadtviertelmarkt mit täglich wechselndem Standort.

Senato. ‚Senat'; 1. Die 2. Republik (1961-1980) war durch ein Zwei-Kammern-System bestimmt. Der Senat bestand aus 150 in allgemeiner Wahl gewählten und 15 vom Präsidenten der Republik bestimmten Mitgliedern (↑*kontenjan*). 2. Das oberste Organ einer Universität heißt ebenfalls s.

sendika (von franz. *syndicat*). ‚Gewerkschaft'; s. heißen sowohl die ↑*Gewerkschaften* als auch die tariffähigen Arbeitgeberverbände. Der Tarifbereich (*iş kolu*) wird durch Beschluß des Ministerrats bestimmt.

sentez. ‚Synthese'; in der politischen Sprache ab den 70er Jahren häufig verwendetes Wort für ‚Türkisch-Islamische Synthese'. Ihre akademischen Vertreter (↑*Aydınlar Ocağı*) betonen die Untrennbarkeit von türk. und islam. Bestandteilen in der türk. Kulturgeschichte seit 1000 Jahren. Auf Regierungsebene folgten die Kabinette der ‚Nationalistischen Front' (*Milliyetçi Cephe*) vor 1980 und der religiös-konservative

Flügel der *ANAP* (↑Parteien) nach 1982 dem Weltbild der ‚*sentezciler*'.

Separatismus ↑bölücülük.

Sesam ↑simit.

Sèvres (in türk. Orthographie *Sevr*). Name des Pariser Vororts, in dem die Siegermächte über das Schicksal des Osmanischen Staats berieten. Die Ergebnisse waren im Vergleich zu den anderen ‚Vorortsfrieden' (Versailles, Trianon, St.-Germain) besonders vernichtend. Am 10.8.1920 unterzeichnete die Sultansregierung von Istanbul den Vertrag mit folgenden Hauptbedingungen: 1. Internationale Kontrolle und Verwaltung der Meerengen, 2. Wiederherstellung der Sonderrechte von Ausländern (↑*kapitülasyon*), 3. Umfangreiche finanzielle und militärische Kontrollen im ganzen Reich. Am schmerzlichsten waren Gebietsabtretungen: Es sollte Ostthrakien an Griechenland fallen und ein selbständiges Armenien entstehen. Für die arabischen Provinzen war franz. und engl. Schutzherrschaft vorgesehen. Unbestritten türk. Territorium sollten lediglich Nord- und Zentralanatolien bleiben. Die Ergebnisse von S. konnten nach dem siegreichen Befreiungskrieg (↑*Kurtuluş savaşı*) in ↑*Lausanne* korrigiert werden.

seyyar (von arab. ‚umherziehend'). Fliegender Händler, Verkäufer zu Fuß, mit Handkarren oder Pferdewagen. Auch Handwerker wie der Baumwollschläger (↑*hallaç*) oder der Klempner (*muslukçu*) sind ambulant tätig. Ein künstlerisches Denkmal hat Ali H. Özgentürk den Istanbuler s. mit seinem Film ‚Pferd' (*Atım*, 1982) gesetzt, nachdem in den 80er Jahren der Straßenhandel stark eingeschränkt wurde.

SHP ↑Parteien.

sıkıyönetim. ‚Ausnahmezustand', eigentlich ‚Ausnahmezustandsverwaltung' (der juristische Terminus für Ausnahmezustand ist *olağanüstü hal*). In den ersten 63 Jahren der Republik T. (1923-1987) herrschte insgesamt 25 Jahre, 9 Monate und 18 Tage im ganzen Land bzw. einzelnen Teilen ein s.-Regime. Auslösend waren in den 20er Jahren die Kurdenaufstände im Osten (↑*Şeyh Sait isyanı*), 1931 das Massaker an ↑*Kubilay*, die Folgen des Weltkriegs, die Ereignisse des 6./7. Septembers 1955 (↑*Altı-Yedi Eylül olayları*), Studentendemonstrationen gegen ↑*Menderes* (1960), Putschversuche vom Typus des ↑*Aydemir ihtilâli*, Demonstrationen gegen eine Änderung des Gewerkschaftsgesetz (1970), die Militärinterventionen des 12. März 1971 (↑*muhtıra*) und des 12.9.1980. Weitere Ursachen waren die Besetzung ↑*Zyperns* und anarchische Verhältnisse 1979/80. Die geltende ↑*Verfassung* enthält in Art.119-122 sehr umfangreiche Bestimmungen über den Ausnahmezustand bei Naturkatastrophen, Epidemien, wirtschaftlichen Krisen und Gewalttaten gegen die Demokratie. Entscheidend ist, daß gegen Gesetzesverordnungen (↑*Kanun hükmünde kararname*), die während des s. erlassen wurden, das Oberste Gericht nicht angerufen werden kann. Vgl. auch die Staatssicherheitsgerichte (↑*Devlet Güvenlik Mahkemeleri*).

Sicherheitsrat, nationaler ↑Milli Güvenlik Konseyi, ↑Milli Güvenlik Kurulu.

sicil. Amtliches ‚Register' jeder Art; Stiftungen (↑*vakıf*), ↑*Vereine* (*dernek*) und Gesellschaften unterliegen der Registrier-Pflicht (*tescil*). - *Sicill-i Osmanî* ist ein vierbändiges Verzeichnis berühmter Osmanen verfaßt von Mehmed Süreyya (1890-1898). Es ersetzt bis heute die osman. Nationalbiographie. ↑*defter*.

Siebenschläfer ↑Ashâb-ı kehf.

sigorta. ‚Versicherung'. Neben zahlreichen, oft mit Banken zusammenhängenden privaten s. (z.B: Aksigorta/Akbank) ist die Sozialversicherungsanstalt das wichtigste Institut (↑*Sosyal Sigortalar Kurumu*).

simit. Mit Sesam-Samen bestreute Weizenbrot-Kringel, die in eigenen Bäckereien täglich frisch hergestellt werden. - Der „Schimmelige Sesamkringel" wird an der Universität Bamberg seit 1987 für die schlechteste T.-Publikation in deutscher Sprache vergeben.

sine-i millet. In den ‚Schoß der Nation' zurückkehren sagt man, nach dem Vorbild ↑*Mustafa Kemals*, wenn ein hoher Militär als Zivilist politisch tätig wird oder gewählte Abgeordnete einer Fraktion geschlossen ihr Mandat niederzulegen gedenken.

sinema. ‚Kino'. Die Beliebtheit der ↑*Films* hat durch Fernsehen und Videos stark abgenommen. Eine türk. Spezialität sind Freilicht-Kinos (*açıkhava sineması*) auf Häusdächern und in Höfen.

Sirkeci. ‚Essighändler'; Viertel in der Altstadt Istanbuls mit dem Empfangsgebäude der europäischen Bahnlinien (1890). Sein Erbauer Jachmund aus Berlin war der Lehrer des bedeutendsten türk. Architekten im ersten Drittel des Jahrhunderts Kemalettin (1870-1927).

site (von franz. *cité*). Modernes Gewerbeviertel (z.B. für das Automobilhandwerk) am Rand einer Stadt (*Küçük Sanayi Sitesi*). Auch Feriensiedlungen und vornehme Wohnbezirke (z.B. Koru Sitesi in Ankara) können s. genannt werden.

Sivas-Kongreß. Der zweite bedeutende Kongreß der Nationalisten im Jahr 1919 (4.-11.9). ↑ *Erzurum-Kongreß.*

Siyasal Bilgiler Fakültesi (SBF). ‚Fakültät für politische Wissenschaften‘; die Nachfolgerin der Istanbuler ↑*Mülkiye* wurde 1935 auf Wunsch ↑*Atatürks* unter dem Namen ‚Hochschule für Politische Wissenschaften‘ neubegründet. Als SBF gehört sie seit 1950 zur Universität Ankara. Durch die Gründung einer gleichnamigen Fakultät an der Universität Istanbul hat sie inzwischen ihr Ausbildungsmonopol verloren.

Sohn ↑oğul.

sokak ↑Straßen.

Sokağa çıkma yasağı. Ein Ausgangsverbot (wörtl. ‚Verbot, auf die Straße zu treten‘) kann im Notstandsfall verhängt werden. Eine Form von ‚zivilem‘ Ausgangsverbot wurde während der Volkszählung (↑*Genel Nüfus Sayımı*) zuletzt 1990 erlassen.

Soldat ↑asker, ↑Mehmetçik.

son cemaat yeri. ‚Der Ort der letzten Gemeinde‘; Portikus osmanischer Moscheen (↑*cami*), unter dem sich die Beter bei Überfüllung des Hauptraums aufhalten dürfen.

Sonnenblume ↑ayçiceği.

Sonnensprachtheorie (*Güneş-Dil Teorisi*). Die Übernahme der Theorie des Wiener Gelehrten Hermann F. Kvergitch durch ↑*Atatürk* bedeutete den Höhepunkt und das Ende der extremen Phase der Sprachreform (↑*Öztürkçe*). Kvergitch hatte in einer unpublizierten Schrift *La psychologie de quelques éléments des langues turques* (1935) den Lauten des Türk. bestimmte Grundbedeutungen zugeschrieben. Das Erstaunen des frühen Menschen über die Sonne als Quelle von Licht und Wärme habe in allen Sprachen zum ‚Urlaut‘ *aa* geführt. Aus *ag*, dem ersten gemeinsamen Wort der Menschheit seien alle weiteren entstanden. Im Türk., Mongol. Ungar. usw. glaubte Kvergitch zahlreiche Gemeinsamkeiten zu erkennen: *m* steht für das ego, *n* das Gegenüber, *z* für eine weitere Umgebung usw. Diese auch mit der zeitgenössischen Sprachwissenschaft nicht zu vereinbarenden Thesen wurden von Atatürk und einigen Reformern benutzt, um das Türk. als Ursprache darzustellen. Dabei entwickelte man groteske Etymologien wie die Ableitung türk. *parlaklık* ‚Funkeln, Glanz‘ > *electrique*. Die S. hatte den Vorzug einer „linguistischen“ Absicherung der türk. Geschichtsthese (↑*Türk Tarih tezi*) und erlöste die Reformer von dem Zwang, fortlaufend Substitute für zahllose Lehnwörter aus orientalischen und europäischen Sprachen zu suchen, nachdem „bewiesen“ werden konnte, daß das Türk. zur Gruppe der Ursprachen gehört. Atatürk hat sich vor seinem Tode von der S. abgewandt.

Sosyal Sigortalar Kurumu (SSK). Die ‚Anstalt für Sozialversicherung‘ wurde 1946 als ‚Versicherung für Arbeitnehmer (*İşçi Sigortaları Kurumu*) gegründet. Sie ist für Arbeitsunfälle, Krankheiten (↑*Gesundheitswesen*), Mutterschaft, Invalidität, Alter und Tod zuständig. Mit Ausnahme der Landarbeiter und der Selbstständigen (↑*Bağ-Kur*) sind alle Arbeitnehmer der T. SSK-Mitglied.

sosyete. „Society'; die Klatschspalten vieler Zeitschriften und Zeitungen sind den Verhältnissen der sich für besser haltenden Gesellschaft gewidmet.

Souveränität ↑Hâkimiyet-i Milliye.

Sozialversicherung ↑Bağ-Kur, ↑Sosyal Sigortalar Kurumu.

Sprachen ↑Almanca, ↑Arabisch, ↑Französisch, ↑Fremdwörter, ↑Italienisch, ↑Persisch, ↑Türkisch.

Sprachenverbot. Ein noch vor dem Zusammentreten der ersten Nationalversammlung der 3. Republik am 22. 10.1983 veröffentlichtes Gesetz verbot „die Äußerung, Verbreitung und Veröffentlichung von Gedanken in einer Sprache außer den ersten Amtssprachen der von seiten des türk. Staates anerkannten Sprachen". Darüber hinaus wurde jede Betätigung in Richtung auf den Gebrauch oder die Verbreitung anderer Sprachen als Muttersprache als des Türk. untersagt. Dieses Gesetz richtete sich gegen die Sprachen muslimischer Minderheiten, in erster Linie gegen den Gebrauch des Kurdischen (↑*Kurden*). Seine Verfassungsmäßigkeit wurde innerhalb und außerhalb des Landes bestritten, zumal der Friedensvertrag von ↑*Lausanne* in Art.39 festlegt, daß keinem türk. Staatsbürger irgendwelche Beschränkungen beim Gebrauch einer von ihm gewünschten Sprache in seinen privaten und geschäftlichen Beziehungen, im Zusammenhang mit Gegenständen der Religion, Presse oder jeder Art von Veröffentlichungen und auf öffentlichen Versammlungen auferlegt werden können. Anfang 1991 wurde von der Regierung ein Gesetzesentwurf eingebracht, der den mündlichen Gebrauch des Kurdischen ohne Strafandrohung ermöglicht (↑*Ceza Kanunu*).

Sprachreform ↑Sonnensprachtheorie, ↑Türk Dil Kurumu.

SSK ↑Sosyal Sigortalar Kurumu.

Staat ↑devlet.

Staatsangehöriger ↑vatandaş.

Staatsanwalt ↑savcı.

Staatsanzeiger ↑Resmî Gazete.

Staatsbetriebe ↑Kamu İktisadi Teşebbüsleri.

Staatsminister ↑devlet bakanı.

Staatsrat ↑Danıştay.

Staatsschuld. Die Abtragung der osman. S. (franz. *Dette publique,* osman. *Düyun-ı Umumiye*) belastete den Haushalt der Republik bis 1979.

Staatsicherheitsgerichte ↑Devlet Güvenlik Mahkemeleri.

Staatsstreich ↑darbe.

Stadt ↑belediye, ↑kent, ↑şehir.

Stadtviertel ↑mahalle, ↑semt.

Stipendien ↑Türk Eğitim vakfı.

Strafrecht ↑Ceza Kanunu.

Strafvollzug. Es werden mehrere Arten von Haftstrafen unterschieden: *açık cezaevi* (offener Vollzug), *yarı açık cezaevi* (halboffener V.), *kapalı cezaevi* (geschlossener V. mit fünf Größenklassen). Für Kinder zwischen 11 und 15 Jahren bzw. 15 und 18 Jahren sind Erziehungsheim (*ıslahevi*) bzw. Jugendstrafanstalten (*çocuk cezaevi*) vorgesehen. Die Todesstrafe wurde seit seit Gründung der Republik (1923) in 415 Fällen ausgeführt (davon 27 mal zwischen 1980 und 1984). Danach wurde sie öfters ausgesprochen, aber nicht mehr vollzogen. Die geplante Strafrechtsreform (↑*Ceza Kanunu*). soll auch eine Begrenzung der Todesstrafe auf wenige Kapitalverbrechen und Hochverrat mit sich bringen. Für ihre völlige Abschaffung tritt unter anderem die türk. Vereinigung für ↑*Menschenrechte* ein (*İnsan Hakları Derneği*).

Straßen. *Cadde* ist ein größerer innerstädtischer Verkehrsweg. In Großstädten kennt man Prachtstraßen mit Mittelallee (*bulvar*). Die Uferpromenade in İzmir heißt amtlich *Atatürk caddesi*, wird aber allgemein *kordon* genannt. Schmalere bzw. kürzere Straßen (‚Gassen') sind *sokak*. Immer seltener werden die Sackgassen (↑*çıkmaz sokak*). Für Autobahnen (↑*otoyol*) und andere Überlandstraßen ist die ↑*Karayolları Genel Müdürlüğü* zuständig.

Straßenhändler ↑seyyar.

Streik (*grev*, von franz. *grève*). Das 1983 verabschiedete ‚Tarifvertrag-, Streik- und Aussperrungsgesetz' (*Toplu İş Sözleşmesi, Grev ve Lokavt Kanunu*) erschwert Arbeitsniederlegungen im Vergleich zum bisherigen Recht. Neu

ist die Person eines ‚Schlichters' (*arabulucu*) zwischen den Parteien (↑*Gewerkschaften*).

Student ↑talebe.

subay. ‚Offizier'. ↑*astsubay*, ↑*orduevi*.

Sultan. Osman. Herrschertitel neben ↑*han*, *padişah* u.a. Prinzen und Prinzessinnen führten den Titel *nach* dem Namen (z.B. Cem Sultan, Mihrimah Sultan). Das Sultanat bestand bis 1922 (↑*Mehmet VI.*).

Sulukule. Das Zigeuner-Viertel Istanbuls auf der Innenseite der Landmauern. Seit den 70er Jahren ein touristischer Anziehungspunkt.

Sumer ↑Sümer.

Sunniten ↑Sünni.

Suppe ↑çorba.

Süleyman I. Osman. Sultan (1520-1566); die Herrschaftsperiode von S. wird mit dem Höhepunkt der türk. Machtstellung und der sichtbarsten Entfaltung der osman. Kultur gleichgesetzt. Im türk. Gebrauch wird sein Beiname ↑*Kanunî* verwendet, erst in jüngster Zeit ist das aus europ. Sprachen stammende Attribut *muhteşem* S. ‚der Prächtige' (vgl. ital. *Il Magnifico*) zu lesen. Die großen S. und seiner Zeit gewidmeten Ausstellungen in den europ. Hauptstädten, Washington und Tokyo waren die erfolgreichsten Formen ‚kultureller Außenpolitik' der 80er Jahre.

Süleymancılık. Die auf Süleyman Hilmi Tunahan (1888-1959) zurückgehende Ausformung der Nakşbendî-

Bruderschaft (↑*tarikat*). Süleyman H. Tunahans Schwiegersohn Kemal Kacar repräsentierte den Nakşbendi-Flügel der ↑*Adalet Partisi* (bis 1980). Ohne formellen Status innerhalb der T. bildet die ‚Union der Islamischen Kulturzentren Europas' (*Avrupa İslam Kültür Merkezleri Birliği*) mit Sitz in Köln den bedeutendsten Zusammenschluß hochorthodoxer Moscheegemeinden, deren Führungsebene mit der S.-Bewegung identisch sein dürfte.

Sümer. ‚Sumer' in franz. Aussprache; im Zusammenhang mit der ‚türk. Geschichtsthese' (↑*Türk Tarih tezi*) wurde die sumerische Kultur als Zeugnis einer alten türk. Präsenz im Vorderen Orient verstanden.

Sümerbank. Großer staatlicher Konzern, in erster Linie im Textilbereich tätig. Die bereits im Gründungsgesetz von 1933 vorgesehene Privatisierung des Unternehmens wurde eingeleitet.

sünnet (aus arab. *sunna* ‚Vorbild' des Propheten Muhammad). Die ‚Beschneidung' der Knaben wird von einem freiberuflichen *sünnetçi* oder in einer Kinderklinik vorgenommen. Ein bestimmtes Alter ist nicht vorgeschrieben. Die Kinder tragen weiße Umhänge oder (in den 50er Jahren aufgekommene) Offiziersuniformen.

Sünni. ‚Sunnit, sunnitisch'. Die Mehrheit der türk. Staatsbürger zählt zur hanafitischen Denomination des sunnitischen ‚orthodoxen' (↑*mezhep*) Islam. Eine Minderheit, v.a. arabisch-sprachige Bürger, gehört zu den ebenfalls sunnitischen Şafiiten. Ihnen stehen als größte nicht-sunnitische Gruppe die ↑*Alevi* gegenüber.

süpermarket. Die Konkurrenz von ‚Selbstbedienungsläden' zwingt den traditionellen ↑*bakkal* immer häufiger zur Geschäftsaufgabe.

Süryani nennt man die Angehörigen der Syrisch-Orthodoxen (Jakobitischen) Kirche, die sich noch vor kurzem auf ca. 33 Dörfer im Tur Abdin/ Mardin verteilten. Inzwischen sind mehrere tausend S. nach Istanbul, wo sie z.T. griech. Kirchen übernahmen, und Europa ausgewandert. Ihre Sprache heißt Turoyo und gehört zum neu-aramäischen Zweig des Semitischen. ↑*Keldani*.

Sykes-Picot-Abkommen. Der Geheimvertrag zwischen England und Frankreich vom 16.5.1916, in dem die ‚neuen' Grenzen der T. zu den erwarteten Einflußzonen und Territorialerwerbungen der Entente festgelegt wurden. ↑*Mosul-Frage*.

Symphonieorchester ↑Cumhurbaşkanlığı Senfoni Orkestrası.

Ş

ş. Das Zeichen entspricht dem deutschen Laut *sch* und wurde aus der rumänischen Orthographie übernommen.

Şafiiten ↑mezhep, ↑Sünni.

şapka. ‚Hut' nennt man umgangssprachlich den Zirkumflex (*düzeltme işareti*), der in der türk. Lateinschrift zur Bezeichnung der Vokallänge bei Lehn- und Fremdwörtern eingesetzt werden kann. Gelegentlich unterscheidet er ansonsten gleich geschriebene

Wörter: arab. *âdet* (Gewohnheit): arab. *adet* (Zahl), arab. *alem* (Fahne) : *âlem* (Welt), franz. *hal* (Markthalle) : arab. *hâl* (Zustand). Das sehr häufige arab. Bildungssuffix *-î* kann mit Hilfe des *ş.* (wie in *askerî*) vom türk. *-i* (für Akkusativ oder Possessiv) auseinandergehalten werden. Eine weitere Funktion des *ş.* ist die Angabe der Palatalisierung vorausgehender Konsonanten (*istiklâl*).

Şapka kanunu. Das ,Hutgesetz' vom 25.11.1925 wurde durch die Reise ↑*Atatürk*s nach Kastamonu im vorausgehenden August vorbereitet. Der Staatschef zeigte sich mit einem Panama-Hut an Stelle des seit dem Befreiungskrieg üblichen ↑*kalpak*. In seiner berühmten ,Hut-Rede' (*şapka nutku*) in İnebolu stellte er die neue Kopfbedeckung der Bevölkerung vor. Die große Nachfrage führte - bei geringen Zolltarifen - zur verstärkten Einfuhr von Hüten. Ungar. Hutmacher (*şapkacı*) eröffneten 15 neue Werkstätten. - In zahlreichen Fällen zogen sich orthodoxe Muslime aus dem öffentlichen Leben zurück, um dem Hutzwang auszuweichen. Erst im Jahr 1934 wurde die Amtstracht für ,Geistliche' (*ruhanîler*) im Dienst gesetzlich geregelt. Das Ş. k. schreibt zwar Männern das Huttragen vor, enthält aber keine Regelungen über den weiblichen Voll-(↑*çarşaf*) oder Gesichtsschleier (↑*peçe*).↑*fes*, ↑*sarık*.

şarap. ,Wein'. In weiten Teilen Mittelanatoliens und Thrakiens wird Wein angebaut, um *ş.* zu gewinnen. Zu den bekanntesten Kelttereien (*şaraphane, şarap fabrikası*) zählt Dikmen in Ankara. Die Produktion ist in privaten Händen, während die Monopolbehörde (↑*Tekel*) ein Aufsichtsrecht hat. Man unterscheidet Rotwein (*kırmızı*), Rosé (*pembe*) und Weißwein (*beyaz*).

şark hizmeti. ,Ost-Dienst'; für manche Beamte und Offiziere obligatorische Dienstzeit in den Ostprovinzen.

şehadet. 1. Glaubensbekenntnis, Aussprechen der Formel ,Es gibt keinen Gott außer Gott, und Muhammad ist der Gesandte Gottes' in arab. Sprache. - 2. Märtyrertum.

şehir. ,Stadt'. Das aus dem ↑*Persischen* kommende Wort meint ,Stadt', ohne nach Größe und Funktion zu unterscheiden. Vgl. die Städtenamen Akşehir (,Weiße St.'), Eskişehir (,Alte Stadt') und Kırşehir (,Landstadt').

şehit. ,Zeuge' im Sinn von ,Glaubenszeuge, Märtyrer'. Soldaten und Polizisten, die in Ausübung ihrer Pflicht sterben, gelten noch heute als ş. Ein ,Märtyrer' der Republik war ↑*Kubilay*.

Şeker bayramı. Das ,Zuckerfest' beendet den Fastenmonat (↑*Ramazan*) und ist eine Folge von 3 staatl. geschützten Feiertagen.

şerbet. ,Sorbet'; ein Fruchtsaftgetränk.

şeref. ,Ansehen'. Vgl. ↑*namus*.

şeriat. Das islamische Recht (von arab. *šarîʿa*) wurde schon im vergangenen Jh. im Osman. Reich kodifiziert (die sog. *Mecelle-i ahkâm-i ʿadliye*). Wichtige Rechtsgebiete (z.B. das Handelsrecht) konnten nur durch Anleihen aus westlichen Quellen geregelt werden. Die letzten ş.-Gerichtshöfe wurden schon 1924, 2 Jahre vor der Einführung des Schweizer Zivilgesetzbuches (↑*Medenî Kanun*), aufgehoben. Die Rückkehr zum ş., das in ,Reinkultur' niemals Recht eines islam. Staates war, gehört zum Forderungskatalog islamistischer Kräfte.

şeyh. Ein ,Scheich' ist im türk. Sprachgebrauch ein spiritueller Führer, der Vorstand eines Derwischkonvents (↑*tekke*) bzw. einer ganzen Bruderschaft (↑*tarikat*).

Şeyh Sait isyanı. Der ,Scheich Sait-Aufstand' des Jahres 1925 im Raum Palu-Dersim-Elazığ endete mit der Hinrichtung seines Anführers und 29 weiterer Rebellen in Diyarbakır (29.6. 1925).

şeyhülislam. Das Amt des ,Scheichülislam' wurde 1924 zusammen mit dem Kalifat (↑*hilafet*) aufgelöst. Im Osman. Reich stellte der ş. als oberster ↑*müftü* die wichtigsten Rechtsgutachten (↑*fetva*) aus. In mancher Hinsicht hat der Chef der Religionsbehörde (↑*Diyanet İşleri Başkanlığı*) seine Aufgaben übernommen.

şube. Zweigstelle von Banken und Behörden wie der Postverwaltung. ↑*Dördüncü Şube*.

T

taban fiatı. ,Grundpreis'; staatlich festgelegter Ankaufspreis für Agrarprodukte, verkündet im Staatsanzeiger (↑*Resmî Gazete*). Für viele Bauern entscheidet die Höhe des t.f. über ihre wirtschaftliche Existenz. ↑*Toprak Mahsulleri Ofisi*.

TAEK ↑Atom Enerjisi Komisyonu.

Tahirova ↑Devlet Üretme Çiftlikleri.

taksi. ,Taxi'; kleine Fahrzeuge der Marke *Murat* (Fiat) haben die schwerfälligen amerikan. Modelle der Nachkriegszeit abgelöst. Der Fahrer ist verpflichtet, einen elektronischen Zähler (*saat, taksimetre*) einzuschalten. Sammeltaxis heißen ↑*dolmuş*.

taksim. ,Verteiler', u.a. von Wasser aus Fernleitungen wie im Fall des Namensgebers für den Platz im Istanbuler Stadtteil Beyoğlu (*Taksim meydanı*). - In der türk. Musik versteht man unter t. eine Improvisation. - Im Konflikt um ↑*Zypern* steht t. (i.S.v. ,Teilung') als Gegenbegriff zum griech. Enosis.

takunya. Niedrige Holzpantoffeln; sie werden bei vielen Gelegenheiten getragen. In Moscheen stehen sie an den Waschungsbrunnen (↑*aptes*) bereit. Die Karikatur zeichnet den religiösen Fanatiker regelmäßig mit t. und Gebetskette (↑*tespih*).

Talar ↑cüppe.

Talât-Paşa-Telegramme. Gefälschte Telegramme des osman. Innenministers und führenden Mitglieds des jungtürkischen Triumvirats (ermordet in Berlin am 15.3.1921). Ihnen zufolge soll T.P. im Herbst 1915 die Provinzverwaltung von Aleppo zur Tötung aller ↑*Armenier* aufgefordert haben. Die angeblichen T.P.T. wurden 1920 in London von dem Armenier Aram Andonian unter dem Titel *The memoirs of Naim Bey. Turkish Official Documents Relating to the Deportations and Massacres of Armenians* veröffentlicht. Der Herausgeber behauptete, die Dokumente von Naim Bey, dem ersten Sekretär der Umsiedlungsverwaltung (↑*tehcir*) von

Aleppo erhalten zu haben. Die ‚Telegramme' spielten eine Rolle im Prozeß gegen den Mörder Talâts, ohne als Beweismittel zu dienen. Obwohl ausreichende äußere und innere Widersprüche für eine Fälschung sprechen, werden sie in die von einigen Historikern und Publizisten vertretene These vom Völkermord an den Armeniern eingebracht.

talebe. ‚Student'; das arab. Wort kann durch [neu-]türk. *öğrenci* , das Schüler von der Grundschule (↑*ilkokul*) bis zur Universität umfaßt, ersetzt werden.

talebe yurdu oder **öğrenci yurdu.** ‚Studentenheime' werden vom Staat und verschiedenen Stiftungen (↑*Vakıflar Genel Müdürlüğü*) unterhalten. Die Wohnheimverwaltung hat extensive genutzte Disziplinarbefugnisse.

Tanz (*oyun*). Wichtige Volkstanztypen sind *Zeybek*, *Halay*, *Horon* (am Schwarzen Meer), *Bar* (Erzurum) und die ‚Löffeltänze' (*kaşık oyunları*). Man unterscheidet neben diesen bäuerlichen Tänzen auch nomadische und kriegerische Formen mit oder ohne Musik (Schwert-Schild-Tanz aus Bursa: *kılıçkalkan oyunu*). Besonders auffällig sind Tiertänze.

Tanzimat (von *tanzîmât-i hayriyye* ‚Wohltätige Verordnungen'). Die Reformperiode zwischen der Verkündigung des Dekrets von ↑*Gülhane* Sultan Abdülmecits (1839) bis zur ‚Ersten Konstitution' 1876 (↑*meşrutiyet*). In den wenigen Jahrzehnten der T.-Zeit erfolgte ein intensiver Verwestlichungsschub in allen Bereichen von Staat und Gesellschaft.

tapu. ‚Grundbuch-Auszug'; Katasterangelegenheiten sind in einem Staat, in dem erst ein Bruchteil des ländlichen Bodens vermessen ist, von besonderer Bedeutung. Für die Führung des Grundbuchs ist die ‚Generaldirektion für Grundbuch- und Katasterangelegenheiten' (*Tapu ve Kadastro Genel Müdürlüğü*) zuständig, eine Behörde, die dem Finanzministerium untersteht.

Tarabya. Villenvorort am Bosporus mit Sommerresidenz des Präsidenten (↑*cumhurbaşkanı*) im sog. *Huber köşkü* (↑*köşk*). Der frühere Sitz des Präsidenten in ↑*Florya* am Marmara-Meer wurde aufgegeben. In T. sind waren auch die ‚Sommerbotschaften' der ehemaligen Großmächte (↑*düvel-i muazzama*). Sie dienen heute weitgehend den Generalkonsulaten in Istanbul.

tarhana. Teig aus ↑*yoğurt* und Tomatenpüree, der schon in vorindustrieller Zeit in getrockneter Form als *instant*-Lebensmittel gehandelt wurde.

tarikat. Bez. islamische Bruderschaften, die teils in ‚klösterlicher' Gemeinschaft (↑*tekke*), teils als ‚Laienbrüder' (*muhibb*) leben. Für den türk. Islam sind von besonderer Bedeutung ↑*Bektaşi*, ↑*Mevlevi* und die ‚orthodoxen' *Nakşbendi*.

tarzanca. ‚Die Sprache von Tarzan'; scherzhafte Bez. für gebrochenes ‚Ausländisch'.

taşeron (von franz. *tâcheron*). Subunternehmer, der einen Teilauftrag für eine große Firma ausführt. Das System hat sich auch in den arabischen Staaten, in denen große türk. Firmen als Bauunternehmer (*contractor*) tätig sind, durchgesetzt.

Tatar. Im engeren Sinn meint T. Angehörige von Türkvölkern auf der Krim und an der Wolga. Krimtataren bildeten eine große Einwanderergruppe in der zweiten Hälfte des 19.Jh. (↑*göçmen*).

tatilköyü. ‚Feriendorf'. Die türk. Küsten sind neben den ↑*kamp* der Behörden und Betriebe durch zahlreiche kommerziell verwaltete Siedlungen geprägt.

tavla (aus lat. *tabula* über griech. *távli* oder ital. *tavola*). Das ‚Trick-Track' oder Backgammon des Orients, bei dem zwei Gegner 15 gleichwertige Spielsteine durch die Verwendung von zwei Würfeln ins Ziel zu bringen versuchen. Zur Bezeichnung der Würfe werden z.T. hybride, pers.-türk. Bildungen wie *şeşbeş* (‚Sechs-Fünf') verwendet.

Taxi ↑*taksi*.

TBMM ↑Türkiye Büyük Millet Meclisi.

T.C., *Türkiye Cumhuriyeti* ‚Republik Türkei'.

TCDD, *Türkiye Cumhuriyeti Devlet Demiryolları* ‚Staatseisenbahnen der Republik T.', gegründet 1927. Die Republik hatte einschließlich der thrakischen Strecken nur 4114 km Schienenwege aus der Konkursmasse des Osmanenstaates übernommen (↑*Anatolische Bahn*). Heute beträgt die Netzlänge 8723 km. Zwischen 1923 und 1939 entstanden 3211 km. Die bekannteste Neubaustrecke ist die ↑*RCD*-Linie von Van zur iranischen Grenze (117 km). Um den westthrakischen Korridor zu vermeiden, wurde eine Direktverbindung von Pehlivanköy über Edirne zur bulgarischen Grenze geschaffen. Der Anteil der TCDD am Verkehrsaufkommen ist außerordentlich gering. Obwohl das Zeitalter des Dampfbetriebs in der T. 1986 zu Ende ging, werden touristische Nostalgiefahrten bis zu einer Länge von mehreren 1000 km organisiert. ↑*banliyö*.

TCK ↑Karayolları Genel Müdürlüğü.

TDK ↑Türk Dil Kurumu.

Tee ↑*çay*.

tehcir. Deportation; die folgenschwere Aussiedlung der ↑*Armenier* aus Ost-Anatolien nach der Erhebung von Van am 17.5.1915. Die osman. Regierung veröffentlichte am 1.6.1915 ein provisorisches Gesetz, das die Umsiedlung der Bevölkerung von ganzen Dörfern oder Städten wegen „militärischer Erfordernisse" oder als Antwort auf „Verrat oder Treubruch" durch die Armee ermöglichte. Das Gesetz vermochte angesichts vorrückender russ. Truppen armen. Erhebungen in der gesamten Region nicht zu verhindern. Nach einem authentischen Dokument (vgl. aber die gefälschten ↑*Talât-Paşa-Telegramme*) aus dem ↑*Başbakanlık Arşivi* vom 23.5.1915 wurde die Ausweisung der armen. Bevölkerung aus den Provinzen Van, Bitlis und Erzurum nach Mosul, Urfa und Zor) allerdings schon vor Inkrafttreten des Umsiedlungsgesetzes angeordnet. Der t. nach Süden kostete vermutlich mehreren 100 000 Armeniern das Leben infolge von Hunger, Krankheit und räuberischen Überfällen. Die türk. Historiographie hat die Realität des t. stets anerkannt, weist aber den Vorwurf eines Völkermords entschieden zurück.

Tekel. Wörtl ‚eine Hand'. Die bekanntesten Produkte der staatlichen Monopolverwaltung sind einige Teesorten (↑*çay*), die Zigarettenmarken *Maltepe* und *Samsun* sowie der 45%ige *Yeni* ↑*Rakı*. T. unterhält auch zahlreiche *freeshops* an Grenzen und Flughäfen.

tekke. ‚Derwischkonvent'. Zu den ↑*Reform-Schutzgesetzen* gehört das Verbot der t. und Mausoleen (↑*türbe*) von 1925. Damit wurden die Bruderschaften (↑*tarikat*) in die Illegalität gedrängt, die erst in den späten 70er Jahren *de facto* aufgehoben wurde.

Telefon (*telefon*). Das T. gehört mit ca. 7 Mill. Anschlüssen zum türk. Alltag (Telefondichte 1991 ca. 12%). Inzwischen sind 99% aller Dörfer durch T. erreichbar. Die Ortsnetze unterscheiden sich durch sog. *kods*, deren Stellen mit der Zahl der Anschlüsse abnehmen (Istanbul 1, Ankara 41, Zonguldak 3811). Öffentliche Sprechstellen können mit ↑*jeton*s oder Magnetkarten benutzt werden.

tellal. ‚Vermittler, Makler'; der öffentliche Ausrufer in ländlichen Gemeinden wird ebenfalls t. genannt. Seine Entlohnung ist die *tellaliye*.

Teppich (*halı*). Man unterscheidet Knüpf- und Webteppiche, erstere bestehen aus Wolle und Seide, letztere nur aus Wolle. Neben den klassischen Knüpfteppichen ist das anatolische Flachgewebe (*kilim*) in den letzten Jahren sehr gefragt. Außer kleinen Handwebereien beteiligen sich die (noch) staatlichen Teppichfabriken von Isparta und Hereke an der nationalen Produktion. Die jährliche T.-Produktion wird in Millionen Knoten gemessen.

teravih ↑Ramazan.

tercüman. ‚Dolmetscher'; Name einer einflußreichen Zeitung der Rechten.

tercüme bürosu. 1.,Übersetzungsbüro'; oft in der Nähe von Konsulaten ausländischer Staaten zu finden 2. Staatliche Organisation, die v.a. in den vierziger Jahren mit der Übersetzung von Klassikern der Weltliteratur beauftragt war.

Terkos. See unweit der thrak. Schwarzmeerküste, Wasserreservoir von Istanbul. Das erste Hausleitungssystem nannte man *T. suyu* ‚Terkos-Wasser'.

terlik. 1. gleichbedeutend mit dem *takke* genannten Käppchen (↑*sarık*). - 2. leichte Pantoffeln, die im Haus getragen werden. Die billigsten t. sind aus Plastik.

tespih. ‚Gebetskette'; der islam. „Rosenkranz" ist ein häufiges männliches Requisit. Er wird nur selten zu liturgischen Zwecken eingesetzt (↑*takunya*).

Teşvik-i sanayi kanunu. Das 1927 beschlossene ‚Gesetz zur Industrieförderung' wurde 15 Jahre lang angewandt und war nach dem ↑*İzmir İktisat Kongresi* der wichtigste Meilenstein der kemalistischen Wirtschaftspolitik. Es bestand aus einem Paket von Anreizen zu Investitionen in Industrie und Gewerbe (kostenfreier Grund und Boden außerhalb der Stadtgrenzen, Befreiung von Steuern und Gebühren, zollfreie Einfuhr von Investitionsgütern und eine 10%ige Prämie auf Fertigprodukte). Staat und Kommunen sowie ihrerseits vom T.S.K. profitierende Unternehmen verpflichteten sich zur Abnahme einheimischer Produkte, auch wenn ihre Preise bis zu 10% über denen der ausländischen Konkurrenz lagen. Das Gesetz begünstigte selbst kleine Unternehmen, die jährlich nicht mehr als 1500 Arbeitstage einbrachten.

Teutonia. Der deutsche Klub in Istanbul (↑*Galata*) wurde 1847 gegründet und hat aus vereinsrechtlichen Gründen den altertümlichen Namen beibehalten.

Tevhid-i tedrisat kanunu. Das ‚Gesetz zur Vereinheitlichung des Unterrichts‘ vom 30.3.1924 wurde im Zusammenhang mit der Aufhebung der traditionelle Institutionen verwaltenden Ministerien für islamisches Recht (*şeri'ye*) und Stiftungen (*evkaf*) beschlossen. Es unterstellte alle wissenschaftlichen und schulischen Einrichtungen dem Kultusministerium (*Maarif Vekaleti*). Die Maßnahmen sind nicht als reiner „Säkularisierungsschub‘ zu verstehen: gleichzeitig wurden auch die Schulen der Armee (und des Gesundheitsministeriums) in die allgemeine Schulverwaltung einbezogen. Ausländische Anstalten wurden Zug um Zug „gleichgeschaltet". Außerdem sah das T.t.k. die Eröffnung einer Theologischen Fakultät (↑*İlahiyat Fakültesi*) am Istanbuler ↑*Dârülfünûn* sowie von ‚besonderen Schulen‘ für ‚Beamte‘ (↑*memur*) zur Ausbildung für das Amt des Vorbeters (*imamet*) und Freitagspredigers (*hitabet*) vor. Insofern ermöglichte der Gesetzgeber einen Ersatz für die damit stillschweigend aufgehobene ↑*medrese*. Das T.t.k. ist eines der ↑*Reform-Schutzgesetze* der Verfassungen von 1961 und 1982. ↑*İmam-Hatip-Lisesi*.

tezek. Tierischer Dung in Fladenform bildet eine wichtige ‚biologische Energiequelle‘ auf dem anatol. Dorf. Der

Mist wird in Ziegelform mit Stroh vermischt gelagert.

Theater (*tiyatro*). Träger von Th. sind Staat, Kommunen und Private. Das moderne Staatstheater wurde nach einer Anlaufzeit zwischen 1941 und 1949 begründet. Sein erster und berühmtester Leiter war der Regisseur Muhsin Ertuğrul. Heute gibt es 10 staatliche Bühnen (5 in Ankara, 3 in Istanbul und je 1 in İzmir und Bursa). Das Repertoire berücksichtigt gleichmäßig türk. und ausländische Stücke. Die Stadt Istanbul unterhält mehrere Bühnen, die in Konkurrenz zu sehr beliebten Privattheatern (v.a. im Stadtteil Beyoğlu: ↑*Devekuşu Kabare Tiyatrosu, Ferhan Şensoy* u.a.) stehen. ↑*Ballet*, ↑*Oper*.

Thrakien ↑Trakya.

THY ↑Türk Hava Yolları.

tiftik keçisi. Name der Angora (-Ankara-) Ziege, die in der frühen Neuzeit als Mohair-Produzent eine Monopolstellung innehatte. Ihre Zahl hat in den letzten Jahren wieder leicht zugenommen, macht aber nur einen Bruchteil der gewöhnlichen Ziegen (*kıl keçi*) aus.

TMO ↑Toprak Mahsulleri Ofisi.

TOBB, *Türkiye Ticaret, Sanayi, Deniz Ticaret Odaları ve Ticaret Borsaları Birliği*; ‚Vereinigung der Türk. Industrie- und Handelskammern und Warenbörsen‘.

Todesstrafe ↑Strafvollzug.

Toiletten sind meist mit dem Wort *tuvalet* oder *helâ* gekennzeichnet (Männer/Herren: *erkek/bay;* Frauen/Damen: *kadın/bayan*). Die Entsprechung von ‚00' ist *Yüznumara* (‚Nummer Hundert'). Weitere Umschreibungen sind *aptes(h)ane* (↑*aptes*), *ayakyolu* (‚Fußweg'), *kademhane* (‚Fuß-Raum') oder *kenef* (aus arab. *kanîf).* Die traditionellen T. (↑*alaturka*) sind vom mittelmeerischen Typus. Alle größeren Moscheen haben T.-Anlagen, die z.T. in osman. Zeit angelegt wurden.

Tollwut ↑kuduz.

Topkapı Sarayı. ‚Kanonentor-Palast'; seit dem 18.Jh. übliche Bez. für die Sultansresidenz in Istanbul. ↑*Archive*, ↑*Bibliotheken*, ↑*divan*, ↑*Emanat-i mukaddese*, ↑*Gülhane*, ↑*köşk*.

Toplu Konut ve Kamu Ortaklığı Kurulu. ‚Rat für gemeinschaftlichen Wohnungsbau und öffentliche Beteiligungen'; 1984 gegründete Organisation zur Bildung eines von der Zentralbank (*Merkez Bankası*) verwalteten Fonds zur Wohnungsbauförderung. Seine wichtigsten Einnahmequellen sind ein Anteil an den Steuern auf alkoholische und nicht-alkoholische Getränke und Treibstoffe. Die bekannteste (und unpopulärste) Abgabe zugunsten des *Toplu Konut Fonu* ist die Ausreisesteuer in Höhe eines Gegenwerts von 100 US-$.

Toplum Polisi. An die Stelle der 1965 geschaffenen kasernierten Sondereinheiten des Innenministeriums (Kennzeichen: weiße Helme) trat 1982 die sog. *Çevik Kuvvet* (etwa ‚Schnelle Truppe') als Bereitschaftspolizei.

Toprak Mahsulleri Ofisi (TMO). 1938 gegründetes Amt zur Pflege des Agrarmarkts über Ankäufe zum staatlich festgelegten Mindestpreis (↑*taban fiatı*). Durchschnittlich geben die Bauern 10-20% der Ernte an das TMO, deren bedeutende Lager (weithin sichtbare Getreidesilos!) die Spekulation mit Grundprodukten dämpfen. TMO verfügte bis 1985 auch über das quasi-Monopol beim Getreide-Export. ↑*haşhaş*.

Tourismus. Für den Fremdenverkehr ist das ‚Ministerium für Kultur und T.' (*Kültür ve Turizm Bakanlığı*) zuständig. Der T. ist die Industrie mit den höchsten Zuwachsraten (38% zwischen 1980 und 1989). Mehr als 4,5 Millionen Ausländer haben 1989 2 524 Millionen US-$ ausgegeben. Neben den bedeutenden Deviseneinnahmen und der Schaffung von Arbeitsplätzen im Dienstleistungssektor fallen die landschaftliche Zerstörung des mediterranen Küstenstreifens und die preisbedingte Erschwerung für den Binnentourismus ins Gewicht.

TÖMER ↑Türkçe Öğretim Merkezi.

TPAO ↑Türkiye Petrolleri Anonim Ortaklığı.

traktör. ‚Traktor'; die fünfziger Jahre nach der ↑*Menderes*-Wahl gelten wegen der massiven Mechanisierung der Landwirtschaft sprichwörtlich als Traktoren-Jahre. Da ein t. die Arbeitskraft von durchschnittlich 10 Familien ersetzte, nahm das Städtewachstum (↑*gecekondu*) durch Landflucht deutlich zu.

Trakya. ‚Thrakien'; übliche Bez. für ‚Europäische T.', die strenggenommen mit der Region ‚Ost-Thrakien' zusammenfällt.

Trick-Track ↑tavla.

Trockenfrüchte ↑kuru yemişçi.

TRT, *Türkiye Radyo ve Televiyzon Kurum.* Im Gründungsjahr 1964 der ‚Türk. Rundfunk- und Fernsehanstalt' TRT, die den staatlichen Rundfunk als unabhängige Körperschaft ablöste, konnten erst 37% der Landesoberfläche von türk. Sendern erreicht werden, es gab ca. 2 Mill. registrierte Rundfunk-Hörer. Inzwischen ist selbst das Fernsehen auf jedem Dorf zu empfangen (3 Programme, ein viertes wird 1990 vorbereitet). TRT-International ist ein Sateliten-Programm für Auslandstürken, das auch in das deutsche Kabelnetz eingespeist wird. Über den TRT wacht ein ‚Hoher Radio- und Fernsehrat' (*Radyo ve TV Yüksek Kurulu*), von dessen 12 Mitgliedern 8 der Präsident der Republik und 4 der Ministerrat ernennt.

Truman-Doktrin. Die T.D. heißt nach einer Rede des US-Präsidenten vor dem Kongreß (12.3.1947), in der er eine Sonderhilfe der ↑*USA* an die T. und Griechenland in Höhe von 400 Mill. $ angekündigte. Sie stand für die amerikan. Politik der ‚Eindämmung' des sowjet. Machtanspruchs in Südosteuropa.

Truthahn ↑hindi.

Tscherkessen (*Çerkez*); die meisten muslim. Flüchtlinge (↑*göçmen*), die seit dem Krimkrieg (1853-55) den Kaukasus verließen, werden - unkorrekt - zusammenfassenden als Tsch. bezeichnet. Eine zusammengehörige Gruppe bilden die nordwestkaukasischen Adige, Abchasen (türk. *Abaza*) und Ubichen (*Ubıh*). Es gibt zahlreiche ‚Tsch.-Siedlungen' in West- und Zentralanatolien, die auf die planmäßige Kolonisation (z.T. in Form von Wehrdörfern) im letzten Jh. zurückgehen.

TTK ↑Türk Tarih Kurumu.

tuğra. ‚Sultanisches Handzeichen'; kalligraphische Ausführung des Sultansnamens an der Spitze von Urkunden (↑*ferman*), auf Münzen oder in Inschriften. In t.-Form wurden auch Gebetstexte ausgeführt.

Tulpe ↑lale.

Turancılık. ‚Turanismus'; Großtürk. Ideologie, die auf den kulturellen und politischen Zusammenhang der Turkvölker in Vergangenheit und Gegenwart gerichtet ist. Da die Republik T. nur ca. 50% aller ‚Türken' im turanistischen Verständnis repräsentiert, bemühen sich seine Vertreter, die Kenntnisse über die ‚Auslandstürken' (*dış Türkler*) von Jugoslawien bis China wachzuhalten. In der sowjetischen Sprach- und Kulturpolitik in Mittelasien sehen sie eine bewußte Zerstörung der gewachsenen Einheit.

turfanda. Die frühesten Obst- und Gemüseangebote einer Saison.

Turkish Daily News. Die älteste regelmäßig erscheinende englische Tageszeitung des Landes (gegr. in Ankara 1961). Der TDN-Verlag gibt auch ein nützliches Jahrbuch (*Turkey Almanac*) heraus.

TÜBİTAK, *Türkiye Bilimsel ve Teknik Araştırma Kurumu.* ‚Institut für wissenschaftliche und technische Forschung der T.'. TÜBİTAK ist mit 8000 Angestellten die größte staatl. Forschungseinrichtung des Landes. Es wurde 1963 als eine dem Ministerpräsidium beigeordnete Institution geschaffen. Das Forschungsprogramm wird von einem ‚Wissenschaftsausschuß' (*Bilim Kurulu*) festgelegt. Seine auf 4 Jahre bestellten Mitglieder vertreten die Grundlagenforschung in Mathematik-Physik-Biologie (5) bzw. angewandte Disziplinen (4). Außerdem gehören ihr 3 Persönlichkeiten aus Staat und Wirtschaft an. Im ‚Beirat‘ (*Danışma Kurulu*) von TÜBİTAK sitzen v.a. Ministerialvertreter und Repräsentanten der Kammern (↑*oda*). Die wichtigsten Forschungseinrichtungen von TÜBİTAK sind *Marmara Bilimsel ve Endüstriyel Araştırma Enstitüsü* (‚Marmara-Institut für wissenschaftliche und industrielle Forschung‘), *Yapı Araştırma Enstitüsü* (I. für Bauforschung), *Temel Bilimler Araştırma Enstitüsü* (‚I. für Grundlagenforschung‘), *Balistik Araştırma Enstitüsü* (‚I. für Ballistische Forschung‘) und *Ankara Elektronik Araştırma ve Geliştirme Enstitüsü* (‚I. für Elektronische Forschung und Entwicklung Ankara‘). Alljährlich vergibt TÜBİTAK den wichtigsten Forschungspreis (*bilim ödülü*) des Landes. Bürokratische Abhängigkeiten und zu geringe Etats belasten seine Arbeit.

tünel nennen die Istanbuler die unterirdische Kabelbahn zwischen Karaköy und Beyoğlu. Sie wurde schon 1875 eröffnet und überwindet auf einer Länge von 555 m eine Höhendifferenz von 61,55 m. Zum Benutzen des von der ↑*İETT* verwalteten t. müssen ↑*jetons* erworben werden. ↑*metro*.

türban ↑Kopftuch.

türbe. Grabbau, Mausoleum; ein Gesetz von 1925 (↑*tekke*) führte zur Schließung aller Grabbauten. Erst in der ↑*Menderes*-Zeit wurden die t. historischer Persönlichkeiten (wie der großen osman. Sultane z.B. des ↑*Fatih*) für die Öffentlichkeit wieder zugäng-

lich. Streng genommen liegt noch heute die Beweislast über seine „historische Persönlichkeit" bei den ‚Heiligen‘ selbst.

Türk. Vermutlich bedeutet *türk* in den ältesten Sprachzeugnissen des Türkischen, den sog. Orchon-Inschriften, ‚der vereinigte Adel‘. Erst später haben die Nachbarvölker der Orchon-Konföderation die Bezeichnung als Stammesnamen aufgefaßt. Die Selbstbezeichnung *türk* bzw. *türkmän* (↑*Türkmen*) hat sich fast nur unter den Nachfahren der Oghusen erhalten.

Türk Alfabesi. Bez. für türk. Lateinschrift (↑*Schriftreform*).

Türk Alman Kültür Derneği. ‚Türk.-Deutscher Kulturverein‘; Träger der Goethe-Institute in Ankara, Istanbul und İzmir.

Türk Dil Kurumu (TDK). ‚Gesellschaft für türkische Sprache‘; am 12.7. 1932 als *Türk Dili Tetkiki Cemiyeti* gegründet, 1983 in die staatliche ↑*Atatürk Kültür, Dil ve Tarih Yüksek Kurumu* eingegliedert. ↑*Atatürk*s Vermächtnis bestimmte die ↑*Türk Tarih Kurumu* und die TDK als Erben der Erträge seines Vermögens. Zu den Hauptaufgaben der TDK gehörte die ‚Turkisierung‘ der osman. Sprache, darunter die umfassende Sammlung des turksprachlichen Wortguts in älteren Schriftquellen und den ↑*Dialekten* der Bevölkerung Anatoliens. Erste Ergebnisse waren eine Art histor. Wörterbuch (*Tarama Dergisi*) und das Dialekt-Wörterbuch ↑*Derleme Sözlüğü*. Auf dieser Grundlage wurde eine sehr große Zahl von Neologismen gebildet, die in der Presse regelmäßig vorgestellt wurden. Zwei Taschenwörterbücher (*cep kıla-*

vuzu) sollten den Übergang vom ‚Osmanischen' zum ‚Türkischen' erleichtern. Die letzte Etappe der radikalen Sprachreform ist mit der ↑*Sonnensprachtheorie (Güneş-Dil Teorisi)* verbunden. Ab den 40er Jahren stand die Erarbeitung von normativen Wörterbüchern (↑*Türkçe Sözlük*), Rechtschreibehilfen (*İmlâ/Yazım Kılavuzu*) und Glossaren für bestimmte Sachgebiete bzw. Fachsprachen im Mittelpunkt der Arbeit. Obwohl nach 1983 ein konservativer Kurs eingeschlagen wurde, kann von einer Sprachlenkung nicht die Rede sein. ↑*Dil bayramı.*

Türk Eğitim Vakfı (TEV). Die 1967 gegründete ‚Türk. Erziehungsstiftung' gewährt Stipendien für Schüler an Berufsoberschulen (↑*lise*) und ↑*Universitäten.* Die Initiative ging von Vehbi ↑*Koç* und anderen führenden Geschäftsleuten aus.

Türk Gücü. ‚Türk. Kraft' heißen zahlreiche Sportvereine, v.a. im Ausland.

Türk Hava Yolları (THY). ‚Türk. Luftwege'; THY verfügt nicht mehr über ein Verkehrsmonopol, bleibt aber die wichtigste Flugverkehrsgesellschaft des Landes. Die Charterlinie ‚SUN' ist eine Tochter von Lufthansa und THY.

Türk-İş ↑Gewerkschaften.

Türk Ocağı. ‚Türken-Herd'; 1911 von einer Studentengruppe ins Leben gerufene nationalistische Vereinigung mit der einflußreichen Zeitschrift *Türk Yurdu* als Sprachrohr. Ihre wachsende panturanische Ausrichtung (↑*Turancılık*) und eine gefährliche Konkurrenz zur Tätigkeit der Volkspartei führte zur Schließung im Jahr 1931. Nachfolgeorganisationen (1949-1980 bzw. ab 1986) haben geringen Zulauf.

Türk Sanayicileri ve İş Adamları Derneği (TÜSİAD). Die ‚Vereinigung türk. Industrieller und Geschäftsleute' mit Sitz in Istanbul entstand 1971, weil sich größere Unternehmer in den Kammern für Handel und Industrie (↑*oda)* nicht mehr angemessen vertreten sahen. In den 80er Jahren wurde die Stimme von TÜSİAD immer gewichtiger. Ihr 1990 vorgelegter Bericht zur Lage der Erziehung in der T. warnte vor einer Reihe von Fehlentwicklungen.

Türk Tarih Kurumu. ‚Gesellschaft für Türk. Geschichte'; aus ↑*Atatürks* Vermächtnis hervorgegangenes wissenschaftliches Forschungsinstitut in Ankara. Seine Zeitschrift *Belleten* ist das wichtigste Organ für anatolische Archäologie und türk. Geschichte.

Türk Tarih tezi. Die ‚türk. Geschichtsthese' postulierte in den 30er Jahren u.a. eine frühe Einwanderung von turkstämmigen Gruppen aus Mittelasien in den Orient, wo sie zu Trägern von Hochkulturen (↑*Eti,* ↑*Sümer)* wurden.

Türkçe Öğretim Merkezi (TÖMER). ‚Zentrum für Türk.-Unterricht'; Institut an der Universität Ankara zur Vermittlung des Türkischen für Ausländer, hervorgegangen aus dem Unterricht für ausländische Studienbewerber an türk. Hochschulen. Heute organisiert Tömer in mehreren Städten (Istanbul, İzmir, Ünye; Frankfurt a.M., Berlin, Gazi Magosa/Nord-Zypern) 3 - 8 wöchige Kurse für alle Interessenten.

Türkçe Sözlük. ‚Türk.-Wörterbuch'; das „halbamtliche" Wörterbuch der Gesellschaft für türk. Sprache (↑*Türk Dil Kurumu).*

Türkei ↑Türkiye.

Türkisch (*Türkçe, Türk dili, Türk dilleri*). Die Staatssprache der Türkei. Entgegen allen im 19.Jh. aufgestellten Theorien neigen die meisten Turkologen zu der Auffassung, daß die Türksprachen eine Sprachfamilie für sich bilden. Sie sind demnach weder mit den mongolischen noch mit den finno-ugrischen Sprachen verwandt. Türksprachen werden von ca. 120 Mill. Menschen zwischen Ostsibirien und der Balkanhalbinsel gesprochen. Noch im 8.Jh. lebte die Hauptmasse der türkisch sprechenden Völker in aneinandergrenzenden Gebieten Südsibiriens und des nördlichen Zentralasiens. Aus dieser Zeit stammen die ältesten Sprachzeugnisse (Orchon-Inschriften). Nur wenige Türkvölker waren damals in Richtung Osteuropa ausgewandert. Später folgten viele weitere Migrationen in fast alle Richtungen, vor allem aber nach West-Türkistan und von dort über Iran nach Anatolien. In Zentralasien bildete sich das Tschagataische, in Anatolien und Rumelien das Osmanische als große Literatursprachen heraus.

Heute existieren *de facto* 20 moderne Türksprachen und 8 schriftlose. Neben Türkei-T. mit über 50 Mill. Sprechern sind v.a. Özbekisch (ca. 16 Mill.), Aserbeidschanisch-T. (ebenfalls ca. 16 Mill.), Kasachisch (8.5 Mill.), Uigurisch (7 Mill.) und Tatarisch (6 Mill.) hervorzuheben. Die türk. Literatursprachen der Sowjetunion werden in kyrillischer Schrift geschrieben, obwohl seit Ende der 80er Jahre ein Übergang zur latein. Schrift diskutiert wird. Das v.a. in NW-China verbreitete Uigurisch wird in einer stark modifizierten Form der arab. Schrift niedergeschrieben.

Das T. besticht durch einen scheinbar einfachen und regulären Sprachbau. Auffällig ist die sog. Vokalharmonie: Innerhalb eines türk. Wortes kommen i.d.R. nur Vokale entweder der Gruppe *e, i, ö, ü* oder der Gruppe *a, ı, o, u* vor: *eski* ‚alt' - *kapı* ‚Tür' (anders in Lehnwörtern wie ↑*cami* ‚Moschee'). Die Wortstruktur ist charakterisiert durch ein fast ausschließliches Vorherrschen von Suffixen: *ev* ‚Haus', *ev-im* ‚mein Haus', *ev-ler* ‚die Häuser', *ev-ler-im* ‚meine Häuser', *ev-de* ‚im Haus', *ev-ler-im-de* ‚in meinen Häusern'. Als sog. SOV-Sprache (Subjekt-Objekt-Verb) verfügt das T. über ein entwickeltes Kasussystem. Das Numerusmorphem -*ler/-lar* wird in Verbindung mit Zahlwörtern nicht eingesetzt (*altı ok*: sechs Pfeil[e]). Die Grammatik kennt keine weibliche bzw. männlich Kategorie: *O geldi* ‚er, sie, es kam'. Die Syntax wird u.a. durch sehr komplexe Entsprechungen für die Nebensatzformen indoeurop. Sprachen bestimmt. Das vokalreiche T. kann in arab. Schrift nur unvollkommen dargestellt werden, dennoch muß man bezweifeln, ob der Übergang zur lateinischen Schrift 1928 nur von didaktischen Erwägungen bestimmt war. Die ↑*Schriftreform* sollte auch den Bruch mit der islamischen Welt und den Anschluß an die zeitgenössische westliche Zivilisation markieren.

Türkischer Honig ↑helva.

Türkisch-islamische Synthese ↑sentez.

Türkiye. ‚Türkei'. In byzant. Quellen wird die Heimat türk. Völker seit dem 6. Jh. als *Tourkia* bezeichnet. Ab Ende des 12. Jh. wird die griech. Form in abendländ. Quellen übernommen (lat.-ital. *Turchia*, franz. *Turquie* usw.; der älteste deutsche Beleg für *türkey* stammt aus dem Jahr 1396). Mit dem Wachsen des Osmanischen Reichs wird der im Mittelalter auf Anatolien (↑*Ana-*

dolu) beschränkte Begriff fast gleichbedeutend mit ‚islamischer Orient westlich des Iran‘. Die Form T. ist in arab.
Weise aus *türk* > *türkî* abgeleitet. Noch
der Bündnisvertrag mit Afghanistan
vom 1.3.1921 beginnt mit den Worten
‚Der Erhabene Türkische Staat‘ (*Devlet-i Âliye-i Türkiye* analog zu bisher:
D.-i Â. Osmaniye). In den 20er Jahren
bestand noch Unsicherheit bezüglich
der Schreibung. Wir finden *Türkiya
devleti* neben T. Die offizielle Abkürzung für Türkische Republik (*Türkiye
Cumhuriyeti*) lautet *T.C.* Seit 1991
beobachtet man die Bevorzugung von
Türkiye anstelle von *Turkey* in Nach-
richten- und Reklamesendungen für ein
englischsprachiges Publikum.

**Türkiye Bilimsel ve Teknik Araş-
tırma Kurumu** ↑TÜBİTAK.

**Türkiye Büyük Millet Meclisi
(TBMM)** Die ‚Große Nationalversammlung der T.‘ besteht aus 450 in
allgemeiner Abstimmung gewählten
Abgeordneten (*milletvekili*). Wählbar
ist, wer das 30. Lebensjahr vollendet
hat und lesen und schreiben kann.
Richter und Staatsanwälte, Hochschullehrer, Staatsbeamte, Schüler und Studenten sowie die Angehörigen der
Streitkräfte müssen ihr Amt aufgeben,
wenn sie für die TBMM kandidieren
wollen (↑*Parteien*). Die Nationalversammlung wird für 5 Jahre gewählt.
Sie hat v.a. die Aufgaben und Kompetenzen, Gesetze zu erlassen, zu ändern und aufzuheben sowie den Ministerrat (↑*Bakanlar Kurulu*) und die
Minister zu kontrollieren. Auffällig ist
die gegenwärtige Sortierung nach Be-
rufsgruppen: 45% der 1987 gewählten
Abgeordneten waren Ingenieure (↑*mühendis*) und Architekten.

Türkiye Cumhuriyeti Demiryolları
↑TCDD.

**Türkiye Petrolleri Anonim Ortaklığı
(TP bzw. TPAO).** Das Staatsunterneh-
men für Erdölprodukte fördert Öl, die
Tochtergesellschaft *Tüpraş* ist die
Betriebsgesellschaft für 4 große ↑*Raffinerien*, *Botaş* für Pipelines, während
das Tankstellennetz (über 4000 Einheiten) vom *Petrol Ofisi* betreut wird.

Türkiyeli. ‚Bewohner der T.‘; heute
separatistisch besetzter Begriff für
Bewohner der T. (ohne ‚ethnischer‘
Türke sein zu wollen).

Türkmen. Das Ethnikon ‚Turkmene‘
stellt eine Erinnerung an die Abstammung der ersten anatolischen Türken
von zentralasiatischen Vorfahren dar.
Zahlreiche Gruppen in West- und Mit-
telanatolien bezeichnen sich noch heute
als T. bzw. Angehörige einer Unter-
gliederung wie Afşar oder Çepni. Von
den ↑*Yürük* mit vergleichbarem Hinter-
grund unterschieden sie sich durch eine
stärkere Integration in den osmanischen
Staatsapparat.

Türkpetrol ↑Türkiye Petrolleri Anonim Ortaklığı.

TÜSİAD ↑Türk Sanayicileri ve İş
Adamları Derneği.

U

ulema, arab. Plural von *ʿâlim* ‚Gelehrter‘. Die in der ↑*medrese* ausgebildeten
Richter (↑*kadi*) und Professoren (*müderris*) verwalteten im osman. Reich
bis zu den ↑*Tanzimat* so gut wie alle
religiösen, rechtlichen und schulischen

Einrichtungen (Sammelbezeichnung: *ilmiyye*).

ulus. Wiederverwendung eines alten türk. Worts für ,Nation', auch Name eines Verkehrsknotenpunkts in Ankara. Aus u. wurde der Neologismus für *ulusal* für ,national' an Stelle von ↑*milli* gebildet. Z.B. *ulusal egemenlik* für ,Nationale Souveränität'. ↑*Hâkimiyet-i Milliye.*

umre ↑hac.

Umwelt (*çevre*). Die Bedeutung U. im ökologischen Sinn hat ç. erst Ende der 70er Jahre erhalten (↑*Naturschutz*). Die führende U.-Zeitschrift ist *Çevre.* Umweltschützer heißen *çevreciler*, während für wissenschaftliche Ökologie das Wort *çevrebilim* geprägt wurde. Bis 1983 bestand nur eine bruchstückhafte Regelung des U.-Schutzrechts. Seither gibt es ein modernes U.-Gesetz, zu dem zwar noch wesentliche Ausführungsbestimmungen fehlen, das aber schon verschiedene verwaltungs- und strafrechtliche Sanktionen zur Verfügung stellt. Z.B. müssen Unternehmen, die Abwässer ableiten, deren Qualität und Quantität nachweisen. Falsche Angaben werden mit einer Freiheitsstrafe bis 3 Jahren bestraft. Die ,Generaldirektion für Umwelt' (*Çevre Genel Müdürlüğü*) ging aus einer 1978 geschaffenen staatlichen U.-Organisation hervor und ist dem Ministerpräsidium unterstellt. Ihre Außenorganisation besteht aus ,Örtlichen Umwelträten' (*Mahalli Çevre Kurulları*) bei den Bezirksverwaltungen (↑*il*). Eine (nicht im Parlament vertretene) ökologische Partei nennt sich die ,Grünen' (*Yeşiller*)

Universitäten. Die Geschichte des modernen türk. Hochschulwesens beginnt mit der Neugründung der Istanbuler Universität an Stelle des ↑*Darülfünun* im Jahre 1933. In der neuen Hauptstadt ↑*Ankara* waren 1925 eine Rechtshochschule, die dem Justizministerium unterstand (↑*Ankara Hukuk Fakültesi*) und 1933 eine Landwirtschaftliche Hochschule eingerichtet worden. 1935 wurde die Fakultät für Politische Wissenschaften (↑*Siyasal Bilgiler Fakültesi*) nach Ankara verlegt und im selben Jahr die ,Fakultät für Sprache, Geschichte und Geographie' als selbständige Hochschule (↑*Ankara Üniversitesi Dil ve Tarih-Coğrafya Fakültesi*) geschaffen. Erst 1946 wurde ein Universitätsgesetz erlassen, das den nunmehr drei U. (*İstanbul Üniversitesi, İstanbul Teknik Üniversitesi* und *Ankara Üniversitesi*) weitgehende Autonomie einräumte. Die ↑*Menderes*-Zeit ist durch eine kritische Haltung des Lehrkörpers gegenüber der Regierung bestimmt, während ab der zweiten Hälfte der 60er Jahre studentische Manifestationen zunehmend mit allgemeinen politischen Themen bestritten wurden. Zwischen 1961 und 1971 existierten aufgrund einer widersprüchlichen Rechtslage zahlreiche Privathochschulen. Mit der Gründung der *Atatürk Üniversitesi* in Erzurum (1957) wurden die bis in die 30er Jahre zurückreichenden Pläne einer ,Ost-Universität' verwirklicht. Heute verfügt das Land über 29 U. mit 211 Fakultäten und zahlreichen Fachhochschulen. Die mehr als 750 000 Studenten werden nach einem zweistufigen Verfahren zugelassen. Das Studium ist in Studienjahre gegliedert und durch geringe Wahlfreiheit sowie starken Prüfungsdruck gekennzeichnet. Alle U. unterstehen dem Hochschulrat (↑*Yüksek Öğretim Kurulu*). 1990 betrugen die Aufwendungen des Staates für seine U. 3,19% des Budgets bei

rückläufiger Tendenz. Kennzeichnend
sind große Niveauunterschiede zwischen den führenden Hochschulen und
den meist nach 1970 gegründeten Pro-
vinz-U. *Bilkent* ist die erste private
(stiftungseigene) Universität. Sie nahm
1986/87 in Ankara ihre Unterrichtstä-
tigkeit auf. Sie kann sich auf eine starke finanzielle Basis stützen, erhebt
hohe Studiengebühren und wirbt um
die besten Schulabgänger.

Untergrundbahn ↑metro, ↑tünel.

Unteroffizier ↑astsubay.

Unternehmerverband ↑Türk Sanayicileri ve İş Adamları Derneği.

USA (*Amerikan Birleşik Devletleri*,
ABD). Die ↑*Truman-Doktrin* ermöglichte 1947 mit dem *Greek-Turkish aid
program* ein erstes großes Nach-
kriegsprogramm, das später vom Mar-
shall-Plan und der Mutual Security
Agency absorbiert wurde. Die Mili-
tärhilfe der USA umfaßte zwischen
1946 und 1987 allein 8,8 Milliarden
Dollar. ↑*NATO*.

usta. ‚Meister'. Eine gesetzliche Regelung für die Ausbildung von ↑*Lehrlin-
gen* (*çırak*) und Gesellen (*kalfa*) bzw.
eine Meisterprüfung gibt es seit 1986.
U. kann man nach 5 Jahren Tätigkeit
als Geselle werden. ↑*üstat*.

ülkü. ‚Ideal'; jugendliche Anhänger
rechtsnationalistischer Parteien nannten
sich bis 1980 ‚Idealisten' (*ülkücü*).

üstat. ‚Meister'; respektvolle Anrede
für Gelehrte und Künstler: *üstadım*
(etwa wie franz. *cher maître*).

V

Vahidettin ↑Mehmet VI.

vaiz. Der Prediger an einer größeren
Moschee, dessen theologische Ausbildung über der eines einfachen Freitagspredigers (↑*hatip*) steht.

vakıf (arab. Plural *evkaf*); das Wort
schließt alle, nicht nur die sog. ‚from-
men' Stiftungen ein. Heute beaufsichtigt die ↑*Vakıflar Genel Müdürlüğü* die
Geschäfte sämtlicher Stiftungen. Man
unterscheidet drei Arten: 1. *mazbut*
sind unmittelbar vom Staat verwaltete
v.lar; 2. *mülhak*, einem Stiftungsver-
walter (*mütevelli*) unterstehende *v.lar;*
3. *Yeni vakıflar* (‚Neue Stiftungen')
sind alle nach der Einführung des Zivilgesetzbuches im Jahr 1926 (↑*Medeni
Kanun*) errichteten Stiftungen (Gesetz
von 1967). Die ‚Neuen Stiftungen'
dienen vielfältigen Zwecken: der Förderung von Schülern und Studenten,
dem Bau von Schulen und Bibliotheken, der Errichtung und Erneuerung
von Moscheen, der Veranstaltung von
Koran-Kursen, der Versorgung von
Verkehrsopfern oder von Hinterbliebe-
nen. Alle großen Industriellen betätigen
sich als Stifter (Eczacıbaşı, ↑*Koç*, ↑*Sabancı*). Zwei große ↑*Universitäten* sind
mit Stiftungsmitteln geschaffen worden.

Vakıflar Genel Müdürlüğü (VGM).
‚Generaldirektion für Stiftungen'; schon
in der ↑*Tanzimat*-Zeit wurden die nach
islam. Recht grundsätzlich unabhängigen Stiftungen einer Zentralverwaltung
unterstellt. Die Republik löste am 3.3.
1924, zugleich mit dem Generalstabsministerium (↑*Genelkurmay Başkanı*),
das ‚Ministerium für Religiöse und
Stiftungsangelegenheiten' (*Şeriye ve*

Evkaf Vekaleti) mit der Begründung auf, eine Generaldirektion diene den wahren Interessen der Nation. Das VGM inspiziert im Mindestabstand von 2 Jahren die Geschäfte aller alten und neuen Stiftungsarten. Sie ist auch für den baulichen Unterhalt der meisten Moscheen, Bäder, Karawansereis usw. zuständig (Ausnahme sind wenige, in Museen überführte Bauten wie die ↑*Aya Sofya*). Im Gegensatz zum durchaus islam. Charakter der Religionsbehörde (↑*Diyanet İşleri Başkanlığı*) ist die VGM auch für die Grundstücke und Baulichkeiten der christlichen und jüdischen Gemeinden zuständig.

vali [â-î]. ‚Präfekt, Gouverneur'; der höchste Beamte eines ↑*il*, zugleich Leiter des ‚Zentralen Bezirks' (*merkez* ↑*ilçe*).1991 wurde die erste Frau in ein v.-Amt eingesetzt (Muğla).

Varlık. Angesehene, 1933 gegr. Literaturzeitschrift (erscheint monatlich).

vatan. (arab. für ‚Vater- bzw. Mutterland'. Namık Kemâls Schauspiel ‚Vaterland oder Silistra' (*Vatan yahud Silistre*) hat schon 1873 patriotische Gefühle über die Loyalität zur osmanischen Dynastie gestellt. Unter ↑*Abdülhamit II.* war der Begriff v. verpönt. Vaterlandsdienst (*vatan hizmeti*) gilt nach Art.72 der ↑*Verfassung* in den Streitkräften oder im öffentlichen Sektor.

vatandaş. ‚Staatsbürger' im rechtlichen Sinn. Die Staatsbürgerschaft (*vatandaşlık*) wird in der Regel durch Geburt erworben, wenn das Kind einen türk. Vater oder eine türk. Mutter hat. Ist der Vater Ausländer, gelten besondere gesetzliche Bestimmungen. Die Staatsangehörigkeit kann Personen entzogen

werden, die „in einer mit der Bindung an das Vaterland unvereinbaren Weise tätig geworden sind" (↑*Verfassung* Art.66).

veli [î] bed. 1. Vormund, Erziehungsberechtigter. - 2. Heiliger (Sing. von *evliya*).

Veliefendi hipodromu. Die größte und älteste, 1912/3 von deutschen Spezialisten angelegte Pferderennbahn des Landes beim Istanbuler Vorortsbahnhof Yenimahalle.

Vereine (*dernekler*). Nach Art.33.1 der ↑*Verfassung* hat jedermann das Recht, ohne vorherige Erlaubnis einen Verein zu gründen, doch werden Umfang sowie Art und Weise der Beschränkung der Vereinsgründungsfreiheit in weiteren sieben Absätzen festgelegt. Noch ausführlicher ist das 1983 in Kraft getretene 97-Artikel-Gesetz über Vereine. Charakteristisch ist eine strikte Überwachung durch das Innenministerium bzw. andere staatliche Organe (bei studentischen V. ↑*Yüksek Öğretim Kurulu*, bei religiösen V. ↑*Diyanet İşleri Başkanlığı*, bei Sportv. und Klubs durch die *Beden Terbiyesi Genel Müdürlüğü* (↑*Gençlik ve Spor Bakanlığı*). Ein großer Personenkreis, insbesondere Staatsbeamte von den Mitgliedern der Obersten Gerichte über Angehörige der Streitkräfte bis zu den Lehrern an Grundschulen ist nicht befugt, einen Verein zu gründen. Verlautbarungen des Vereins müssen 24 Stunden vor Veröffentlichung der höchsten lokalen Behörde vorgelegt werden. Die Gründung von V. im Ausland durch Türken ist über die Konsulate dem Ministerium anzuzeigen. Die Benutzung der Wörter ↑*Türk*, ↑*Türkiye*, ↑*Cumhuriyet*, ↑*Mustafa Kemal* und

↑*Atatürk* ist an eine Erlaubnis des Ministerrats (↑*Bakanlar Kurulu*) gebunden.

Vereinigte Staaten von Amerika ↑USA.

Vereinte Nationen (*Birleşmiş Milletler*). Die T. ist seit 24.2.1945 Mitglied der V.N. und der meisten ihrer Organisationen. Sie ist jedoch den internationalen Pakten für bürgerliche und politische Rechte sowie für wirtschaftliche und soziale Rechte nicht beigetreten.

Verfassung (*anayasa*). Eigentlich „Grundgesetz". Die osman. T. erhielt am 23. 12. 1876 eine bereits 1878 von ↑*Abdülhamit II.* suspendierte Verfassung, in der der Sultan und Kalif als Hüter der islamischen Religion und Souverän und Herrscher aller osmanischen Untertanen beschrieben wird. Dieses *Kânûn-i esâsî* sah ein Zwei-Kammer-Parlament und allgemeine Wahlen vor. Kurz vor dem endgültigen Sturz des Sultans durch die ↑*Jungtürken* (1909) wurde sie wieder in Kraft gesetzt und galt dann in reformierter Fassung bis zum Ende des osman. Staates fort.
Während des Unabhängigkeitskriegs gab sich die Große Nationalversammlung (↑*Türkiye Büyük Millet Meclisi*) in Ankara ein vorläufiges, nur aus 21 Artikeln bestehendes Verfassungsgesetz mit der grundlegenden Bestimmung: „Die Souveränität steht ohne Einschränkung und Bedingung der Nation zu." Nach Gründung der Republik wurde am 20.4.1924 das bis 1960 geltende Verfassungsgesetz beschlossen. Wichtige Änderungen erfolgten 1928 und 1937. So wurde der ursprüngliche Text „Die Religion des

türk. Staates ist der Islam; seine Amtssprache Türkisch; seine Hauptstadt ist die Stadt Ankara" am 10.4.1928 durch „Die Amtssprache des türk. Staates ist Türkisch; seine Hauptstadt ist die Stadt Ankara" ersetzt. 1937 wurden aus dem Programm der Volkspartei (↑*Cumhuriyet Halk Partisi*) die „sechs Pfeile" (↑*Altı Ok*) als Staatsmerkmale übernommen: „Der türkische Staat ist republikanisch, nationalistisch, volksverbunden, etatistisch, laizistisch und revolutionär". Ein Gesetz über die ‚Übersetzung' der V. in ‚reines Türkisch' von 1945 wurde unter ↑*Menderes* rückgängig gemacht. Nach der Militärintervention vom 27.5.1960 konnten die Türken zum ersten Mal in einer Volksabstimmung über eine neue V. entscheiden. Die V. von 1961 bildete mit einem voll ausgebauten Grundrechtskatalog (Art.10-64) einen wesentlichen Fortschritt gegenüber 1924.
  Die geltende türk. V. wurde nach dem Putsch vom 12.9.1980 ausgearbeitet und trat am 9.11.1982 in Kraft (eine Übergangszeit war bis zum Zusammentritt der *Türkiye Büyük Millet Meclisi* nach Wahlen im Herbst 1983 vorgesehen). Wesentliche Unterschiede zu 1961 sind die schwächere Stellung des Parlaments, der gewachsene Einfluß des Präsidenten der Republik (↑*Cumhurbaşkanı*) und die wiederholt vorgetragene Berufung auf das kemalistische Erbe.

Verfassungsgericht ↑Anayasa mahkemesi.

Verkehrsmittel ↑Denizcilik Bankası, ↑dolmuş, ↑halk otobüsü, ↑metro, ↑taksi, ↑tünel, ↑TCDD, ↑Türk Hava Yolları.

Verkehrswege. Die wichtigen Europastraßen E 5 (zwischen Belgien und

Syrien), E 24 (Thrakien, Iran, Irak) und
E 23 (İzmir-Iran) machen die T. zur
Drehscheibe des Landverkehrs zwi-
schen dem Mittleren Osten und Europa.
Das Straßennetz des Landes hat sich
zwischen 1963 (106 742 km) und 1984
(230 715 km) mehr als verdoppelt.
1983 war noch jedes 5. Dorf nicht
durch öffentliche Straßen zugänglich.
Im internationalen Verkehr spielt der
Lastkraftwagen („TIR' von franz.
Transports Internationaux Routiers) die
Hauptrolle. Das *Roll on - Roll off* („Ro-
Ro') System ist im Kommen (über die
Häfen Tekirdağ-Bandırma, Trabzon-
Constanza, Derince-Triest, Mersin,
İskenderun).

Verwaltungsgebiet. Das Land ist in 73
Bezirke (↑*il*), mehrere hundert Unter-
bezirke bzw. Landkreise (↑*ilçe*) und
Gemeindeverbände (↑*bucak*) aufgeteilt.

Verwaltungsgericht ↑Danıştay.

Versicherung ↑sigorta.

Verteidigungsministerium   ↑Milli
Savunma Bakanlığı.

Verwandtschaftsbezeichnungen. Das
Türk. unterscheidet Verwandtschafts-
beziehungen genauer als die meisten
europ. Sprachen. Als übervornehm
gelten heute die pers. Anrede für Vater
(*peder*) bzw. die arab. für Mutter (*valide*), als veraltet für Ehefrau (*refika*)
oder Ehemann (*refik*). Weitere Bezeichnungen für Blutsverwandte sind ↑*abla*,
↑*ağabey*, ↑*ata*, ↑*baba*, ↑*dede*, ↑*oğul*.
Kinder sprechen z.B. Frauen mit Tante
(*teyze*) oder Onkel (*amca*) an. Vgl.
auch ↑*Schwägerschaft*.

vilayet. Allg. übliche Bez. für das amtl.
Wort ↑*il* (Bezirk).

Vogelbeobachtung. Attraktive Stellen
sind neben großen Rast- und Brutge-
bieten im Landesinneren (↑*Kuşcenneti*)
vor allem die Hügel auf beiden Seiten
des Bosporus. Hier ziehen fast die
gesamte europäische Population der
Zugvögel (z.B. alle ‚Oststörche‘), aber
auch zahlreiche Greifvogelarten durch.

Volkshäuser ↑Halkevleri.

Volkspartei ↑Cumhuriyet Halk Partisi.

Volkszählung ↑Genel Nüfus Sayımı.

Vorspeisen ↑meze.

W

W. Der Buchstabe fehlt im neuen türk.
Alphabet (vgl. Fremdwörter wie *vikent*
‚weekend‘ oder geograph. Namen wie
Vestfalya ‚Westfalen‘).

Wächter ↑bekçi.

Wahlen. Das aktive Wahlrecht gilt für
alle Staatsbürger mit der Vollendung
des 21. Lebensjahrs (Ausnahmen nach
Art. 67 der ↑*Verfassung*: „Soldaten und
Gefreite unter Waffen, Militärschüler,
Untersuchungs- und Strafgefangene").
↑*Frauen* können sich seit 1930 an den
Stadtratswahlen (↑*belediye*), seit 1933
an den Wahlen zu den dörflichen Älte-
stenräten (↑*ihtiyarlar meclisi*) und seit
1934 an der W. zur Nationalversammlung beteiligen.

Wald (*orman*, als ‚Forst‘ *koru*). Innerhalb der beiden ↑Fünf-Jahres-Pläne
(*Beş Yıllık Kalkınma Planları*) 1963-
1972 wurde der Waldbestand der T.
zuverlässig erhoben. Demnach sind

25,87% der T. mit Wald bedeckt, von denen 54,22% als ‚Forstwald' (*koru ormanı*) und 45,78% als ‚Schlagwald' (*baltalık ormanı*) gelten. Als „gut" werden allerdings nur rund 40% beider Waldklassen eingestuft, was etwa 10% des Staatsgebiets entspricht. Angesichts der bedeutenden Abtragung (*erozyon*) kommt der Aufforstung eine besondere Bedeutung zu. Zwischen 1930 und 1972 wurden 128 neue Schonungen (*fidanlık*) angelegt. Um ein angemessenes Pflanzenkleid zu schaffen, müßten jährlich etwa 100 *fidanlık* der bisherigen Durchschnittsgrößen angelegt werden. Verluste durch Brände werden seit 1937 statistisch erfaßt. Bei etwa der Hälfte der Brände kann die Ursache nicht festgestellt werden, ca. 40% gehen sicher auf Brandstiftung zurück. Die meisten Brände werden aus den Bezirken Muğla, Antalya und İzmir gemeldet. ↑*Amnestie*, ↑*Atatürk Orman Çiftliği*, ↑*Orman Genel Müdürlüğü*.

Walddorf (*orman köyü*). Bei der überragenden Rolle des Waldes für die Zukunft des Landes verdienen die ganz oder teilweise von Waldprodukten lebenden Dörfer besondere Aufmerksamkeit (über 20 000 Siedlungen mit ca. 12 Mill. Ew.). Der Staat unterstützt die Gründung von Genossenschaften zur Dorfentwicklung (↑*kooperatifçilik*), um Einkommensquellen, die den Wald nicht schädigen, zu erschließen (z.B. Bienenzucht, Obstbau, Hühnerhaltung). In besonderen Fällen kann ein W. in eine andere Region verlegt werden.

Wallfahrt ↑hac.

Waschung ↑aptes.

Wasserpfeife ↑nargile.

Wehrdienst (*askerlik*). Der für alle männlichen Türken obligatorische W. dauert 18 Monate und wird in der Armee bzw. bei der Gendarmerie (↑*Jandarma Genel Komutanlığı*) abgeleistet. Für Auslandstürken gelten besondere Regelungen (↑*bedel*). Verweigerung des W. kommt *de facto* nicht vor, sie bildet aber auch *de jure* keinen Straftatbestand.

Wein ↑şarap.

Weizengrütze ↑bulgur.

Wetterbericht ↑hava durumu.

Wirtschaftskongreß ↑İzmir İktisat Kongresi.

Wochentage. Die Tage der Woche (*hafta*, vom pers. Wort für ‚sieben') tragen teils pers. (*çarşamba* ‚Mittwoch', *perşembe* ‚Donnerstag' d.i. 4. und 5.Tag, *pazar*, Sonntag' d.i. Markttag), teils arab. (*cuma* ‚Freitag' d.i. ‚Tag der Versammlung' [zum Gebet]) Namen. Die Bez. für ‚Montag' (*pazartesi*) bzw. ‚Samstag' (*cumartesi*) sind pers.-türk. Mischbildungen. Die Herkunft von *salı* (Dienstag) ist nicht gesichert. ↑*Feiertage*.

Wohnungsbau ↑Toplu Konut ve Kamu Ortaklığı Kurulu.

Y

yalı. Ufervilla, insbesondere am Bosporus. Die zahlreiche y. am Goldenen Horn (↑*Haliç*) fielen der Industrialisierung zum Opfer.

yankesicilik. Taschendiebstahl (wörtl. ‚Seitenschneiderei', im Istanbuler ↑*ar-*

go: arpacılık). Der Taschendieb (*yanke-sici*) verfügt über zahlreiche Methoden, um an das Geld (*demet:* ‚Bündel') zu gelangen. Bevorzugte Orte sind ↑*dol-muş* und Stadtbusse.

Yargıtay. Nach Art.154 der ↑*Verfas-sung* ist der ‚Kassationshof' die letzte Instanz für die von den Justizgerichten erlassenen Beschlüsse und Entschei-dungen.

yasak. ‚Verboten!'; ein ursprüngl. mongol. Wort (vgl. das ‚Gesetz' von Tschingis Chan). Bei den Osmanen war ein *yasakçı* der Wachsoldat ausländ. Gesandter (↑*kavas*). Für viele Bürokra-ten ist alles nicht ausdrücklich erlaubte *yasak.*

Yassıada. ‚Flache Insel' (griech. *Plati*) im Marmara-Meer (↑*ada*); war Schau-platz des sog. ↑*Menderes*-Prozesses. Der vom ‚Komitee für Nationale Ein-heit' (↑*Milli Birlik Komitesi*) einge-setzte ‚Hohe Untersuchungsausschuß' (*Yüksek Soruşturma Kurulu*) prüfte dort die Dokumentation der Anklage.

Yatılı İlk Öğretim Bölge Okulları. Staatliche Grundschulen mit Heimbe-trieb, ganz überwiegend in Dörfern und Kleinstädten des Nord- und Südostens.

Yavuz Sultan Selim. Osman. Sultan (reg.1512-1520); sein Name wurde nach dem historischen Flaggenwechsel vom 16.8.1914 auf den deutschen Schlachtkreuzer *Goeben* übertragen. Zusammen mit dem schnellen kleinen Kreuzer *Midilli* (ehemals *Breslau*) eröffnete die Y.S.S. mit der Beschie-ßung von Sewastopol am 29.10.1914 den Krieg gegen Rußland. Im Welt-krieg übernahm sie wichtige Siche-rungsaufgaben im Schwarzen Meer.

1918 lief die Y.S.S. vor ↑*İmroz* auf Minen. 1938 wurden ↑*Atatürks* sterb-liche Reste mit dem seit 1936 nur noch Y. genannten Schiff von Haydarpaşa nach İzmit überführt.

yayla. ‚Sommerweide'; Gegensatz zu ↑*kışla.* Auf der y. im Gebirge ver-brachten Nomaden und halbnomadische Bevölkerungsgruppen (↑*Türkmen*, ↑*Yü-rük*) den Sommer. Heute sind viele y.-Dörfer feste Siedlungen.

yeniçeri. ‚Janitscharen'. Obwohl das Korps der y. schon unter Mahmut II. (1826) blutig zerschlagen wurde, spielt die Erinnerung daran in der Militär-Folklore (↑*mehter*) eine wichtige Rolle.

Yeşilay. ‚Grüner Halbmond'; 1920 gegründete Vereinigung gegen den Mißbrauch von alkoholischen Geträn-ken und Drogen. Gesundheitsbewußte Personen, die weder trinken noch rau-chen, nennt man scherzhaft *yeşilaycı.*

Yezidi. ‚Jesiden'; Angehörige einer synkretistischen Glaubensgemeinschaft mit Elementen aus allen nahöstlichen Hochreligionen und Sekten. Sie be-wohnen noch einige Dutzend Dörfer in Südostanatolien (Mardin, Şanlıurfa, Siirt usw.). Viele sind in jüngster Zeit nach Mitteleuropa (Verein in Hanno-ver) ausgewandert. Die Y. sprechen heute Kırmanca (↑*Kurden*), für kulti-sche Zwecke gebrauchen sie das ↑*Ara-bische.*

yılbaşı ↑Neujahr.

yıldırım. ‚Blitz'. 1. Beliebter männl. Vorname. Der Osmanen-Sultan Bayezit I. hieß wegen seiner raschen Kriegs-züge Y. 2. Deutsch-türk. Heeresgruppe „Jildirim" in Syrien und Palästina

(1917/18). 3. Schnellste Beförderungsstufe für ein Telegramm.

Yıldız. ‚Stern'; 1. Name des Palais von ↑*Abdülhamit II.* Y. wurde sprichwörtlich für sein despotisches Regime (*istibdat*). - 2. Ein (Film-)Star.

yoğurt. ‚Joghurt'; in der T. ein Grundnahrungsmittel. Der Bosporusort Kanlıca wird wegen seines y. schon von ↑*Evliya Çelebi* gerühmt. Ein beliebtes Getränk auf y.-Basis ist der ↑*ayran.*

YÖK ↑Yüksek Öğretim Kurulu.

yöre ↑bölge.

Yunan. Der Bürger des griechischen Staates (*Yunanistan*); ein sich zur Orthodoxie bekennender und griechisch sprechender türk. Staatsbürger wird dagegen als ↑*Rum* bezeichnet. Dasselbe gilt für Zyprioten und andere Auslandsgriechen.

Yunus Emre Oratoryosu. Werk des führenden Komponisten A. Adnan Saygun (1907-1991) in dem die klassische Derwisch-Musik mit zeitgenössischen Formen verbunden wird. Die Dichtung von Y. E. (st. um 1320) hat viele zeitgenössische Künstler (den Sänger Ruhi Su, den Schriftsteller Recep Bilginer) inspiriert.

yurt. ‚Heimat'. 1. Im älteren Türk. für Weidegebiet, Territorium, in dem Sommer- und Winterlager (↑*yayla,* ↑*kışla*) lagen. - 2. Hütte, Zelt (davon die Jurte ‚Scherengitter-Zelt'). - 3. Heute auch Studentenheim (↑*talebe yurdu*).

Yüksek Askerî Şura. Mitglieder des zweimal jährlich zusammentretenden ‚Hohen Militärrats' sind: Ministerpräsident (als Vorsitzender), Generalstabschef, Minister für Nationale Verteidigung, Kommandeure der Teilstreitkräfte, Armeegenerale, Oberkommandierender der Gendarmerie und alle Generäle (*orgeneral*) und Admiräle (*oramiral*). Das Gremium berät in Friedenszeiten über strategische Grundfragen und das Militär betreffende Gesetze und Verordnungen. Die Aufgaben des Y.A.Ş. sind in Gesetzen, nicht in der Verfassung beschrieben.

Yüksek Hakem Kurulu. ‚Hoher Schiedsausschuß'; nach dem Arbeitsrecht kann bei Konflikten zwischen ↑*Gewerkschaften* (*sendika*) und Arbeitgebern der Weg der Schlichtung (*uzlaştırma*) eingeschlagen oder dieses Schiedsgericht beauftragt werden. Seine Entscheidungen sind endgültig und haben den Rang eines Tarifvertrags (*toplu iş sözleşmesi*).

Yüksek Hâkimler ve Savcılar Kurulu. ‚Hoher Richter- und Staatsanwälterat'; eine unabhängige Behörde für Personal- und Disziplinarangelegenheiten der Justiz.

Yüksek Öğretim Kurulu (YÖK). ‚Hochschulleitungsrat'; Art.131 der ↑*Verfassung* regelt die Aufgaben dieses seit 1982 sehr einflußreichen, die Autonomie der ↑*Universitäten* an vielen Stellen einschränkenden Gremiums. Seine Mitglieder werden zum größten Teil von den Hochschulen, dem Ministerrat und dem Amt des Generalstabs vorgeschlagen und vom Präsidenten der Republik ernannt, teilweise von diesem selbst ausgewählt und ernannt. YÖK ist allein zuständig für die Planung, Ordnung, Leitung und Kontrolle der Lehre und Erziehung sowie die Koordination von Lehre und Forschung. Selbst die

Regierung hat mit Ausnahme der Benennung von Kandidaten keinen Einfluß auf die Arbeit des YÖK.

Yüksek Planlama Kurulu. Der ‚Hohe Planungsrat' prüft die dem Ministerrat vorgelegten Entwicklungspläne. Sein Hilfsorgan ist die ↑*Devlet Planlama Teşkilatı.*

Yürük (auch **Yörük**). Die „Jürüken' sind Angehörige von überwiegend sunnitischen Turkstämmen, die im Taurus zwischen Westanatolien und dem Raum Maraş Wanderweidewirtschaft (‚Nomadismus') betrieben. Heute leben die meisten Y. in festen Siedlungen. Nur wenige Y. wechseln, überwiegend mit modernen Verkehrsmitteln zwischen Winter- und Sommerweide (↑*kışla,* ↑*yayla*). Eine Abgrenzung zur ethnischen Gruppe der ↑*Türkmen* ist problematisch.

Yüzkırkyediler, 147ler. 147er; aus z.T. wenig nachvollziehbaren Gründen 1960 zwangspensionierte Professorengruppe, die später rehabilitiert wurde.

Z

zabıta ↑bekçi.

Zafer bayramı. ‚Siegesfest'; der staatliche Feiertag erinnert mit Militärparaden an den entscheidenden Sieg gegen die griechische Invasionsarmee bei ↑*Dumlupınar* am 30.August 1922.

Zauber ↑büyü.

zaviye ↑tekke.

Zaza. Sprecher eines mit dem *Gorani* verwandten iranischen Idioms. Das *Zazaki* kann von ↑*Kurden* mit *Kırman-*

ca als Muttersprache nicht verstanden werden, auch wenn sich viele der Z. als Kurden einstufen. Auch kommt die Selbstbezeichnung *Dimili* vor. Sunnitische Z. leben v.a. zu beiden Seiten des Murat zwischen den Städten Palu, Solhan, Genç, Lice, während sich die alevitischen Z. (↑*Alevi*) im Tunceli-Bergland konzentrieren.

-zede. Aus pers. ‚geschlagen'; Opfer bestimmter Ereignisse und Maßnahmen werden als -z. bezeichnet: ↑*Harikzedegân.* Ein vom Hochschulrat (↑*Yüksek Öğretim Kurulu*) versetzter oder entlassener Dozent ist *Yökzede.* Vgl. *bankerzede* ↑*banker.*

Zehnprozentklausel ↑baraj.

Zehnter ↑aşar.

Zeitrechnung ↑hicre, ↑mali yıl, ↑Monatsnamen, ↑MÖ, ↑MS, ↑Neujahr, ↑Wochentage.

Zeitschriften ↑dergi.

Zeitungen ↑gazete, ↑Presse.

Zensur (*sansür*). Die ↑*Verfassung* enthält zahlreiche, auch die Pressefreiheit einschränkende Artikel (22, 24-30). Das Presserecht von 1950 wurde 1983 wesentlich verschärft (Gesetz über den Ausnahmezustand Art.11). Die Zahl von gegen die Presse geführten Prozessen schnellte 1989 auf 394 empor. Zur Filmüberwachung ↑*Film Denetleme Kurulu* bzw. ↑*Pornographie.*

Zensus ↑Genel Nüfus Sayımı.

Zeybek. Bevölkerung im Hinterland von İzmir mit charakteristischem Tanz-Stil. Die Z. gelten als besonderes kämpferisch.

Ziege (*keçi*). Unter den Kleinviehbestand steht die Z. nach dem *Schaf* als Fleisch- und Milchlieferant an zweiter Stelle, doch sinken die Produktionszahlen bei der gewöhnlichen Z. (*kıl keçisi*) wie bei der Angora-Z. (↑*tiftik keçisi*).

Ziffern müssen nach dem Gesetz vom 20.5.1928 in international üblicher Weise geschrieben werden. Röm. Ziffern bei Angabe von Monaten sind erlaubt, werden jedoch selten verwendet.

Zigeuner werden *Çingene* bzw. *Kıpti* genannt, zu ihren Selbstbezeichnungen gehören die Namen *Rom* und *Gurbati*. Nomadisierende Z. galten weitgehend als Muslime, ansässige als Christen. Istanbuls bekanntes Zigeunerviertel ist in ↑*Sulukule*. Unentbehrlich sind Z. als Spieler von ↑*davul-zurna* bei ländlichen Hochzeiten.

zikir. ,Erwähnung, Gedenken, Rezitation'. Die von Bruderschaft zu Bruderschaft (↑*tarikat*) unterschiedliche Liturgie der Derwische.

Ziraat Bankası. Die ,Agrarbank' ist die älteste unter den Banken der T. Ihre Gründung geht auf das 1863 von Midhat Paşa u. d. N. *Memleket sandıkları* eingeführte landwirtschaftliche Kreditwesen zurück. Die Z.B. unterhält die größte Anzahl an Zweigstellen.

Zivilgesetzbuch ↑Medeni Kanun.

Zivilisation ↑kültür.

zurna ↑davul-zurna.

Zypern. Die von den Osmanen 1571 eroberte Mittelmeerinsel wurde in der Folge des ↑*Berliner Kongresses* an England übergeben (1878). 1955 bildete den Beginn einer gewaltsamen Kampagne für den Anschluß Z.s an Griechenland (*Enosis*) durch die zyperngriechische EOKA. Die Z.-Frage führte in Istanbul zu Ausschreitungen (↑*Altı-Yedi Eylül Olayları*). Erst nach einem griech.-türk. Treffen auf höchster Ebene am 11.2.1959 in Zürich konnte die Schaffung einer Republik Z. beschlossen werden. An ihrer Spitze sollte ein griech. Präsident mit einem türk. Vizepräsident stehen. Von 50 Parlamentsabgeordneten stellten die Griechen 35, die Türken 15. Zyprioten griech. Abstammung machten 78,8%, türk. Abstammung 17,5% der Bevölkerung aus. Beide Gruppen lebten bis 1974 so gut wie in allen Teilen der Insel, ca. 20% der Dörfer waren gemischt griech. und türk. Der bi-kommunale Charakter der Republik änderte sich ab Dezember 1963 unter Erzbischof Makarios. Zyperntürk. Familien zogen sich von da ab zunehmend in Enklaven zurück. Nach der türk. Landung am 20.7.1974 im Nordteil von Z. in Folge eines Putsches gegen Präsident Makarios mit Mithilfe der festlandsgriech. Junta am 15.7. wurden beide Bevölkerungsgruppen durch die Atilla-Linie endgültig getrennt. 1983 erklärte sich der Norden zur unabhängigen ,Türkischen Republik Nord-Zypern' (*Kuzey Kıbrıs Türk Cumhuriyeti*), der aber die internationale Anerkennung versagt blieb. Die *KKTC* erhält ca. 20% ihres Budgets vom Mutterland T. Beide Seiten unterstützen im Prinzip Lösungsvorschläge des UN-Generalsekretärs nach einem neuen bundesstaatlichen Modell, doch scheiterten zahlreiche Verhandlungen an der Präsenz türk. Truppen und innergriech. Schwierigkeiten.

Die Regierungsbezirke (*il*) der Türkei (Stand 1991)

01 Adana
Adapazarı ↑Sakarya
02 Adıyaman
03 Afyon
04 Ağrı
68 <u>Aksaray</u>
05 Amasya
06 Ankara
07 Antalya
Antep ↑Gaziantep
08 Artvin
09 Aydın
10 Balıkesir
72 <u>Batman</u>
69 <u>Bayburt</u>
11 Bilecik
12 Bingöl
13 Bitlis
14 Bolu
15 Burdur
16 Bursa
17 Çanakkale
18 Çankırı
19 Çorum
20 Denizli
21 Diyarbakır
22 Edirne
23 Elaziğ
24 Erzincan

25 Erzurum
26 Eskişehir
27 Gaziantep
28 Giresun
29 Gümüşhane
30 Hakkâri
31 Hatay (İskenderun)
32 Isparta
33 İçel (Mersin)
İskenderun ↑Hatay
34 İstanbul
35 İzmir
İzmit ↑Kocaeli
46 Kahramanmaraş
70 <u>Karaman</u>
36 Kars
37 Kastamonu
38 Kayseri
71 <u>Kırıkkale</u>
39 Kırklareli
40 Kırşehir
41 Kocaeli (İzmit)
42 Konya
43 Kütahya
44 Malatya
45 Manisa
46 Maraş ↑Kahraman-
maraş

47 Mardin
48 Muğla
49 Muş
50 Nevşehir
51 Niğde
52 Ordu
53 Rize
54 Sakarya (Adapazarı)
55 Samsun
56 Siirt
57 Sinop
58 Sivas
63 Şanlıurfa
73 <u>Şırnak</u>
59 Tekirdağ
60 Tokat
61 Trabzon
62 Tunceli
63 Urfa ↑Şanlıurfa
64 Uşak
65 Van
66 Yozgat
67 Zonguldak
68 ↑Aksaray
69 ↑Bayburt
70 ↑Karaman
71 ↑Kırıkkale
72 ↑Batman
73 ↑Şırnak

<u>Unterstrichen</u> sind neugebildete *il*. Trägt ein *il* einen anderen Namen als sein Hauptort, steht dieser in Klammern danach. Die ehrenden Zusätze von Antep, Maraş und Urfa fallen im mündlichen Gebrauch oft weg. Die Nummern sind im amtlichen Verkehr üblich und werden auch für Autokennzeichen (↑*plaka*) verwendet.